皇道無間

（一）

陳永騰著

文學叢刊
文史哲出版社印行

國家圖書館出版品預行編目資料

皇道無間 / 陳永騰著. -- 初版. -- 臺北市：
文史哲, 民 102.06
頁；公分（文學叢刊；295）
ISBN 978-986-314-118-1（全套：平裝）

857.7　　　　102010176

文學叢刊 295

皇道無間（全三冊）

著　者：陳永騰
出版者：文史哲出版社
http://www.lapen.com.tw
登記證字號：行政院新聞局版臺業字五三三七號
發行人：彭正雄
發行所：文史哲出版社
印刷者：文史哲出版社
臺北市羅斯福路一段七十二巷四號
郵政劃撥帳號：一六一八〇一七五
電話886-2-23511028・傳真886-2-23965656

實價新臺幣一五〇〇元

二〇一三年（民一〇二）六月初版
二〇一五年（民一〇四）五月修訂一版
二〇二四年（民一一三）五月修訂二版

ISBN 978-986-314-118-1　　08295

皇道無間

目 次

第一冊

序 章 求長生始皇帝墜仙山騙局 玩暗鬼徐君房制萬世一系……五
第一章 歧阜取名鼎革之圖引猜忌 以道制術求解迷津九度山……四〇
第二章 擊滅梟雄暗製天地乾坤芯 變局乍現信長皇圖成泡影……七四
第三章 接手入唐豐臣秀吉意孤行 不動如山周仁四兩撥千斤……一〇五
第四章 一廂情願擺弄和戰成僵局 兩皇一敕無語乾坤逼稱臣……一五六
第五章 遇強即屈入唐皇圖勞無功 借花獻佛德川家康已入甕……一九八
第六章 遠望皇圖篡權逼宮接連敗 借屍還魂德川幕府成芻狗……二三八
第七章 西力東侵深度底局似蒙昧 隔世之變日本先首度維新……二八三

第二冊

第八章 驚覺失策底局自主難悔棋 陰謀奪權魑魅孫文簽密約……三四九

第九章 皇室密議迷海論談鬼文化 無間啟動維新矛盾成定局……四二四
第十章 民國變性龜母轉成龜公黨 密約凌逼靈龜縮頭潛禍端……四六二
第十一章 阻擋佔領裕仁皇製偽奏摺 妥協侵略蔣中正落無間道……五二三
第十二章 無間相映兩國軍人同兵變 被迫放手山雨欲來風滿樓……五九一
第十三章 正氣氛圍盧溝橋外終開戰 淞滬喋血戰略詭局遭質疑……六五八
第十四章 淞滬慘敗蔣中正思抗戰變位 南京佔領裕仁皇謀戰略轉移……七一三

第三冊

第十五章 抗戰潰敗國民龜黨尋漢奸替身 勝負將曉皇家機關制乾坤挪移……七五一
第十六章 雙重假象無間拖延成爛泥 局面潰敗釜底抽薪挽狂瀾……八二四
第十七章 局面詭異無間吞食臨定勢 計走極端李代桃僵強脫困……八六五
第十八章 鬼牌出現東條英機強勢組閣 上意逼迫山本大將橫挑強敵……九一四
第十九章 拖延戰術大洋血戰等敗局 終戰詔書無間脫逃大計成……九六〇
第二十章 無間回返兩龜局另態糾纏 重塑新局四先生追打靈龜……一〇二八
末章 景罔後記……一〇八五

改版序

記得初寫皇道無間，是在二零一零年底，當時在小學教室電腦磨稿。二零一二年我將當中萬里長城一段擷取，寄給北京一位德高望重的老師。二零一三年完成出版之後，親自帶去北京。至今感覺是很久以前之事。而我也已經寫完皇道無間第三部，著墨於五大自源系文明滅門大年戰役。一回首，看初寫之時，已經十三年半過去。如同一個漫長的旅程，或遊戲，行進一段路之後回頭，感覺失誤連連。

這段時間變化極大，老師在二零一七年過世，連皇道無間第二部，都沒看到，為最遺憾之事。有親人也在這段時間過世，給我更大影響。巧的是創作如井噴演繹而出，對歷史鑑識更是不能與初寫之時同日而語。乃致六門相對律都已經完成，能用中國式物理學重構歷史與世界。甚至在使用手機程序，創造自己的六門時制之後，倒回歷史鑑別，對於本不想使用的公元曆法的定義，都可以改變。已經可以很確定知道，西元不是公元，公元也不是西元。中國人使用公元，不是紀念神棍耶穌的曆法紀元。我們可以大方使用。

如今與當初相比，有天壤之別，就算出神入化，然而對過去的遺憾，仍然還是遺憾。本不想再回首第一部之改寫，但自寫完有關未來預言錄，書名都很敏感而不能出版的著作。再回看一次，還是決心改版，是對已經看過此書的讀者負責。

在此補充，小說其實能彌補歷史不能敘述，或無法敘述之處。因為真正的歷史，往往當事人都不一定知道真相。更別說因為政治影響的正史編輯。而如今這時代，全世界各國相互汙染，真相更是隱藏在謎團之中，眼見都不一定為真。故小說可以變成一種工具，敘述一家之言，後人相互比對鑑別深度，自行評鑑真偽。

但當中有幾章，能盡量減少改動之處，就盡量減少。以保留當年的文字。

第六門 改寫皇道無間第一部

二〇二四年五月九日 於台灣新竹

序章　求長生始皇帝墜仙山騙局
玩暗鬼徐君房制萬世一系

始皇帝二十六年，咸陽。

六王畢，四海一。周王室東遷後，諸侯紛亂四百多年，皆統一歸秦。皇帝制曰：「死而以行為諡，則是子議父，臣議君也，甚無謂。自今以來除諡法。朕為始皇帝，後世以計數，二世、三世至於萬世，傳之無窮！」

始皇帝二十八年，琅邪。

琅邪郡城街道，竟無一塵，乾淨得讓神仙都願意躺在上頭睡覺。不過打掃得如此乾淨，不是為了迎接神仙，而是迎接始皇帝，但是始皇帝內心，卻又是想著迎接神仙到來。最後神仙沒上神仙道，上書皇帝，談論神仙的方士徐市卻上道了。

郡衙偏廳，徐市匍伏跪於階下。堂上跪坐著一號大人物，雙目炯炯有神，如鷹眼般銳利，不需要說話，霸氣已經圍繞在整個偏廳，身著黑袍束戴，腰繫太阿寶劍，嚴然帝王之相。但唯一與其身份不諧調之處，就是沒有前呼後擁的侍從，偏廳裡面除了徐市與始皇帝外，只有一個貼身宦官。

始皇帝還沒開口，跪在堂下的徐市已然滿身大汗，但是背脊卻是發涼的。忽然大廳迴盪豺聲，不過語氣卻又低調，一點也不像是皇帝在說話，彷彿怕隔牆有耳：「徐市，汝上書所言，朕已收到。所言東海之中有蓬萊、方丈、瀛洲三座仙山，住有神仙，並長生不死之藥，這傳聞可有求證？」

徐市又名徐福，雖已經六十之叟，頭髮斑白，走在故齊國城鎮道路上，仍意氣軒昂，儀態仙風道骨，能六十還如此精神，世人稱羨。但是在這大廳裡卻歸縮得，像老鼠見到貓，答話還不時用衣袖擦去臉上的汗珠。他學了許多年的秦國官話，還能跟秦皇當面對談，答道：「臣有求證過。曾有漁夫出海，因風浪失期，漂於仙山，見芝城宮闕，巧見仙人。然俗人見仙，雖知其仙，不得其道。後因其所指海風，乃得歸。村中鄉親皆以為怪，以為漁夫入海八年未歸，已然沒於大海，而漁夫所歷八日而已。入海時兒子還是哇哇嬰兒，回來已經八歲之童，不識其父。」

始皇帝聽到這奇說，鷹眼瞪大頗為一奇，開口道：「真有此等奇事？能否把事情前後因果說清楚！朕願聞其詳！此漁夫可還在齊地？」

徐市心中一驚，本來這只是用來忽悠始皇帝的訛語，說過之後不去查證，則船過水無痕，但若始皇帝真心追查，那自己老命不保。因為早在秦國統一之前，齊國就已經有人熟知，通往東海各島的航線，只是知道的人不多，願意冒險出海的人更少，但倘若始皇帝真心要挖出真相，是一定可以追查出來的。徐市心中一怔，用衣袖擦汗，若要天衣無縫，必須緊抓始皇帝內心求長生的弱點，轉而調出另外一句訛語，先唬弄過去：「此為臣二十歲時，遊四方修行，在一漁村所聞，也見過這漁夫。當時不以為意，事後才意識到此。三十五歲時回漁村探詢，漁夫已然去世。他妻兒則在陛下滅齊之時，死於兵亂。」把這件事情一轉時間，無從考查，先行打住，然後再看如何釣始皇帝上鉤。

始皇帝皺了眉頭看了一旁的宦官，這宦官也不是小人物，此人善於獄訟律法，頗能透視人意。始皇帝說：「趙高，你怎麼看這件事？」趙高早已經知道始皇帝決心求仙。自從滅六國一統天下後，始皇帝非常討厭聽到別人說「死」，讓趙高發言，不過是顯示他心已決而意未定的態度。善於察言觀色的徐市，已經看出始皇帝露出了人性的破綻，內心為之一鬆。

不過這趙高也不是省油的燈，知道始皇帝為人猜忌且精明，很忌諱有人猜透他的心思。雖已經知道始皇帝定決心求仙，但仍要做一個假動作，說一個反話。於是說：「請讓臣來問徐市。」始皇帝輕揮手示意。

趙高問：「徐市，你說這漁夫遇到過仙人，知道仙人擁有長生不死之藥，但為何漁夫不再去求仙？而最終會死？這種鄉間傳聞，怎樣能讓人相信？」這問題看似刁難，實際上是給徐市一個台階下，前面徐市已經說過，『俗人見仙，雖知其仙，不得其道』。徐市再笨，在始皇帝面前答話，總不會忘記自己說過什麼，況且趙高的語氣，溫吞緩和，沒有刁難之意。

這徐市倒是心領神會，微微一笑說：「剛才臣已經說過，神仙不會理會俗人，漁夫求之，只能得風而歸。但陛下德過三皇，功蓋五帝，四海歸一，以此求仙豈能跟一漁夫相比？就算是臣去求仙，沒有陛下的護持，神仙也不會理臣。頂多就是一陣仙氣把臣吹跑而已。」

始皇帝一聽，精神抖擻，長跪而起，把寶劍置於桌上，哈哈大笑說：「趙高，你還懷疑嗎？」其實要懷疑的是始皇帝，要相信的也是始皇帝，趙高不必去辨別真假，反倒是洞察了真相。神仙若真能長生不死，那將會經歷萬代君主，若如此，在神仙眼中，萬代皇帝跟萬民又有什麼兩樣？既然沒有兩樣，誰來求還不一樣？徐福之說又豈能過關？不過最精明的始皇帝，心中有了成仙慾望，此時反而成了，甘被神仙騙局所欺的孺子。

趙高與徐市瞬間對了個眼，各自在內心中發笑，兩人各取所需便是。可別小看了這兩人不經意的對眼，就是這不經意的對眼，雙方都瞧出各自該做的事情。

琅邪台外建立了一座祭壇，港灣外則是大小船舟雲集。祭壇後方一棟華麗的木造房，徐市的信徒在外護法。供養徐市的信徒男女皆有，兩名年輕男童穿著法袍，站在房外護法，徐市一人在房內唸唸有詞，要在這連續三天三夜告祭天地萬物，保佑出海求仙順利。

第一日第一夜大體無事。

第二日上午，徐市打小坐，於祭壇上休眠。忽然壇下鼓譟。打擾了徐市的小坐。本來依照他自己說的祭壇規則，這三天不能有人打擾，不然出海就要延期，以此來拖延出海時間，不過這打擾之人不是別人，而是徐市的遠房堂弟徐真。

徐市讓信徒遠離，放徐真進來。徐真十二歲時，本從徐市修煉，後來感覺自己堂兄這一套都是似有似無，五里迷障的騙局，改從同鄉投靠墨家，習兼愛非攻，學器械治金，為反對國與國之間戰爭的團體。

而今天下一統，反戰團體沒了底氣，但是戰爭卻繼續延續。北伐匈奴，南征百越的役夫，被徵調雲集，道路前後相望。原本滅六國後，可以給天下百姓一個無戰爭的日子，但秦始皇卻倒行逆施，不給人民休息，從而天下怨恨，連秦國故土的百姓都怨聲載道。反戰的墨家已然被秦皇視為「亂法之民」，從而受嚴厲禁止。徐真年已三十五，本想返家安居，但依秦法被徵調去修築長城。聽說大堂哥徐市，正得秦皇所寵，自己來此正為躲避秦役而來。

不過徐市不能在信徒面前破壞自己的法壇規矩，便喊：「大坐時刻已到。」裝神弄鬼地進入木屋內，把信徒先行遣退。徐真披頭散髮，發急地說：「好啦！兄長，沒有外人，別裝啦！」

徐市仍猛咳一聲，坐定之後，皺眉怒目說：「急急急，什麼事那麼急？能比我做的事還重要嗎？」徐真做事雖然急躁，但是還不敢失禮，緩過氣說：「郡守要徵發修長城的役夫，竟把我也給徵調過去，明天就要啟程。您也知道，十役九死，不死也半條命沒了。

請兄長幫我去緩一緩。」徐市當即站起來，檢查門外，然後把門關緊之後，在屋內來回踱步說：「秦法苛繁，執行無情，誰都知道。跑來求我，我能有什麼辦法？」

徐真看到徐市的態度，是想要自保，可急上火，開口道：「你不正在替皇帝陛下求仙嗎？幫我去說幾句，別說亭長、里正，就算郡守都不敢為難……」話沒說完，徐市馬上揮手打斷道：「不成！我只是個求仙的方士，你說的攸關秦法國政，這我可不敢跟陛下提起，這事情恕我幫不上忙！」

徐真可真急了，用各種方式苦求徐市，連續半時辰，但徐市先推，讓徐真自己去求里正，後拖，讓徐真舉家逃亡山野，等過風頭才回家，但徐真知道這些都不可行，遲早會被抓到，繼續苦求。徐市搖頭不肯，甚至已經下了逐客令，要驅逐這位堂弟。

徐真本來垂頭喪氣走到門口，正要出門，忽然不知道哪裡來的靈感，轉頭面對徐市，瞪眼吹鬍子，乖張地大聲說：「徐老仙人！你今天可真了不起，仙人圈套上了皇帝老，就翻臉不認兄弟啦！既然不認我這兄弟，也別怪兄弟我不認你。你那一套煉丹求仙，海外仙山的迷信胡說，是怎麼來的，家鄉的父老們都知道。既然兄弟我修長城是死定了，大不了雞飛蛋打，把你那一套全都抖到皇帝老兒那邊！」這一語氣勢磅礡，震撼其心。

這可真是，我若要死，你也別想活！徐市聽後，膽顫心驚，才剛要開門走出去，徐市大喊：「等一等！」徐真聽了緩過了腳步，但是沒正視徐市，繃著臉斜眼看地上，聽徐市有什麼話要說。徐市馬上拉回這堂弟入內，把門又關緊，轉而低聲下氣。

呵呵一笑說：「兄弟啊，我又沒說不幫你，只是兄長我真不可能抵抗秦法。皇帝陛下英明睿智，求仙方士藉術干預國政，難保不會被識破。所以你要繼續待在琅邪是不可能了，但是你若不去修長城，倒還有一法。」

徐真冷言道：「什麼方法？回去求里正？還是舉家逃亡山野？」徐市苦笑了一下說：「都不是，是你可以接受的方法。你早些年，也學過我的方術，不如你加入海外求仙，我是奉皇帝制誥求仙，相信那些抓役夫的地方小官，不敢動到我這裡來。等時間拖沓過去，誰還會計較你是修長城還是求仙，不都是替皇帝陛下辦事嗎？假若皇帝陛下主動問起，我就說你懂咒壇仙論，得來幫手。這事情不就結了？」徐真露出微笑，瞪大眼看著徐市說：「你我一同求仙？」徐市點點頭說：「是啊！求仙啊。」徐真哈哈大笑，徐市也哈哈大笑。對徐真來說，命運真是乖張，辛苦學習的墨家正派科學知識幫不上忙，反倒方士騙局起了大作用。對秦皇暴政，以毒方能攻毒。於是徐真穿上了法袍，拿起了祈壇法具，跟著徐市在琅邪台上裝神弄鬼。果然，讓天下壯丁害怕的徵官酷吏，沒有一人敢靠近，被求仙法術嚇得紛紛避開，去抓其他沒沾到『仙氣』的男丁去了。

第三天夜裡，除了水手船夫之外，所有參加求仙的人員都要『大坐』，各自依職歸位，整晚不能睡覺。第四日的下午都要上船，往東航行。

就在第四夜凌晨，天未亮時，琅邪台下又傳鼓譟，徐市與徐真兩堂兄弟對坐於屋內法壇下，點了許多油燈，卻打起了昏昏瞌睡，徐市先被這騷亂吵醒，對著門外大喊：「何事喧鬧？」一名男弟子入屋稟告徐市與徐真兩人：「稟告真人，台下的小子們，正在抓一個來搗亂的裸男。」徐市瞪眼怒道：「何方刁民大膽？竟然擾亂祭壇！快去幫忙抓人！」於是起身走出屋外。徐真只微微抬頭，睡眼惺忪，以為沒事繼續入夢。

徐市拿起火把，衝了出去。只見護法的小子們各舉火把，四處奔竄，圍捕一個裸體男子。所幸天色昏暗，春光外洩之事倒也瞧不到。過沒多久，底下來了一個護法男童回報，搗亂者已經抓到，問如何處置？

徐市見到祭壇不順，突然有預感，求仙的事情可能會因此一波三折，怒嘆一口氣回屋內，抓起了正在打瞌睡的徐真。徐真睡眼惺忪地問：「何事？」徐市怒道：「有人搗亂祭壇，你是祭壇管事，快去審那個搗亂的傢伙！」於是把堂弟推了出去，自己繼續打坐祈咒。

徐真到了外頭，長吸一口海風，令護法的小子們把裸男抓來。徐真拿著火把照明，靠近這裸男一看，這人沒有鬍子，頭髮剪短，大約二十多歲，表情有些驚恐。徐真在墨家學習，本慕斯文人，諸子百家都略有所習，也曾隨鉅子苦行於齊、楚、燕地。學習雖然不好，也年僅三十五歲，但不乏閱人的本事，見此人樣貌不似粗鄙凡夫，而且身上帶有些奇香，基於閱歷與直覺，當下沒有太多為難之舉，遂令小子們給一套衣物，關押在台下茅草屋內，自己親自審問。

徐真把小子們遣到屋外，徐真跪坐，但這神秘男子卻盤腿坐在地上。徐真從這男子的髮型與坐下的小動作，認為此人不懂禮儀，反而又猜測他，應該是鄉野鄙人，不是有才學的士子。便以兇惡口氣問：「你姓什名誰？為何來祭壇搗亂？」

這男子搖搖頭，喘口氣，但是不答話。

徐真又說：「知道這是皇帝陛下求仙的祭壇嗎？你這可是犯了秦法！」

男子只看了他一眼，似乎還是不以為然。

竟然如此不給顏面，徐真瞪大眼睛，徐真便怒目手指男子喝道：「你不回答這是何意？若你回答，本山人還可以考慮放你，若仍如此桀傲不遜，就把你送交官家！你可知秦法嚴峻？」

這男子似乎看出徐真將要發怒，於是嘰哩呱啦講了一堆話，徐真沒有聽懂半句。頗為訝異，徐真曾經遊歷齊、楚、燕三國，當時魏、韓、趙已經被秦所滅，來了不少三晉的遺民，可謂六國的語言大致都聽過，秦國的官話自然更不用說。但是這男子說的話卻完全不似六國語言，猜測可能是百越之語。不過百越之人聽說喜歡文身，這男子剛才裸體之時，卻沒看到有文身之處。況且從其氣質儀態而言，也不似百越之人。可見剛才男子不是不想回話，而是也聽不懂徐真說什麼。

靈機一動，當下命令小子們拿來毛筆與竹簡，寫下自己剛才所言，以此問這神秘男子。男子皺眉搖頭，聳了一肩。

徐真喝道：「話聽不懂，且又是不認字的文盲！那還審何東西？小子們，此人送官！」

門外兩壯碩的小子一進來，準備要把這男子拖走，男子見狀有異，吆喝了一聲，趕緊抓筆寫字，才讓徐真緩下，令兩小子出去。

寫完送交徐真，這可真讓徐真傻眼，這文字徐真也是不懂。只好拿走書簡，令小子們看好這男子，把這書簡帶回台上給徐市看。

徐市見了，頗為一疑。徐真問：「兄長，你見過這文字嗎？」徐市點頭說：「好像見過，三年前我與盧生前去咸陽，看過這文字，好像是秦隸……」徐真說：「秦隸？這我有聽說過，是一種蠶頭雁尾求便捷的文體，勝過李斯丞相創的小篆。為隸人所創，程邈所統整者。這個男子，會不會是逃避役法的秦國人？」

徐市點了頭，當下命令門外小子們進屋，詳問怎麼見到這男子的。守夜的小子們回答說，聽到台外百尺的樹林中，有男子的笑鬧嚎叫之聲，怕影響到祭壇，本來是要去驅逐，但乍見裸男狂奔，反而往祭壇這裡奔跑，才有此事。

徐真問：「兄長，他書上寫些什麼？」徐市遣退小子們後，緩緩坐定回答：「他只寫了，向西出關，向東出海，大道可傳。沒有什麼深意。」徐真說：「既然他會寫字，那麼我再去審他！」徐市道：「不用了！一個瘋子而已，大概是秦國的逃隸，跟你一樣躲避勞役，學過幾個隸書而已，不著因他亂我的出海祭。」徐真說：「那總該把他給轟走吧？」

所設的騙局越詭異，就需要更多詭異的人來充數。徐市基於直覺，這神秘男子可能對於求仙有用。於是跪坐入定說：「莫須，這人或許有用，讓他加入求仙隊伍，讓兩個小子們牢牢看好他便可。」

五十艘大小求仙船隊出發了，往東探索傳聞中的仙山！在船上所有人都吐得東倒西歪，包括那神秘男子也是。甚至不少人就死在船上，怕腐爛傳染，只能當即扔下大海。船隊中最讓徐市猜忌者，倒不是那個神秘男子，而是皇帝派來同行的親信，蒙放。他是蒙恬大將軍的遠房堂弟，官拜千夫長，率領兩百名訓練有素的士兵同行，對於徐市來說，這批人是無法掌控的威脅。

忍了快半個月的航程，好不容易見到一荒島，所有人雀躍歡呼。以為見到了傳說中的仙山。

徐市命令船隊登岸，所有人上岸整隊。用所帶的建材，搭建臨時的幾棟茅草屋，供徐市、徐真、蒙放三個指揮者居住。

休息兩日，在島上補充了淡水與一些食物，蒙放好幾次問徐市：「這就是傳說中的仙山嗎？」徐市都回答說：「東海島嶼數百座，只有蓬萊、方丈、瀛洲三座才是仙人所居住，必須要派搜索隊入島深處尋訪，並在航海圖當中標記，才能最終找到。」蒙放對此暫時是相信了，於是依其言派搜索隊搜查。

連續好幾個島嶼，都依照此模式搜索，有時候會搜索到一些島上野民，可能是漁民漂流到這定居者，但是沒有一個是徐市所說仙山。船隊時而回琅邪補給，往返出發，徐市畫在絹帛上的航海圖也越來越豐富，但是始終沒有仙人的蹤跡。徐市只好在東海諸島與琅邪之間拼命打轉，當地郡守都十分配合。因為徐市是替皇帝辦事，怕責任轉嫁到自己身上，所以供應不敢有缺。

九年後，始皇帝三十七年，東海某島。

一日，徐真在臨時村落的徐市住所，喝茶聊仙。徐真難掩焦慮之情，忍不住說：「兄長，你我都知道東海神仙之事，一些是漁民出海回來後的鄉野傳聞，一些是你對皇帝穿鑿附會，另外一些根本就是胡說八道。在東海繞了這麼多年哪來什麼神仙？再這樣鬧下去，被皇帝看穿，恐滅我等全族！」

連續相處九年，徐真更認識了自己的堂兄，外表仙風道骨，言談斯文，但本質上根本就是一個滑頭神棍，靠迷信詐欺來混吃騙喝，騙財騙色。春秋戰國時代，齊地工商繁榮，行業發達，思想最多元，但因此人民狡詐，常出騙子，他這堂兄徐市可是最經典的代表人物，連秦始皇帝的財物都敢騙！

徐市知道這堂弟雖有急躁的毛病，但是本質不壞，對他也不掩飾，笑著說：「這我自有仙人妙計，皇帝老不會對我們怎樣的。只要時機到了，神仙自會顯靈。」

死性不改，還是在死咬談仙！徐真皺著眉頭苦惱道：「整天仙！仙！仙！我都不知道該怎麼說你，事情沒那麼樂觀。不只是皇帝的問題，我們手下那些信徒，還有蒙放等隨行軍隊，被我們這九年來繞海折騰，死了不少同伴，又開始懷疑起仙人之說。蒙放甚至已經派人告訴皇帝，求仙受阻的詳細經過！」

求仙受阻，是三年前的事情。當時包括蒙放在內的所有人，都已經開始在懷疑徐市的神仙之說，甚至出海的船隊當時發生不小的叛亂。當時徐市以船隊存亡為由，威脅蒙放，蒙放顧全大局，壓住了叛亂。但是船隊內部仍然騷動不安，徐市當時不得不來一招「神仙顯靈」來振奮士氣。

那位神秘男子幾忽不說話，船隊中除了偶與他交談，卻語言不通的徐真之外，沒有人熟悉他的聲音。於是徐市派徐真帶著神秘男子，以及兩名口風很緊的親信水手，趁著海上迷霧之時，帶上樂器，與一具木製擴聲筒，駕駛小舟離開。離開之後又繞回來。這木製擴聲筒，是徐真在墨家遊學時，學會製作的東西，可擴聲傳音到遠處。正是迷信騙術，也得弄些真實學術來支持，方能長久。

神秘男子還不熟悉大夥兒的語言，但是徐真在他耳旁發音，神秘男子依其音照喊便是。趁著海上迷霧漫漫，視線不明，開始彈奏神曲，從而船隊人員，聽到海上傳來磬笛長琴之聲，正在大家一陣狐疑，海上怎麼會有音樂？嘖嘖稱奇之時，擴聲筒傳出神秘男子聲音。

曰：「汝等何人？奈何擅闖東海仙界？」大夥兒在迷霧中，聽到此聲一陣騷動，蒙放趕緊請徐市出艙。徐市假裝興奮，裝模作樣對大海行禮說：「我乃西界凡人，受皇命前來求仙，備有珍珠金銀三十箱薄禮，望上仙息怒笑納。」海上傳聲：「汝西皇之使邪？」徐市答道：「正是。」海上傳聲：「汝西皇何所求？」徐市假裝露出興奮的笑容回答：「願請延年益壽之藥。」海上傳聲曰：「珍珠金銀乃凡俗之物，汝秦王之禮薄，可觀而不可取，豈能為仙界所用？汝等快退。」徐市答道：「上仙且慢，我等凡胎未悉仙境，不知仙界之事，望上仙明示，宜何所資以獻？」海上傳聲道：「以令名男子若振女與百工之事，即得之矣。」徐市瞥看眾人，發現大夥兒面目嚴肅，傾耳而聽，知道自己計謀得逞，心中一喜，裝模作樣地說：「可否讓我等入仙境禮拜？」傳聲答道：「快退，快退，待禮備方可再入仙境。」徐市對海長拜說：「我等謹遵上仙敕令。」

這招「神仙顯靈」，果然有效，回航之時眾人雀躍歡呼，加上回途中遇到過一條大鯨魚，天空中雨過，出現海上長虹，有如仙境，船隊眾人更是讚嘆海上奇境，徐市還因此微笑著搖頭，告訴徐真說：「這些人比較容易應付。至少會相信三年，這三年期間，我們繼續在海上諸島與琅邪往返忽悠，再想其他方法。」

不過三年很快過去，徐市還沒有將此事上報皇帝，他估計船隊中自有秦皇眼線，只要回航，必會有人通報神仙顯靈，然而有人看過傳聲筒在海上大霧之時的功用，於是疑心再起。

徐市對徐真所言，頗不以為意，緩緩喝口茶，似乎已有計議去應付始皇。

徐真嚴肅地說：「蒙放說皇帝將要再巡幸琅邪，已經有船來催促我們回去接駕，若你有方略，趕快告知兄弟，我也好配合應付。倘若沒有計策，那也早些告知，我才好及早安排，舉族逃往秘密海島避難之事！」

徐市哈哈一笑說：「你急什麼呢？我們要的東西都還沒騙到手，怎麼能逃到海島上？附耳過來，我早有計策。」徐真靠耳過去，徐市如此這般，輕聲細說。徐真聽了，喘口氣說：「這方法虧你想得出。我可以配合你，但是可別玩火自焚，惹了全族被殺。」徐市微笑說：「嗨，兄弟這是什麼話……族人讓他們遠遁山區，我等就行此計，沒人會被殺。」

琅邪郡守府邸偏廳。

局面如同九年前徐市剛上書之時，只是這次除了始皇帝、趙高、徐市三人之外，還多了一個蒙放。隔了九年，徐市發現始皇帝的神色，已經大不如前，似乎是中了丹毒。而丹藥之事，徐市自己不信，卻在以前推薦給始皇帝去吃，說可以強身少病，等待真正的長生不死之藥。剛開始確實讓秦皇精神百倍，但是之後藥效逐漸減低，血管容易膨脹通紅，以徐市來看，這可能是丹毒的晚期。若再不趕快行動，把要的東西都騙到手，恐怕就來不及了。

滅六國伐胡越，殺人如麻，焚書坑儒，勞役天下百姓，令天下人又痛恨又害怕之雄才偉略卻又殘暴的秦始皇帝，卻被一個齊地騙子，耍得團團轉，最後心甘情願吃下毒藥早死。

始皇帝當然一見面就追問長生不死之藥何在？徐市於是將海上「神仙顯靈」的經過敘述了一遍，並且穿鑿海上長虹為仙界的銅色而龍形、光上照天，還說見到了海島芝成宮闕，蒙放在旁可以為證。

蒙放現在自己雖對神仙顯靈之事產生懷疑，但早在兩年前就派人乘船回航，將此事密報秦皇，以求功勞。眼前又秦皇面貌憔悴，身體每況愈下，急於求仙，倘若反口，秦皇必然大怒，不但拆穿不了徐市，自己反而會被嚴懲。況且自己也真的體驗過「神仙顯靈」的那一幕，所以只能點頭為證。

在一旁的趙高下跪賀喜道：「恭賀真人！尋得仙山，屆時消遙海上宮闕，長生不死，庇佑大秦，傳諸萬世！」徐市與其他眾人，也跟著他一起下跪賀喜，將獲長生不死仙藥。

徐市看著這趙高，忽生一奇感，怎麼這趙高跟我徐市頗有默契？當年徐市不說，他就主動替徐市搭設台階，而今天更是推波助瀾，從而不必費什麼唇舌功夫，就一下讓這秦皇入套。

秦始皇大望過喜，此時已經自稱「真人」。於是邊說邊咳嗽對趙高道：「可以囑咐李斯，不必擴建真人陵寢，阿房宮也可以緩建，過不久後，真人長生不死，消遙巡幸海上宮闕，那裡才是真人要居住的宮殿。那兒可以不畏懼死亡，真人到時後傳位給太子，看著大秦永世不滅！」

徐市見狀大好，趕緊接著上奏：「臣啟真人，童男童女百工之人，皆當首行，以往隨行之人底細混雜，不為仙界所受，此次航行除了臣等幾人知悉航道者，其餘皆當撤換。而且上次航行有大魚阻於航道，當備有連弩機床，除掉海上大魚。」始皇帝答道：「准奏。」

本來徐市此言，是要排擠蒙放，但讓徐市懊惱的是，蒙放上奏皇帝堅持隨行。於是又跟著編組的船隊出航。

這回徐市可真急了，本來打算這次出航就不回去，在海島上自立為王。但是始皇帝的眼線竟然又跟了上來，肯定會讓求仙的謊言破功，逼著徐市回琅邪。於是暗中告訴徐真，要把這一批人除掉。

出航後，旗艦船艙內。

急匆匆的蒙放，跑來見徐真，問：「給仙人的童男童女，放在祭船上面的消息怎麼會走漏的？現在引發了不小的騷亂！」

徐真笑著說：「將軍勿急，那些孩子們被謠言所惑，讓我去勸說，當可鎮定慌亂。」

原來之前徐市矇了一個祭仙的說法，說神仙取物必當自沉入海，海中海神巨魚自會載之送到仙宮。這事情要蒙放偷偷去辦，但是卻暗中放消息給童男童女百工之人，說蒙放等人要犧牲祭品，讓自己成仙，造成船隊一大騷動，所有人都不肯上祭船，持武器反抗。眼看著兩邊人馬就要火拼起來。

徐真於是隨蒙放登上甲板高塔，用木製擴聲器對船隊喊話，說沉船祭仙之事純屬訛傳，只是要在某一小島岸邊告祭仙靈，要大家鎮定。可以讓蒙放等兩百士兵，先行登一小島架設祭壇，然後徐真與徐市會親自乘坐童男童女的祭船，跟著上岸。既然徐市會親自登祭船，大家也就心安，蒙放見到情勢有所緩和，自己所搭的船也是安全無虞，不敢犯眾怒，也只能順著徐真之言而行。

等蒙放等人置船登島，隨後的祭船忽然架設連弩機床，改換船勾，拋射出去，把蒙放等人的船一勾而走，全部往大海疾航。蒙放等人發覺中計，已經來不及，只能在岸上大罵徐市騙子，一定要將此事上告始皇帝。

徐真對著所有人用擴聲器喊：「皇帝要犧牲爾等自求長生，若不得長生之藥，就要殺光我等。爾等是要甘為祭品，還是擁護我兄長為王，在蓬萊仙山另建家園？」眾人的情緒已經被煽動，百工、童男甚至童女們都一致大喊：「擁護徐真人為王！」

徐市為了慎重起見，怕蒙放等人，遲早伐木造船回航，向秦皇報告這件事情，秦皇一定會怒而派兵來追殺。徐市自然不安心，他要知道，秦始皇帝是否已經察覺騙局？這可是生死存亡的大事，所以他展開一項計畫。

基於春秋戰國時代，就有人掌握東海航道，歇腳沒多久，仍然繼續沿著陸地向東航行，直到認為已經脫離秦皇的航海範圍。而這次他們遇到一座很大的島嶼，當地有很多土著，有反抗者都被剿滅。

徐真進了船艙中，徐市的房間：「兄長！這些反抗我們的土著，都被消滅了。其他部落，他們看到我們拿著金屬武器，還有巨大的船隻，強力弓弩，都嚇得逃的逃，降的降。接下來該怎麼辦？」

徐市說：「當然是在這陸地的深處，建立另外一個國度，由我們來稱王……」

徐真苦著臉道：「兄長，我無意冒犯，但得說個實話。我們沿著海岸航行這麼久，這座島還真大，會不會是另外一座大陸地還不得而知，遲早會被秦皇發現。而我們手下小子們，已經很多開始思鄉，鬧了不少事件。這樣下去，就算秦皇抓不到我們，也遲早壓不住叛變的小子們。現在已經被逼到無路可走，得拿出個具體的辦法來啊！不然兄弟我得跳海自殺啦！」

徐市皺眉，對他白了一眼，緩緩說：「你這個人就是心急，辦法是人想出來的！急躁能解決問題嗎？當初你自己要逃避修築長城的勞役，跟著我來，現在若是後悔，我給你一艘船，你自己回去啊！」

徐真長吐一口氣，緩了緩心神，慢慢說：「回去是不可能的……秦皇現在求長生心切，肯定很快就看破求仙騙局，必然恨我們入骨，到時候下場可能會比盧生還慘。兄弟我沒有催逼的意思，而是跟兄長您商量個辦法。」

徐市微微一笑說：「你總算靜下來，要想辦法了！你先出艙去想一想，然後才回來跟我商量。」這堂兄很愛故弄玄虛，徐真早已知道，但急躁的本性仍作怪，站起來皺眉指著他說：「兄長你……算了！」嘆口氣，依他之言，出艙去透氣。

吹了許久的海風，然後進艙，只看見徐真在木桌上，攤開一幅羊皮地圖，這是航海記錄者將所有島嶼地形畫了出來，只有一座島因為太大，只有繪製一條長長的輪廓線，不知道這大島的全貌。

徐真問：「兄長！我實在想不出來，您可有方案？」徐市摸了摸鬍子，緩緩說：「當然有！」徐真忍不住跳腳，瞪大眼開心的說：「快告訴兄弟我！」

徐市瞪著他說：「你看你！又急躁了！」徐真苦笑了一下，沒回話。

徐市指著這座大島說：「你看這座大島，還沒畫出輪廓，我們航行了很多天，都沒看到邊際，包括你在內，許多小子們以為這可能是一座跟神州一樣的大陸地，但我敢肯定，這是一座島，只是比較大而已！」

疑問：「兄長從何得知？」

徐市微微一笑說：「這裡花草鳥獸的形體，乃至於部落土著的容貌，其長相跟我們齊地都十分相似。其相似度還超過，吳越等地，更別說秦地巴蜀。這代表什麼？在氣候風土上，這裡與齊地同氣連枝，只是因為大海阻隔，諸夏的文明文字，難以傳播到這裡。倘若這是一個大陸塊，沿著海岸邊這麼長的距離，其物產與土著風俗，必然相互有很大差別，而且會很豐富多樣，但看來差異不大。代表這裡的地脈，沒有多大的縱深，代表土著與物種沒有很廣的地方分佈，也不會類似神州那樣地大物博，分佈成諸多複雜面貌，代表這不是一座，可以跟神州相比的陸地，可能只是一座，沒被發現的很大島嶼而已。」

徐真點點頭說：「喔，兄長觀察能力果然不凡。」當然，徐市連秦皇都敢騙，觀察能力自然不比凡人，還真如孔子說三人行必有我師，方士也有可學習之處。但徐真又追問：「就算是如此，那又如何？能解決我們什麼問題？」

徐市笑道：「我們所憂慮的，不過兩點，第一是秦皇發現騙局，派人找尋航道，循線來追殺！第二就是小子們思鄉，懷有異心，會叛變鬧事。關於第一點，我們就結合這些土著，利用這座沒有被發現的大島，多設一些居住的碉堡村落，委派忠心的小子們看守。這些就是我們的眼線，一旦有變，我們就可以在陸地上，往更深入的地方遷移，跟秦兵大玩繞迷藏！同時我們要掩蓋文字痕跡，下令禁止留書與任何指標，使我們所經過之地，沒有任何可追蹤的痕跡。」

徐真問：「這代表我們要棄船登陸？」徐市點頭說：「當然！」

又問：「那小子們思鄉問題怎麼辦？」

答道：「所有來這裡的男子，強迫與當地女子通婚，有妻者另外也得娶妾，在這裡另建家園耕地！而且禁止任何詩文書籍，斷了他們對神州大秦的思懷！甚至衣著都要改變，以免露出蛛絲馬跡被追兵看見。」

徐真皺眉頭說：「方法倒是很好，但是有些小子們，本身就是有知識的士子，總不能讓他們唸詩都禁止吧？」

徐市說：「對這些人，我早有對策。這種人在我們船隊中人數不多，他們那麼想回大秦去，我們就給他們機會！」徐真瞪大眼說：「兄長的意思是……」

徐市笑說：「我們不也每天擔心，秦皇是否識破騙局？這樣整天疑神疑鬼也不是辦法。不如我們就重賞這些士子，給女子財帛，稱兄道弟，委派官職，讓他們對這裡有所期待，然後令他們搭船回去探風，一方面解他們的思鄉，另一方面解我們的疑惑！」

徐真瞪眼說：「他們這些人大多熟悉航道知識，萬一回去向始皇告密叛變……」

徐市哈哈笑說：「這是不可能的！這些人都是有名有姓留在郡守那邊，跟你一樣免除勞役來求仙，當初我們造出神仙顯靈，海上宮闕的謊言，他們也在場。要是騙局被發現，依照秦法，知情不報，這得連坐的！我們給他重賞，秦法那邊重罰，誰會笨到主動去告密？況且就算秦皇發現，依我剛才佈局，這座大島，也可以讓我們藏居深處，行蹤飄渺無處！」

徐真點頭說：「善！兄弟我立刻吩咐下去，依兄長之計辦事！」

於是他們棄船登陸，繼續東行，依照當地土著的衣著居所，沿途廣設碉堡。並裹脅當地部落，壯大自己的部眾。為了掩人耳目，所有來這裡的中土人士，必須娶當地女子為妻妾，並且抹滅文字痕跡。大夥兒在一平原見到一座山，山頂積雪，四周平坦森林濃密，於是在這安定下來，灑上五穀稻種，建立耕田農舍，成為徐市的王居，並對那座雪山取名為蓬萊，為最後的根據地。一無文字指標，二無衣著可循，又深居大島內處，廣佈眼線，如此則絕對安全！而被派回去的幾艘船艇，依著原先航道，也返回齊地琅邪。

又七年後。

一隻小船，秘密返回蓬萊仙山……

徐真奔向小城堡中心的宮殿，有緊急之事稟告，在門外大喊，徐市此時正在跟當地土著女子，新進的幾名「王妃」消遙快活。聽到徐真喊叫，趕緊穿戴好衣冠，出房門來見。

徐市被破壞美事，顯得有些不耐煩，問：「你幾歲啦？還沒改掉這種急躁習慣？到底何事這般急？」徐真小聲地說：「七年前我們派回琅邪刺探情報的親信，現在回來啦。」

徐市知道，騙局遲早被識破。若風頭不對，就要繼續搬遷居城，往島嶼的更深處躲藏。所以顯露驚駭的神情。

徐市七十六歲，頭上已經都是白髮，而且禿了一半以上，不過精神卻還很好，趕緊坐定瞪大眼急問：「怎麼？始皇帝已經知道求仙是個騙局？」徐真搖頭道：「不是，他已經不能追究求仙之事了！」徐市又追問：「難道始皇帝已死？現在是秦二世？」徐真苦著臉搖頭說：「二世也沒了，整個大秦都沒了！」

真是晴天霹靂，整個大秦怎麼都會沒了？徐市繼續追問：「快說！現在到底是什麼情況？」

徐真答道：「據小子們說，我們走的那一年，始皇帝就在巡幸趙地沙丘時駕崩。接著一個默默無名的役伕小差陳涉，領九百役伕造反，斬木為兵，揭竿為旗。說什麼帝王將相豈有種乎？叫嚷著要推翻大秦，殺掉皇帝，結果引發天下大亂，原本乖乖臣服的六國遺民，紛紛起而攻秦。咸陽城被另一個叫做劉季的無名小卒攻破，接著一個楚國小子項籍，也跟著進入咸陽，真的殺光始皇帝子孫，嬴氏被滅，還縱火焚燒大秦宗廟與咸陽宮闕。二世皇、三世皇乃至整個大秦都沒啦。現在這無名小卒劉季，正在跟楚國的項籍，還有各地起兵的豪強，相互打得你死我活。將來誰勝誰敗還不知道！」

這是晴天無雲一聲雷。徐市聽了，頓然跪坐於「王座」之上。他知道秦始皇有兩大願望，第一就是長生不死，要是長生不死不可得，就退而求其次，讓秦皇血脈傳諸萬世不滅。長生不死之求，徐市知道，這是個騙局，根本不可能達成。只是諷刺的是長生不死船隊剛出發，他不到一年就死了。但怎麼也沒想到，傳諸萬世的願望，也是連邊都摸不著，死後不到三年，一大堆以前沒聽說過的無名小卒，紛紛跳出來，把強大無比的秦朝整個打垮，連固若金湯的關中咸陽都被攻破，子孫被滅，宗廟被毀。這實在讓他無法置信。

正所謂多詐者多疑，徐市善於詐術，自然也害怕別人騙他，思度良久，於是斜眼吹鬍子說：「這絕無可能！一個無名小卒跳出來造反，叫嚷推翻大秦，天下響應？另一個無名小卒，打進關中攻破咸陽？又一個無名小卒殺光嬴氏焚燒宗廟宮闕？這絕無可能。要打破固若金湯的關中咸陽，當年六國軍隊想都不敢想。更別說秦兵所向無敵，殲滅六國一統天下，北伐匈奴南征百越，書同文車同軌，法令制度無人敢違，哪可能給無名小卒打垮？這不可能的！會不會是小子們思鄉心切，編出來騙我們回去的？還是始皇帝發現我們的騙局，勾串那些小子們，想把我們釣回去？」

他被自己的思緒嚇傻了，差點撲倒在地，全身顫抖，冠帽落地，連滾帶爬。苦著臉說：「完了！一定是始皇帝發現騙局，要派兵來追殺我了！完了……我們快命人燒掉這座城，往深山跑啊！」

徐真趕緊扶起徐市道：「兄長勿慌！這不會有假，小子們有證據給我！」於是遞上三張，先後曾貼在琅邪郡上的羊皮文告。

徐市扶正冠帽，趕緊抓來一看。

第一張是齊國的王族後代田廣，告知齊地百姓，秦始皇帝暴斃，呼籲大家響應陳涉造反，要一同推翻暴秦的文告。第二張是，沛公劉季，率軍攻破咸陽，公告天下暴秦已亡，廢除秦法，與秦民約法三章的羊皮文告。第三張，則是西楚霸王項籍，對天下自吹滅秦焚闕的功績，要討伐齊國田廣的文告。

他先前在齊地時聽過田廣這個人，一下子他要討伐人，一下子他又被人討伐，看來始皇帝真的是死了，整個大秦也確實天下大亂。若真是秦皇發現騙局，要他手下的人把自己調出來，必然是大嘉讚賞，要他回去受封之語。不可能冒出，一下推翻暴秦，一下攻破咸陽，一下毀宗廟滅嬴氏，一下無名小卒們相互又打來打去的文告。

徐市頓坐一下，先喘了一口氣，穩了穩，思索良久，喃喃自語。

原本徐市以為，這大秦始皇帝嚴法治下，只有他一個人敢計畫搞鬼，先贊成秦皇吃丹藥，去慢性自殺，再詐騙秦皇另謀自立！但未曾想到，原來秦皇治下敢搞鬼者，還大有其他人在，只是與徐市所處不同，所以手法不同，各顯神通而已！

之後輕聲細語，顯得有些神情沒落地道：「實在難以置信，看來這是真的。」徐真追問：「兄長，現在怎麼辦？要回齊國去嗎？」徐市瞪大眼指著徐真鼻子說：「蠢！」說罷轉身回「王宮」。徐真追在後頭，扯著他的衣袖說：「兄長，很多人都想念家鄉父老，既然秦皇已死，大秦已滅，我等還怕什麼？回齊地也可自立為王！」

徐市撇開衣袖，回答道：「說你蠢還不信！就算這是真的，那現在神州天下也混戰成一團，而這裡的土著部落，把我等當作神來崇拜，回去幹什麼？被其他豪強殺戮吞併？對那些無名小卒磕頭稱臣？以後這裡就是我的神州！這裡我最大！要回去你自己回去！總之我不回去！」說罷，立刻閃身離開。

徐真見此，長嘆一口氣，看來自己是永遠見不到，家鄉的父老鄉親。漠然走出徐市的王宮，望著城外的蓬萊山，慢慢走著，邊走邊說：「長生不可得，竟然連傳諸萬世也不可得，是天道使然乎？這天地之間的道，又是什麼？」

王宮外的一名年輕工匠，突然呵呵笑了出來。徐真轉眼一看，正是當年的那位神秘男子。

他這十五年跟著求仙隊伍，慢慢也聽懂了齊地語言，融入大家的生活習慣。不過對於自己的過去，卻是絕口不提，從而大家給他取名為「謎」。現在他跟著一位隨行的建築老匠，一起當徐市王宮的建築造匠。

徐真看了他，板起臉孔說：「你有什麼好笑的？」謎回答道：「我笑話始皇帝而已，不是笑話大人您，別生氣。」秦朝滅亡之事，徐真並沒有對別人說，而且回來的水手們，對此事也是口風甚緊，一個僕役怎麼可能從當中聽出真相？於是追問：「始皇帝？你是聽出了什麼？」謎回答說：「沒聽出什麼。」

其實這謎也算是可信之人，當初一同造局誆騙船眾，事後什麼消息也沒有走漏。徐真也就不追究下去。正要離開，忽然又回頭看著謎，似乎從謎的臉上，瞧出了什麼端倪。於是說：「謎，你跟我來，我有話要對你說。」謎很恭敬地跟隨在徐真身旁。

徐真問：「你今年幾歲？」謎答道：「只記得裸身闖祭壇那一年是三十五歲，之後隨船隊奔波，只求苟活，忘記年歲。」徐真掐指一算，笑著說：「你跟我同年齡，現在也已五十有餘，這裡也有不少女眷。怎麼還沒娶妻？」謎微笑著說：「在下不願意娶妻，對女人沒有任何慾望。」徐真哈哈一笑，本以為調侃閒聊幾句，沒想到從這看出了端倪。

徐真邊走邊看謎的臉蛋，忽然醒神問：「你五十有餘，怎麼看上去還像是二十多歲的小子？」謎低頭繼續跟著走，若無其事地說：「老子說，我無欲而民自樸，沒有慾望自然就看上去年輕。」徐真瞪眼問：「你懂老子？」謎微笑欠身緩緩說：「諸子百家略有所聞，有比擬錯誤者，望大人指正。」徐真越發越覺得，謎這個人不簡單。以往也曾經追問他的來歷，或不肯回答，或含糊其詞，現在終於忍不住問：「謎，你我認識也有十五年，算得上是老朋友了。你今天一定要告訴我，在認識我們之前，你到底是誰？遊學士子？秦國逃隸？還是躲避秦役的百家學子？」謎緩緩回答說：「大人，你就當我是秦國的逃隸吧。」

徐真止步怒道：「哼！原來你還是頑石一個！故作神秘！」謎也止步回答道：「您何必生氣？每個人都有不堪回首的過去。除了這個問題，其餘大人不管問什麼，我都竭誠回答。」徐真點點頭道：「也罷。」兩人接著向前走，很快就走出了這小小的王城。徐真看著城外的山林，為之一振，兩人邊走邊聊，忽然徐真問：「既然你都要竭誠回答我，那你剛才說嘲笑始皇帝，這是怎麼一回事？」

謎回答：「長生不死之說，大家都知道是不可能的，萬物有生必有死。若是都能不死，天下必擠滿了人，後代子孫又何以生存？唯有始皇帝還投諸希望，所以可笑。」徐真點頭緩緩地說：「是啊！不過我訝異的，倒不是長生不死不可得。」謎疑問：「喔？大人還訝異什麼事？」徐真說：「你可知道大秦已經滅亡？還傳不夠三世就沒了？」謎沒有驚訝的表情，只點頭說：「始皇帝過度勞役子民，有此結果，這不意外。」

徐真說：「我想不通的是，始皇帝兩大願望，一者求長生不死，不得則退求其次，皇位傳諸萬世不滅。一個人長生不死必然辦不到，但天下要傳萬世子孫，卻連邊都摸不著？觀從古至今，傳祚最久的周王，也只有八百年，後四百年還是奄奄一息。你說吧，是不是傳萬代的願望，也如長生不死一樣，不可能辦到？」

謎回答說：「一代三十年而論，萬代就是三十萬年，世間大道無常，以變易為準則，當然不可能這麼久。」

徐真皺眉頭指著謎說：「我說你這人，說話也真奇怪，我說傳萬世只是個虛數，意思就是傳諸久遠，大位世襲罔替，能與天下百姓同壽。你是聽不懂？還是故意找麻煩？」謎呵呵一笑說：「剛才承諾大人要竭誠而言，今天我就竭誠而言。大位世襲罔替，能與天下萬民同壽，雖然困難，但也不是不可能的，只看怎麼做。始皇帝反其道而行之，當然連邊都摸不到。即便是周室，也不是順道而行。人是多變之物，所謂血統傳承也不是永久不變，不可能寄希望於子孫個個賢明，也不可能寄希望於臣民永遠忠誠不變。」

徐真疑問：「這就奇怪了。社稷是由人所組成，傳諸萬世不寄希望於人，難道如一千多年前的殷王一般，寄希望於鬼神？」謎說：「鬼神之說不可能求證，信之則有，不信之則無，所以當年孔丘不語鬼神。能信者只有道，所謂道者，天地之間變易之常法。所以老子說，有物混成，先天地生。社稷雖由人所組成，但人離不開道，要傳那麼長遠的時間，不能信人，只有信道。」徐真的疑惑就更大了，認為謎這說法，根本就是名家的巧辯，把答案引導到一個含糊籠統的「道」字，從而自己從問題抽身出來。於是大笑說：「我也不是沒讀過諸子百家，道家之說也有所閱，你所說的道，難以具體的解釋。這種答案，看似有道理，還不等同沒回答？不過是惠施或公孫龍那一套。」

謎搖頭說：「不然，誰說道沒辦法解釋的？」徐真說：「老子不也說過，道可道非常道，名可名非常名。你推崇的老子，就已經把這問題點出來了。」謎仍搖頭笑說：「這是一般人的解釋，倘若真如您所言，那麼老子寫出來的後面篇章，全部等於廢話。若是廢話，相信道家之說，不會成為百家之一。」

徐真顯得有些驚訝，轉而問：「依你這麼說，道可以解釋？」謎接口說：「當然可以。不只可以解釋，甚至可以如同軍旅一般，嚴謹地組織。依照等階建制上去，只看領悟者怎麼去解釋它。而皇位傳諸萬世不滅之法，就在這裡頭！」這可是徐真活了這麼多年來，頭一次聽到的奇譚怪論，把世人眾說紛紜，含糊不清的「道」，劃分成像軍旅嚴明清楚的等階體制。轉而說：「你這該不會是，法家那套權術之論吧？」

謎哈哈大笑，這可是徐真頭一次見到謎這樣大笑。謎回答：「百家之言，都只是觀察天地萬物的變化而來，都是道的一部分，本質上不該分家，根本在於變易之理，法家的法、術、勢三派，不過都是運轉人世間變化的末節，末節之法可強可盛，不可能持久。道家學論曾經批評過儒家，因為儒家之論貼近人性之善，而善惡相隨，此說最有潛力，但也最會被人性所亂用扭曲，所以批評。法家之說，則是連被道家學論批評的資格都沒有，因為那只是個手段罷了，稱不上思想體制。秦皇不就陷於此，而速亡乎？」

徐真感覺他說得非常有道理，但還是不相信，謎這個人真有辦法，把眾說紛紜，含糊不清的「道」，嚴明分階。於是說：「既然你這麼說了，能否詳細論述，道的嚴明分階，還有傳諸萬世之法。我願聞其詳！」謎搖頭說：「靠說的不清楚，只出我口只入你耳，言過便忘。不如給我書簡，我慢慢把它寫下來如何？」徐真抬頭說：「諾。就給你書簡。」但謎似乎又有所顧忌，轉而說：「更正所言，給我記書擅撰者，出我之口，入他之耳，寫於書簡上。」徐真回答：「諾。」

兩人立刻回城。

徐真單獨先去拜見了徐市，只見他在王宮的小樓台中，端著酒樽，跪坐於座，望著窗外的山景雲彩，愁眉苦臉默默思索。看見徐真進來，便站起。

「兄弟，你不是要回去？來辭行的？」

徐真苦笑了一下說說：「兄長你扯遠了，想也知道，沒有你，我不可能回去。想了想，還是乖乖留在這吧！」徐市也笑了笑，端了另一酒樽給他。兩人一同站在窗前，看外頭的雪山。

徐真問：「既然已經證實始皇帝已死，大秦已亡。我等無憂矣，兄長還愁眉苦臉，這是為何？」徐市望著雪山說：「這說來話長，你無法理解我憂愁何在，更不可能幫我解決這個問題，言之無益。」徐真跟謎交談之後，早有所本，嘴角微微上揚，然後道：「兄長說說吧！我們權當閒聊。」

徐市於是長嘆一氣，看著雪山說：「嗟……當年第一次面見秦始皇帝，從他的眼神中，看出他對長生之渴望，表面上我跪在他面前戰戰兢兢，實際上是他內心在害怕死亡，希望從我身上找到一線生機。這也是我能耍弄一個局，搞他鬼的原因。最後才能自立為王。長生不死你我都知道，這是無稽之談，而另一個秦皇願望，想要傳諸萬世，結果也是妄想！我徐市都還沒死，他的大秦就已滅亡。」

這與剛才徐真與謎兩人討論的事情相若，徐真做作著臉，瞪大眼，微笑頻頻點頭，暫時不予回答。

徐市又揮揮手說：「這些也就罷了！我最訝異的是。當時我準備設計騙始皇，以為全天下人只有我徐市，敢玩弄這個始皇帝，我徐市才是九州天下第一人！但從小子們回報，大秦快速滅亡的經過中，仔細思量，可以顯見，當時在始皇帝底下搞暗鬼，拆根基的人，不是只有我徐市，還大有其他人在，只是各作各工，互不知悉而已。這種人甚至已經從朝堂之上，溢滿到市井的販夫走卒去啦！現在答案揭曉！竟然有人第一個高喊殺秦皇，大喊帝王將相豈有種乎？有人第一個打進固若金湯的關中咸陽，收繳玉璽。有人第一個焚闕滅秦，自封為王，取而代之。相比之下，我只是騙到一點東西，躲到這海外荒島，就沾沾自喜，實在相形見絀啊。我根本不是九州天下第一人……忽然之間，頗為空虛失落，所以發愁！這也是我不想回去的原因之一！」

徐真哈哈大笑，邊笑邊說：「我說兄長啊！這種事情你爭什麼第一啊？」看到他這樣發笑，徐市正色說：「所以跟你談也白說！你根本不能領悟這個意境？」徐真還捧腹大笑不止：「等等……兄長……我能解決你的失落感！讓你也在一個地方，成為第一。」徐市瞪眼說：「你有辦法？」

徐真無法停止顛笑，只頻頻點頭。

看他這樣失態，認為這是要著玩，便皺眉說：「好啦！你出去！別耍我玩！」徐真趕緊強忍笑容說：「抱歉兄長，我現在正經說話，我真的有辦法解決！」徐市露出陰沉的微笑說：「我說兄弟，我又不是第一天認識你，你能有什麼辦法？」

徐真也露出詭異的微笑，放下酒樽，指著徐市說：「兄長，你等著……」

於是奔跑出這小小的王宮，把謎給帶進來。把剛才他與謎討論的事情，再說一遍。徐市聽了謎的怪論，也大感吃驚，難道真有方法可以辦到，傳諸萬世不滅？

徐市有些疑惑說：「我們來到這裡，禁止文字傳播，以免底下的小子們造反，更要防止秦人找到蛛絲馬跡，興兵追殺。而我們自己突然開始使用文字，這豈不是背離原則？」徐真說：「我說兄長你也太緊張，秦朝都已經亡了，故土混戰成一團，誰來追殺？至於讓謎來寫這套經，就是要保護王位傳承，防止造反奪位！你看秦始皇帝焚書滅字以愚黔首，結果不滅亡了嗎？我們豈可以走他的覆轍？若還有疑問，那就讓我來記事，保兄長的王位傳承不滅！那就是真正的，天下九州第一！」

謎哈哈笑說：「我王，我等來這東海蓬萊，難道只是逃離秦皇苛政，不敢有所宏圖？秦皇辦不到之事，若在您手上辦到，您就勝過了秦皇，也勝過現在爭奪九州天下的各路豪強！遙遠的後代子孫，回過頭來追溯今天，您就是真正的一奇，變成其他華夏九州各路豪強相形見絀了！」

徐市的內心掀起了波瀾，微微點頭說：「諾。」然後盯著謎說：「你就不用稱我尊號，跟徐真一樣，叫我兄長便可，希望你所說，傳諸萬世不滅之法，能夠真的實踐。但你能保證，現在天下九州最後的勝利者，也不懂這傳諸萬世不滅之法？」謎哈哈笑說：「兄長你也見多識廣，就看你有沒有眼光，看穿我此法之深妙！」

遂直接命徐真為書記者。

在徐市的小王宮中，謎坐在首座，面對著徐市與其子其孫，開堂授課，談起了傳諸萬世之法，曰：「道可道，非常道，名可名，非常名。無，名天地之始，有，名萬物之母。老子所說的這段意思，應該要這樣解釋才對……大道織法，有無相生，互換運作，於一階無是無，有是有。於二階無是有，有是無，層接反差而上。是故形體所行，可因勢反差有無，入階於無聲無息之中，而神形一致，階高則法廣，面貌千萬……故大道不道，在運在行，而不載於名時……」

授課數個月，留下經典一部，內有大道法則機關演繹法。徐真在這之中記書，才驚現謎這個人，所學竟然如此博大精深。甚至他要求不入書簡之言，都聞所未聞，直感到不可思議。首先，謎把道德經充分演繹，以道家思想為核心，然後如法家一般條理分明，分階定制，接著如同墨家製造機械一般，將之結構化並相互支援，最後的伏筆，就是陰陽家剛柔互濟之理。

徐市則越發覺得，秦始皇要將皇位傳諸萬世不滅的願望，有可能達成！既然秦始皇辦不到，他徐市則要來嘗試。遂以秦朝典制，令帶來的百工之人，製作「劍、鏡、玉」三種神器，以當作王位正統的象徵，宣告萬世不滅的正統，正式開始。而繼承人都必須研讀謎所留下的經典。他們雖已在東海島上另立國度，卻有保留春秋戰國時代，重視思想家的遺風。制度完善後，徐市當年就去世，享年七十六，由他的兒子繼位。

謎繼續修撰此書。

又歷經五年，把書全部完成。這時，劉季滅項籍，改名劉邦，建立漢朝的消息，也傳到這裡。謎遂有回去看看大漢為何的念頭，但他仍繼續將此撰修完成，堅持只讓徐市一家，獨有這傳諸萬世不滅之法。

書成之後，謎這個男子突然失蹤，據守門的人說，他前往蓬萊島的深處，探詢其他原始部落去了。徐市兒子見了此書，便取名為謎踪經，以紀念謎這個人。甚至徐真等人，都以為他就是神仙，長久潛伏在眾人身邊而不知。

徐真站在木製的小城池上，望著這蓬萊大島的深處，手握著一卷迷蹤經竹簡，才忽然想起，當年他闖祭壇寫下「向西出關，向東出海，大道可傳」是什麼意思。喃喃自語：「老子當年西出秦關，但真正道家深澈的思想，竟然是向東離海而傳。謎，他肯定還會把萬世一系的道術，傳給本土的其他部落。」又喃喃自語：「天下為公？他不侷限來自中土華夏，他到底是儒還是道？」

然而，在蓬萊島上本土的勢力，也聽聞了謎的行蹤，也有其他部落學習了謎的道術。而他們雖不是來自中土，而是當地土著，也躬謙學習萬世一系的之法。最後到底是中土的人學得深澈？還是本土的人學到精要？誰成了後世天皇一系，不得而知。

第一章 歧阜取名鼎革之圖引猜忌 以道制術求解迷津九度山

謎離開徐真等人，一千七百七十五年後。西曆一五六七年，中國明朝隆慶元年，日本永祿十年。日本京都，數十里外森林。

一個快速的腳步在森林中奔馳，這奔馳者全身黑衣，蒙著面。奔跑的速度超過常人，日本人稱之為忍者，他要在天黑之前到達目的地。

他奔跑到森林中的一處小廟，縱身跳過廟後的矮牆，進到一和式屋外的庭園之中。和式屋內一個和尚，正敲著木魚唸經，忍者的動作很輕巧，但是和尚卻能聽見動靜。

木魚聲與唸經的聲音頓然停止，兩人隔著一道木門紙窗。忍者低聲說：「伊賀流忍者藏太到。受百地大人之命，拜見幻海大師。」這和尚約莫三十多歲，聲音顯得沙啞，也輕聲地回答道：「原來是藏太，此處只有貧僧一人，有事便說。」藏太回報道：「稟告大師，百地大人令我轉達，織田上總介信長大人，將永祿八年攻陷的美濃稻葉山城，改名為歧阜城，並且將居城移入。」幻海轉頭，以疑惑的口吻問：「歧阜？這是何義？」藏太回答道：「在下也不甚清楚，但是聽百地大人說，好像是以明國古代經典的故事，取周文王得歧而得天下之意。」幻海輕聲地說：「得天下？很大的志向……有意思……藏太可還有其他事？」回答：「沒有了，請幻海大師賜一物件，在下好回報百地大人。」於是幻海把刻有名字的木魚拿起，打開和式落地門，扔到庭園中，然後關閉。並說道：「快退，別打擾貧僧禪修。」藏太拿起木魚，跳出矮牆，消失在廟外的叢林中。

幻海說要禪修，但卻換上袈裟，戴上了斗笠，手提燈籠，往京都的方向走去。京都雖然號稱日本最繁華之處，但天黑之後人人緊閉門窗。原因是兩年前，素有劍豪將軍之稱的，室町幕府的第十三代將軍，足利義輝，竟然就在京都附近的二條城，被松永久秀與三好義繼等軍閥殺掉。地位僅次天皇的征夷大將軍，性命尚如草芥，百姓又算什麼？

松永與三好之所以要殺足利義輝，原因是足利義輝想要恢復室町幕府的權威，引尾張軍閥織田信長，越後軍閥上杉謙信來京都，制衡京都附近不從將令的松永與三好等人。將軍被殺後，京都附近氣氛緊繃。幻海當然知道這個氛圍，如此出門可能會有危險，不過藏太給的消息，讓他願意冒這個風險。

總算他安全到了目的地，京都城外的一間較大寺院，小沙彌引著幻海，到一個老和尚禪修之所，是一間儉樸的禪房，裡頭點了幾根蠟燭。遣退小沙彌後，兩人密談。

幻海雙手合十行禮，對老和尚道：「拜見幻山師兄。」這幻山和尚年已六十七，曾遊歷日本六十國修行，為淨土宗的別支。

幻山已經知道，他這位年輕的師弟，必然是收到重要情報，才會來京都的總寺與自己見面。但兩人卻不急不躁，先以禪語相談，談論的是中國六祖慧能法師的禪語，彷彿幻海來此，只是佛門子弟之間談論禪機的。直到寺廟的小沙彌晚課結束，禪定入睡，禪房外萬籟皆靜，幻山才重點新蠟燭，開始真正相談。

幻海把藏太的情報告知幻山，幻山若有所思，低聲說道：「……得歧而得天下……這意寓深遠，恐怕還不只是上總介的野心而已。」幻海說：「若真如此，織田氏遲早會來京都。」幻山說：「沒錯，我們得開始行動，連絡本願寺的顯如法師。」

幻海雖看出織田遲早會來京都，但織田的根據地在尾張與美濃一帶，前來京都途中還有北近江的淺井氏，南近江的六角氏，控制京城近畿附近的三好與松永等人，更別提與織田氏相鄰，強大的武田氏，也有到京都的打算。就算織田要來京都，最快也得五年以上。但基於對師兄的尊重，不敢言之太過，所以緩和地問：「為何要這麼快？請師兄禪釋。」

幻山雙手合十說：「南無阿彌陀佛，本來這不該告訴你的，但既然你負責監視織田的行動，不妨讓你略知一二。」雙手放下後接著道：「你可知道前大將軍的弟弟足利義昭，最近與織田走得很近？兩邊使者往來不斷。」幻海先前已經知道，織田與武田聯姻之事。這是要先穩住後方強大的威脅。若足利義昭與織田結合，那代表真的會有所行動。

幻海說：「就算織田信長聯合義昭上京，要除掉南北近江的兩大豪強，也不是那麼容易。」幻山說：「這可未必，上京不見得全部都用武力，六角氏不過一群殘敵，也許聯姻武田的事情，又會發生在淺井身上，到時候阻擋者都會被兩家聯合消滅。你認為織田信長還會等嗎？」幻海一聽，瞪大眼，緩口氣道：「那麼確實是該行動了。不過還有一事不解，望師兄再釋禪機。」幻山輕微點頭。幻海問：「自從應仁之亂後，日本陷入各地大名藩鎮割據，相互爭權廝殺的局面，已經有一百年。若而今出現能平定亂世的強權，對日本的百姓不也是好事一樁？我們何必要幫一群豪強惡僧，去對付織田？」

幻山瞪大眼說：「這不是你目前該問的事，當中的禪機你得自己領悟。」到此便不再言，不過對於幻海有此疑問，幻山頗放心不下，怕交辦的事情會有變數，於是轉而言道：「本願寺的工作，還是我來比較放心，你接下來的任務。就是去美濃修行，觀察織田氏對美濃國內，農工商旅的經營，是否與在尾張時期一樣。」幻海雙手合十，點頭稱是。

永祿十一年，九月初。

幻海在美濃已經潛伏一陣子，織田家的經營，確實與其他日本大名不同。日本各地的大名，即軍閥豪強，都貪暴成性，領地內四處設關卡，勒索往來的商旅行人。乃至於日本工商衰竭，平民都很窮困。但織田的領內關卡不收規費，從美濃到尾張，商旅往來通行暢通，百業工商發達，稅收豐富，以致於織田軍，裝備器械的精良程度，都超過其他大名的軍隊。

歧阜城外大軍集結，戰馬轟鳴，幻海夾雜在道路兩旁圍觀的百姓人群中，觀看織田信長率大軍往西開拔。以往其他大名軍隊出發，百姓皆四處躲藏，因為當中份子複雜，必然會趁隙搶劫強姦。幻海由此觀之，織田軍的紀律與訓練，也比其他大名優良得多。

幻海問了一個，一同圍觀軍隊經過的婦人說：「織田軍往西開拔，這是要去打淺井嗎？」婦人答道：「當然不是，大師難道不知？織田大人的妹妹，三個多月之前就嫁給淺井公。聽說軍隊是要聯合淺井，保護足利將軍大人，一同進京的。」

幻海此時才知，幻山的預料果然精準，織田勢力很快就會打入京城。擁有特殊任務的幻海，只得小心謹慎，假裝一個苦行僧，隨行在織田軍的後面，觀察軍隊的一舉一動。織田軍上洛進京的事情，震動了半個日本。近畿附近諸多豪強，發現織田軍來勢太猛，皆驚恐萬分。

不過織田軍還沒打入京城，一名武士卻先闖入了幻山設在京都的寺院。幻山認識這個人，他就是松永久秀的近侍，彌太郎。幻山曾遊歷大和國，與松永久秀有數面之緣。所以彌太郎先佈施了一些錢，套了套交情。

幻山說：「松永大人先前在三好長慶手下時，我們已經很熟悉，我們兩人是以禪學為神交之故友，不需要多提凡塵俗情。你就直接說明來意，貧僧自會提點禪機。」

彌太郎便不再行客套話，伏在榻榻米上，直接道：「織田軍上洛之事，法師您想必也已經知悉，這次就為這事情而來。松永大人請法師您一定要指點迷津。」

幻山扯動老邁的嗓門，顯得有些慵懶：「上總介提兵進京，不是在他自己領內告示上說得很清楚嗎？就是要擁護足利義昭當將軍，恢復幕府權威，又不是要進攻松永大人的領地，松永大人何必那麼緊張？」

彌太郎顯得有些惶恐，內心不禁起疑，織田以恢復幕府將軍權威為名，行控制京都滿足自己野心為實，這天下大名都知道，幻山怎麼故作不解。是跟松永久秀交情為假？還是他根本就是昏瞶的老和尚。礙於主命，彌太郎也只能直說：「大師有所不知，織田信長名為擁護幕府將軍，實以侵吞近畿各國的大名為實。這是松永大人最憂慮的。」幻山還是故作姿態說：「那松永大人為何不提兵抵抗呢？」

彌太郎此時還是平伏，因為松永久秀在他出發前嚴厲交代，不可以對幻山法師無禮，想辦法也要得到幻山提示的「禪機」。不然滿面塞鬍，粗野的彌太郎，還真想罵他一句蠢禿驢。

只好解釋說：「織田軍三萬多人，器械精良，又加上淺井也派了軍隊隨行，來勢太猛，松永大人自知沒有力量抗拒。但若等織田軍穩定了京城，一切又都太晚了，故大人請法師您，一定要提點禪機。」說此話時，彌太郎更是低聲下氣，平伏叩首。

幻山雙手合十道：「阿彌陀佛，你回去轉告松永大人，讓他去查中土故事，項羽入關來勢兇猛，漢高祖為之雌伏，是以待日後雄飛。況恐懼織田上京之人，又不是只有松永大人一個，鷸蚌相爭得利漁者，望松永大人好自斟酌。貧僧言盡於此。」

彌太郎謹記幻山所說每字每句，雖然他不懂漢學，但是也知道這些話帶有很深的涵義，於是再行禮告退。彌太郎還沒走出去，幻山又道：「阿彌陀佛，世間芸芸眾生，你爭我奪，不知佛法無邊。終有如夢成幻之時，願蒼生不再受兵戈之苦。」彌太郎表面恭敬地退下，私下心思：「哼！滿腦子權術的和尚，還裝什麼我佛慈悲。」

松永久秀果然獻出了有名的茶器「九十九髮茄子」，向織田信長示好，暫時避開與織田軍的衝突。而慫恿三好家的殘黨，趁信長回軍時，對足利將軍所在地發動攻擊。織田信長緊急出兵討滅三好殘黨，而後派木下藤吉郎駐守京都，防止再有亂局。

元龜元年四月，近江的琵琶湖畔。

遠處山岳上有一小村落，遠遠就可以看到一群軍隊，如螞蟻般沿著山路前進，準備走向越前入口的敦賀平原。這山村也是商旅往來的必經之路，有許多人聚集在山村中一家客棧，對著遠處北上的軍隊指指點點。客棧的三樓，兩名京都來的商旅，坐到了最好的上座，從這裡向外看去，最美的景觀盡收眼底。兩名商旅一人四十多歲，身材微胖，另外一人較為高瘦。

高個子的問另外一人：「這不就是織田軍嗎？北上要去打誰？」胖商人說：「過了金崎就是朝倉家的領地，自然是去攻打朝倉。」高商人說：「可這就奇怪了，織田與淺井姻親結盟，淺井與朝倉世代同盟。那織田去打朝倉，你說淺井得幫誰？」胖商人說：「你管他要幫誰？好在我們把北國的貨提前送到這，等織田軍隊過去，就運到京都去賣。真是好險，要是晚兩天，我們的貨就會卡在越前。」

高商人說：「好在菩薩保佑。」

他們的話似乎被鄰座的和尚聽見，和尚走上前來合十行禮，對兩名商人道：「兩位可是京都茶屋商社的人？」兩人轉面一看，這中年和尚面目祥和，持著木製枴杖，身著樸素。本來在這混亂的戰國時代，人與人之間是不信任的，但看這和尚的氣質，不似詐欺善男信女的野僧。不過這高個子的商人，並沒有放下心防，反問：「請問法師有何見教？」

和尚道：「貧僧也是剛從越前來，正想去北近江苦行，但不知道織田軍隊會不會在近江開戰，影響修行。想說施主是商人，對於大名之間的情報，總是消息會比較靈通，故因此打擾二位，望請見諒。」

這和尚說的倒也合情合理，於是胖商人說：「原來是這樣，就我們所知，淺井家的家老們，對於織田違約進攻朝倉，頗為不滿。倘若因此淺井站在朝倉那邊，對織田家開戰，那麼北近江真的會有戰爭。」高商人接口說：「是啊！建議法師你還是別待在北近江！」和尚手結法印鞠躬道：「多謝施主。」

這和尚法號幻雲，是幻山的師弟，幻海的師兄。被幻山派往北國監視上杉謙信等豪強，正準備在近江與幻海接頭。聽到了這項消息，幻雲已經判定，淺井遲早會與織田反目。不過他離開客棧之後，仍然往北近江前行，過不數日的深夜，便與幻海在一野外破廟見面。兩和尚點油燈夜談。

幻雲把這消息告訴幻海，幻海便說：「如此看來，重視情誼的淺井家，最後還是會站在比較弱的朝倉那邊，而與較強的織田為敵。」幻雲道：「為敵是必然，但不是為了與朝倉的情誼，而是為了自家的安全考慮。所以站在較弱的那一方，是必然的。今天若換成是織田較弱，淺井就會反過來站在他那一邊。」幻海不解，追問為何。對幻海而言，這幻雲與幻山不同，比較能親近，問一些敏感的話題，幻雲也不會故作禪機玄妙，不肯回答。

幻雲道：「自從擁立足利義昭在京都二條城，恢復幕府權威後，織田的強勢已經為天下大名所猜忌。緊鄰織田的淺井能夠自立，在於週邊還有其他的大名維持均衡，而淺井才有自立的資本。倘若周邊大名都被織田消滅，淺井充其量只能成為織田家傘下的外樣大名，而北近江為歧阜往來京都的交通要衝，淺井領地最終可能遭到撤除或是替換。從信長貪婪猜忌的個性，與綜合形勢分析，與其等到那時候再與織田家翻臉，不如儘早開戰，還可能有勝算。這才是主因。」

幻海有些吃驚，說道：「那此事是否告知幻山師兄？」幻雲回答：「幻山師兄禪法織學高過我等，這當中的因果奧妙，自會體察。不需要我們專程稟告，倒是我在越後，收到了伊賀百地大人送來的祕信。說影者希望招集我們，六月十五，在比叡山集會。」

影者是一個人的代號，其任務是連結各秘密組織的中樞。幻雲的另外一項任務，就是與影者之間，間接聯絡，並把影者的指示傳遞給幻山與幻海。

幻海問：「這事情幻山師兄知道嗎？」幻雲道：「尚不知情，所以我們明早分頭行動，你先去比叡山準備密會事宜，我去京都通知幻山師兄。」

兩人計議已定，第二天早上便各自行動。

六月十五日，京都附近的比叡山。

幻海以講學佛法為名，向比叡山的地侍借了一棟小屋，裡頭還有一間雅緻的和式房，引為會談室。為了防止外人懷疑，在集會的當天還請了附近的和尚，在小屋內共同探討法華經。但真正的大戲，卻是深夜眾僧散去之後才開始。幻海在會談室中等待，首先進來的正是幻雲與幻山，兩人其實早已經在京都等候許久，但直到今日傍晚才敢動身前來。三和尚列坐於末座。

接著進會談室的，是一名肥胖的中年男子，看上去像是商人，但身著樸素，似乎不敢過於招搖。進屋之後，揮舞著很普通的黃布巾，幻山代表三人與男子行禮。

合十道：「小次郎君，許久不見，還容光煥發，我佛庇祐，幸甚幸甚。」

男子叫做米倉小次郎，近年來在堺港行商，雖尚無名氣，但是對該地的商圈人脈關係瞭若指掌。米倉行禮之後，坐在三名和尚的對面，他帶來的兩名武裝侍從，站在庭園邊上，觀察週邊動靜。

正當四人隨意洽談時，進來一名武士，一個名曰宮部左衛門，為淺井家附屬豪強宮部家的遠房親屬，如今只是低階武士。宮部與眾人並不熟識，不過拿出了一張普通的黃布當作暗號，眾人就知道他也是「影者」另外吸收進來的成員。

最後進來三人，帶頭的是一名披散長白法的老者，年約六十左右，身穿青袍背後背著長刀。正是伊賀流上忍，百地丹波。跟在他身後兩人，一個是年約十七歲的美貌少女，忍者裝束，腰繫兩把短劍，背後一把武士長刀，列束一排飛鏢，是伊賀流下忍，名曰紅鶴。

另外一個是年約三十多的男子，滿臉塞鬍，長相如同猿猴，背後交叉背著兩把組合長刀。此人是伊賀流中忍，名曰飛猿丸。三人也一同拿出黃布為號，入座定位。不知是否大家害怕忍者的陰狠，這三人一入座，其他人原本還會相互說些客套，忽然就不作聲響。這三人也不發聲，大家大眼瞪小眼，一直等到一名面貌醜陋，身穿破爛的中年男子，進入屋內。這中年男子看似路邊乞討的野漢，但一入屋內卻坐在上座，面對兩列對座的眾人說話，這人正是招集眾人集會的「影者」。

影者首先開口道：「影者聚會現在開始。招集八位前來聚會，正是要發布下一期約的主要任務，令八位分工合作。對於工作所司，具體執行的方法，各位可以自由討論，不受任何拘束。但任務內容卻不能評論其是非。以此為會議守約，各位是否同意？」

入此秘密組織最久的幻山，首先道：「自從今川義元意圖上洛，從而在桶狹間被殺後，影者就再也沒有招開集會。貧僧不敢妄測上意，這次集會是否就為織田家而來。」

影者說：「正是，織田信長近幾年勢力膨脹迅速，其目標為何，天下皆知。歧阜城命名，天下布武印信，其心昭然若揭。戰亂將持續擴大，如何把這股勢力壓制下去，正是下一期約的根本任務。」

加入這秘密組織的八人，其實根本不知道最頂層的上司是誰，甚至不知道這組織到底是為何而設。其中百地丹波，擁有伊賀流強大的勢力，也不敢確認到底誰在幕後操控，他之所以願意加入，原因在於這組織的情報來源非常深入，也曾在引誘他加入時，給予日本古代源氏的寶刀，代表這勢力擁有不小的財富。百地丹波想要利用這股勢力，壯大自己的伊賀流派，才同意加入，但並不表示他願意替這勢力效忠到底。

百地丹波也曾派人秘密探查影者的身分，但是怎樣都查不出來，只知道他背後還有人在指揮。他想趁今日集會，套出這組織背後的首腦。於是也開口道：「織田信長勢力強大，從今川、齋藤到近畿的諸多豪強，都一一敗在他手上，所以他並不是那麼好對付的。如果只光靠我們幾人，根本只是唐人說的，螳臂擋車。但若能有其他的同盟者，那或許就另當別論。」

他這番話，是希望影者透露出蛛絲馬跡，看還有誰也是這組織成員，他好派忍者去探查組織的背後。

影者答道：「敵者之敵，就是吾友。天下反織田之人，都是我們的同盟者。」這句話讓百地丹波撲了空，但他並不因此放棄。不過影者似乎也在百地丹波的口氣中，知道他有這麼個意圖。其實將心比心來看，這很正常，任何人都會有這種疑惑。

米倉也是奸巧之人，順藤摸瓜而來，問：「打倒織田必然分很多步驟，至少告訴我們具體的方向，並且誰才是合作的夥伴。不然敵友不明，有時候還真怕會遇到織田家派來的奸細。例如上次在堺港執行交給我的任務，還以為來套近乎的一名京都商人，結果是織田家的眼線，讓我運給松永久秀的火槍差點被抄光。況且若知道是替哪一位大人工作，才能安心去辦事。」

結果盲目的宮部，也附會其說。這幾人其實都仗著自己還有利用價值，背後也有股力量支撐，所以敢這樣要求，都只是與這組織，交換現實利益而替之效力而已。另外三名和尚就怕多問，會引來殺身之禍。不過幻雲心中有譜，他隱約感覺到師兄幻山，知道這組織背後的首腦是誰。不過幻山師兄始終不曾提起，只對他們師兄弟二人說，這是要挽救更多的蒼生，等於造大功德。

影者呵呵一笑，掃視眾人，點點頭說：「今天聚會是要交辦任務，並不是探討誰是首腦，我本人也只是受上面的指令，去辦事的小卒。不過既然各位提起了，為了任務的遂行，我也可以提示一二，然後各位自己去揣摩。」轉而看著頂上的天花板道：「自從應仁之亂後，幕府權威喪失，從而天下大亂，日本的百姓從此受戰亂之苦。幾任將軍要恢復幕府的威望，但都以敗告終。義輝將軍曾經努力過，但最後命喪二條城，義昭將軍雖然又在二條城豎立將軍旗號，但距離恢復幕府權威尚早，仍然有豪強作亂。我們現在就是要對付這首要的豪強。」

百地丹波疑問：「這麼說，我們算直接聽從義昭將軍的指揮囉？」

影者拿出了一枚金牌印信，只小聲地故作神秘說：「我就是將軍新任命的，六波羅探題。這只出我口，入爾等之耳，出了這門，我概不承認剛才所說任何一句話。」

六波羅探題為一官名，是從鎌倉幕府到室町幕府，設在京都的治安兼情報總局，除了監視京都豪強，維持治安之外，最隱密的任務就是，監視皇族的動靜。

眾人為之一驚，平伏稱是。

影者接著道：「下一期約的任務序列如下。第一，擴大伊賀忍者在伊勢國的影響力，制約織田家在伊勢的發展。凡擴大勢力，必須由金錢入手，這一點就麻煩米倉閣下多所協助，讓伊賀流站穩腳跟，同時伊賀流也要幫助開拓，米倉的商業管道。」這切中百地丹波的下懷，他根本目的就是要擴大自己的勢力。米倉點頭示意。

接著道：「第二，淺井與朝倉兩家，必然跟織田有一場大戰，對此必須對雙方陣營多所關注。還有，對於上杉與武田的注意力可以暫時放鬆，轉而對中國地區的毛利家，要多所注意。這方面就要勞煩百地大人。」

百地丹波點頭應命。

接著道：「第三，米倉在堺港的商務，似乎沒有很大的進展。為了讓第一任務可以順利遂行，而經商以情資為先，勞煩三位法師，幫米倉商社多蒐集些商業情資。」三人雙手合十應命。

最後道：「第四，宮部大人必須潛回淺井內部，任務我會另行交辦。」這也投了宮部膚淺的內心，以為影者是把最重要的任務給他，所以不把具體事項在這告知大家。

眾人得到任務，正密切相互討論。

須臾，在一旁靜坐的伊賀中忍，飛猿丸，兩耳高聳，鼻子緊抽，其嗅覺察覺到有異狀。忽然抽出背後長刀，組合在一起，用力往榻榻米地板刺下去。除了另外兩名也是忍者的百地與紅鶴，其餘人對此舉都下嚇一大跳。

原來地板下有人潛伏偷聽，飛猿丸察覺竊聽者往庭園竄奔，抽出長刀，立刻轉頭，跳躍過去推倒木窗門，往庭園追奔。庭園內的兩名米倉保鑣，見狀要來攔阻竊聽者，結果沒幾招就被竊聽者所砍倒。飛猿丸趕緊跳來迎戰，紅鶴也縱身加入戰圈，竊聽者蒙面黑衣，身手不凡，虛晃幾招就跳過矮牆，奔入山外叢林，兩名忍者也自不是省油的燈，立刻也跳過矮牆追奔過去。

三個黑影，一前兩後，飛速在叢林之中。

前方的身影越跑越快，追趕他的兩人眼見此人功夫了得，不是尋常角色，眼看就追不到對方。紅鶴抽出腰間飛鏢，只見一流星閃光，擊中那黑衣人的腿部。

黑衣人帶傷飛奔，抽出信號彈在黑暗的天空劃過。

飛猿丸對紅鶴說：「這是求救信號，快逮住他。」

兩人已經追上去，黑衣人舞動武士刀與兩人對斫，黑暗的叢林中激出陣陣閃光。這人帶傷還能力抗兩名高手，其功夫不在中忍之下。

忽然周邊閃出十幾道人影，也都蒙面黑衣，加入了戰圈，原來這是策應黑衣人刺探情報的助手。這些人一加入戰圈，帶傷者馬上趁隙閃身遁逃，紅鶴與飛猿丸被切割在兩個戰圈，相互不能策應，更遑論去追帶傷者。

飛猿丸怒火中燒，大喝一聲：「不怕死小子們看刀！」手起刀落連斬殺三人，紅鶴手中武士刀也砍殺兩人。這些人見狀不好，趕緊使出忍者遁逃之術。

兩黑衣人用力拉扯預設繩索，飛猿丸頭上掉落一團物體。飛猿丸恐有陷阱，趕緊揮刀砍劈，散落一大群落葉塵土，原來這是落葉術。黑衣人趁機遁逃。同一時間與紅鶴交手的幾名黑衣人，同時拿出信號彈，往地上一扔，濃煙四散伴之黑夜的掩護，都遁逃無蹤矣。兩人在死亡的幾名忍者身上搜索，並無搜到信物，只得回小屋報告百地丹波等人。

這會議非常機密，怎麼會引來刺探者？依照兩人回報，這些人的忍術是甲賀流的風格，於是眾人相互懷疑。

影者倒是機靈，打斷眾人道：「各位勿躁，我當回報將軍大人，爾等還是依照計畫行事，事後有修正計畫會派人聯絡各位。」眾人遂各自領命而去。

六月二十日，姊川會戰前夕。織田軍營本陣。

一名矮小醜陋，貌似禿鼠的武士走進了大本營，與他的主公相談。

他主公面色清秀，標準的武士髮型，手持摺扇，但是身穿花色錦繡，頗有玩世不恭之態。但面對禿鼠武士報告的情報，卻嚴肅了起來。這主人就是織田信長，禿鼠武士就是他的情報主管，木下藤吉郎，也叫木下秀吉。

聽完他的報告，信長露出了狐疑的神情，喃喃道：「六波羅探題？足利幕府難道又恢復了往昔的情報網，想要控制京城？」

藤吉郎答道：「有此可能性，屬下認為，除了六角殘黨、三好殘黨、武田的敵視，連淺井長政的背叛，都跟這義昭有關係。」信長露出怒色，咬牙切齒地道：「馬鹿！義昭的將軍位置是我幫他坐上去的，不然他現在還在舔朝倉氏的腳趾頭！不知道感恩的傢伙，將來有他好受！」

藤吉郎平伏在地上說：「屬下認為，現在首要目標應該先解決淺井與朝倉，義昭的問題可以暫時擺下，等將來騰出手來再解決。」信長嗯了一聲，表示認同，轉而道：「禿鼠！先準備出陣，就讓義昭多活一陣子，先把淺井收拾掉！」藤吉郎點頭應命。

姊川會戰以織田與德川聯軍大勝，淺井與朝倉聯軍敗逃告終。

京都二條城。

在比叡山開會的影者，真的進入了二條城，與足利義昭秘密接觸。將軍甚至把他帶往茶室，把身邊的侍童遣退，兩人秘密會談。兩人用朝鮮進口的茶具，喝了濃茶之後。

身材略胖的足利義昭先說話：「織田信長確實讓我很不滿意，處處限制幕府的權力。而今信長可能已經知道，我們建立包圍圈的密謀。現在似乎是公開決戰的時候到了。啟動你上次說的什麼，『九子連環鎖』。」

影者繼續喝口茶，微笑著說：「將軍大人勿急，光憑先前策劃的那些大名，恐怕還不是織田的對手，連環鎖，除了橫向者，還必須做出縱深的連結。」

義昭其實是庸才，聽不出影者的真實意圖，搖頭大聲說：「什麼？聯合這麼多大名，難道還不是織田的對手？」從義昭的聲音，影者已經聽出，他壓根不相信自己所言，即便談得更深入也是枉然，只好有所保留，只微笑著點頭說：「沒錯，那些人就算聯合也不是信長的對手。建議將軍大人，做逃離京都的計畫。」

義昭搖頭說：「有信濃強大的武田信玄、十國霸主毛利元就、越後強者上杉謙信、淺井長政、朝倉義景、三好義繼、波多野秀治、本願寺顯如，還有你派人去串聯的松永久秀、一向眾門徒、伊賀忍者等等。這些人加在一起比織田家大多少倍，你竟然會說他們加在一起也不是信長對手？之前教我串連這些人，說把織田困住，當時又是什麼說法？現在又要我離開京都，你叫我如何相信？」

影者只低頭微笑道：「這不是人數多少的問題，請將軍相信在下。」

義昭似乎是看出了一些端倪，皮笑肉不笑地問：「森兵衛，到底是誰在你背後下指導棋？是要來操弄我義昭嗎？」原來這影者名曰森兵衛。

森兵衛趕緊低頭平伏道：「將軍誤會了，在下有再大的膽子，也不敢操弄將軍。一切都是替將軍的安全著想。希望將軍快些退出京都，另外建立一個可靠的根據地。」

義昭露出狐疑的神情，然後閉上眼說：「知道了，你退下吧！」

森兵衛只好退出。

待森兵衛離去，義昭趕緊拍手三聲，招喚了另外一人進門，此人雖是一名下級武士，且個子矮小，但身手矯健，進房時沒有任何聲音。義昭道：「平九郎，你去給我盯住森兵衛，查出他平常跟哪些人往來，是誰在他背後操控，提供我謀略的。」平九郎點頭稱是，然後退下。

三日後，二條城內。

平九郎緊急求見足利義昭，此時的義昭正在書畫調情，附庸風雅。本不想見任何人，但聽說是平九郎，便立刻接見，且稟退侍童小廝們，私下密談。聽了平九郎的報告後，義昭大為吃驚道：「什麼！森兵衛死了？」平九郎平伏道：「是的，在下親眼所見。」這森兵衛一直暗中給他出謀劃策，雖然懷疑他動機不單純，但是少了他，信長包圍網怎樣繼續運作，反而沒了譜，義昭皺眉問：「他怎麼死的？」

平九郎回報：「在下前天夜裡，跟蹤森兵衛往東走，他似乎是要約見一位秘密人物。但是在護城河溝不遠處，忽然冒出十幾人圍攻他。森兵衛且戰且逃，往森林裡奔竄而去，我拉著一段距離遠觀，最後等眾人散去，上前仔細查看，森兵衛的首級已經被人取走。」

義昭問：「你確定屍體是森兵衛的嗎？」

平九郎道：「肯定是的，除了衣物、身材完全相同，森兵衛左手小指頭斷過，我仔細查看屍體，左手小指確實是老傷疤。」義昭問：「你猜會是誰殺他的？」平九郎道：「這在下不敢妄下斷言，但將軍既然問起，在下就斗膽猜測，這可能是織田家派來的刺客。」

義昭點頭說：「想必也是……從現在開始加強將軍府邸戒備，不容許任何嫌雜人等靠近。」

平九郎點頭稱是。

影者被殺，並沒有引起多少人的注意，畢竟只是一個小人物。天正元年，西曆一五七三年。

武田信玄病死，越前被攻破朝倉家滅亡，若江城被攻破三好義繼死亡，小谷城被攻破淺井長政自殺，二條城被圍攻，足利義昭被放逐，松永久秀又倒戈投靠了織田信長，丹波的波多野秀治也被消滅。織田信長包圍圈的諸多大名，垮掉了一大半以上，連主事者足利義昭都已經被放逐出去。

該年年底，堺港一茶室。

幻山帶著師弟幻海，前來拜訪一名茶人，求教茶道之義，名曰千利休。本名田中與四郎，在南宗寺院參禪，法號宗易。自從織田家勢力控制堺港之後，他就成為織田家的茶頭。

幻山與幻海在茶室等了半個時辰，宗易的家人說，他外出拜會武野紹鷗，討論寂茶的奧義，預計天黑之前會回來。幻山與幻海兩人在茶室等待，不禁討論起今年的變局。

幻海道：「自從影者被殺，局勢就一瀉千里，從武田信玄、朝倉義景、淺井長政、三好義繼，乃至於將軍足利義昭，一一被織田信長打敗或被滅。若真如影者所言，足利將軍就是我們組織的領頭，我們接下來就只能放棄。」

幻山只冷冷道：「誰說我們要放棄的？假設你怕了，那就退出，看在同門之誼，我不會追究。」其實幻海的言外之意，是希望師兄告知真相，而不是真的要退出。而幻山假裝聽不懂，只好打開天窗說亮話。

幻海道：「師兄誤會了，記得在今年年初，我們知道影者被殺後，秘密組織有些鬆動。您告訴我們說，另有影者會來主事，還給了我與幻雲師兄，各一把中土唐國古老的機關鎖。說接下來的任務就是這把鎖，要我們體悟當中的禪機。我請教了一名旅居日本的大明國商人，此人還頗為博學，他說這是『九子連環鎖、天地乾坤芯』，不得其法而解鎖，越解越困。我們猜出，這是信長包圍圈的真正格局，就是要讓信長掉入天地乾坤芯當中，連鎖連套，解而又纏，終至歿於其中。當時您還稱讚了我們兩人深悟禪意。但今年局勢大變，義昭將軍被放逐，包圍圈第一批上陣的大名，一個個被織田打倒。若主導天地乾坤者都被放逐，那信長不就已經解困了嗎？」

幻山呵呵一笑，言道：「誰說足利義昭是主導者了？誰說信長已經解困了？混沌之世，世間眾生意脈相連，纏繞不休。以此設局，入局者，越是憑藉武力來解局，所陷入的困境越深而不自知。信長雖知法制而自強，終不知法源而自生，破其局卻始終跳不出局，可以看到他的凶運逐步靠近。至於那些大名，貪婪豪強之徒，大局中的小卒而已。」

幻海心中一怔，連淺井、朝倉、三好甚至武田、足利等人，都只是大局中的小棋子，那自己更是微不足道。接著問：「先前曾經有一些不該有的疑問，冒犯了師兄，但還是要斗膽請師兄提點，我們為何要與織田為敵？主事者到底是誰？」

幻山對這疑問已經不奇怪，因為幻雲也曾經多次問他這個問題，已經被殺的影者，也被他的利用者多次問過。幻山說：「你如果有命活到戰國結束，豪強一一倒斃的那一天，你就會知道誰是最後的主事者。至於為何要與織田為敵，到了那一天你也會知道。在這之前，你就別多問了。」

這等於沒說，幻海只好閉口不言。

千利休回來了，煮茶招待這兩名和尚。既然他是織田家茶頭，兩人自然不會再提信長包圍圈的事情。純粹議論茶道。

茶道大論之後，千利休問幻山：「聞南宗寺僧對在下說過，法師您修禪論禪與眾人不同，以『禪法織學』之論，道破末法之世眾生之相。願聞大師提點禪學，讓後學晚輩，能在茶道上藉此精進。」

幻山呵呵一笑道：「佛法無邊，拙僧也不過就懂這一套理論而已，尚不足讓宗易大師如此恭敬。不過宗易大師既然問起，我願意簡單述說，也請大師指教。」

千利休挺起腰身恭敬地道：「洗耳恭聽。」

幻山道：「無論是什麼時代，道法本源肯定不變，有變的只是受道法控制的眾生形象，以及道法本身運用的規範歸度。那麼道法是什麼？唐人書中淮南子有云：『橫四維而含陰陽，紘宇宙而章三光』高誘注曰：『上下四方曰宇，古往今來曰宙』。那麼我且以宇宙本質之言而論。我們所言的形象之展現，必然倚『宇範』所形成，而『宇範』必然無法獨自存在，如同宗易大師您的面象形成，不可能純粹不沾過往與未來之義，純粹以此刻存在而論。存在必然涉及過去與未來之相連，故『宇範』必然同『宙範』一同存在。『宙範』相連也是如此，不可能有前後因果存在，卻不沾形象而存，宇宙兩者必等同而不可分。所以為分者，我等眾生定義外在事態而設之也。只要還要定義事態，就必然在這相連通一的兩者，各取其端而相互定義，即同一體而僅取二端。如此，二端之間相連，可存在之事態，將無窮無盡，如一圓球，可連結兩點之線，是千變萬化一樣。不過在這無窮之中，始終不離兩者互聯互範。故不論眾生相為何，其自我擇義一致，因果定義一致。身為旁觀者，自然可以在當中，建立高低織成的因果體系，以此掌握其整體特性。末法眾生之相，不外乎如此範圍而已。」

千利休問：「敢問法師，您這套禪法織學，來自何處經典？」

幻山答道：「來自一部大明國古老的經典，流落到我們東瀛而來，書名已經不可考。聽說這本書，又是從老子道德經，莊子華南經演繹而來。最早不叫做禪法織學，被稱作道法織學，禪法是我等和尚給他的稱呼罷了。」其實幻山是不能說出，迷蹤經的名稱。

言畢，喝了一口千利休所沏之茶。千利休聽了似懂非懂，趕緊讓家人取紙筆，照記憶抄寫，還請幻山檢查了一遍。千利休因為這禪法織學，把寂茶之道又更上一層樓。從而對幻山師兄弟，甚為友好，織田家有什麼動向都會透露一些。不過幻山與幻海也很機敏，不會要求千利休刺探敏感的軍機，而是刺探有關工商政策的商機，好讓米倉可以賺上一些運籌之資，秘密組織的金錢就從這來。

趕走足利義昭後，織田信長繼續在九子連環當中奮戰，消滅一向眾門徒，在比叡山殺了數萬宗徒，被稱為『第六天魔王』。接著強大的武田家也動作，武田信玄死後，其子勝賴出兵攻打織田，但是武田騎兵隊，被織田火槍隊打得幾乎全軍覆沒，武田家因而開始衰落。織田繼續北伐，在越前大舉鎮壓一向眾暴動，又開始大屠殺。

三年半後。

北近江的領土，已經由織田信長，封給禿鼠武士，木下藤吉郎為領地，木下改姓為羽柴，又叫做羽柴秀吉。不過該地那一間破廟，仍然是幻山與幻海接頭之處，但這時在這密會的不止這兩人，還多了百地丹波、紅鶴與飛猿丸。伊賀忍者之所以還願意見幻雲與幻海，在於這兩人提供的情報都相當有價值。

眾人彙總了情報。

幻雲首先向其他人說明，越後的軍事強人上杉謙信已經出發，以京都為目標一路打來，北陸許多豪強紛紛答應當他的內應。然後飛猿丸報告，織田大軍正在進攻大坂的本願寺，松永久秀也率軍協同，不過私下與毛利家有互通信息。紅鶴報告，由於織田的勢力，不斷往本州島南端的中國地區延伸，毛利家已經決心要跟織田開戰。幻海則報告，四國的大名們，對織田也頗有忌憚，以長曾我部氏為首，有與毛利結合共同對織田開戰的企圖。

百地丹波看了看地圖，緩口氣道：「從這情形看來，第一波的大名們都已經被打倒。現在這一波戰略中，最關鍵的還是上杉謙信。只要他一路打到近江，織田經營的近畿地區，就會開始鬆動。」

最聰明的軍師幻山不在，幻雲則取而代之。搖頭說：「我不這麼看，上杉沒能力打倒織田，真正要打倒織田的人，目前恐怕還沒浮現在檯面上。」

百地丹波閱歷甚豐，與其他粗俗的忍者莽漢不同，不會因為幻雲不贊同他的看法就勃然大怒，轉問：「還沒浮上檯面？那代表毛利家也不是對手？那請法師說明一下你的看法。」

幻雲說：「不知道百地大人，有沒有研究過唐國中土的歷史？」百地丹波微微點頭說：「略知一二。」幻雲說：「中土的戰國時代，也與我們現在情況類似，諸侯紛爭不休，天子毫無權威可言。秦國本為諸侯，變法而強大，山東各國一一被擊破。並非各國沒有善戰之將，也並非沒有強悍士兵，而是軍隊所立基的國策法制不同，所顯現的強弱，就會從根本上產生差異。即便六國偶有擊敗秦兵，也影響不了最終被秦國併吞的大局。而今日本，相對於其他的大名而言，織田家獎勵工商，拔擢身分卑微而有能力者，有能力則升，無能則貶，家風相對其他大名而言，立基就已經不同。所以有剛才的結論。」

百地丹波露出詭異地笑容說：「照法師你這樣說來，我們在這裡不都是白策劃，浪費時間嗎？」

幻雲一時答不上話，忽然破廟外傳來腳步聲，在場三位忍者同時舉起武器，飛猿丸大喝：「是誰在外頭？」

外頭先是傳來哈哈大笑之聲，然後緩緩走進一名中年男子，這人面相平凡，身穿儉樸，拿出金令牌示意，原來他就是新任的影者。先前他都是透過別人，與眾人互通信息，沒有見過面，而今現身。

百地丹波疑問：「你就是新任影者？」

中年男子回答：「正是，你稱呼我為佐之助便可。」

百地丹波笑著說：「幕府早已經被織田消滅，義昭也被驅逐野放，而今這令牌又能號令幾人？閣下就不必故弄玄虛，以影者自居了！」這是要壓制對方，明白告訴佐之助，伊賀忍者已經不會聽從任何命令。佐之助微笑著說：「沒錯，所以我讓你稱我為佐之助，不必稱我影者。況且來這裡也不是要號令各位，而是要幫助各位。尤其是百地大人。」

這佐之助說話頗為狡獪辛辣，善於抓住人心弱點，百地丹波鑑識廣博，自然看得出這一點，不會那麼容易被他操控，轉而疑問：「喔？閣下能幫助我什麼？」佐之助說：「壯大伊賀流派，使之能成為日本最強大的地下統治力量。」百地丹波哈哈大笑說：「光只會給我灌迷湯，請問閣下靠什麼？靠一張嘴？」

佐之助從懷中拿出一本書，直接丟到百地丹波懷裡，百地丹波老而機敏，立刻接到手來。仔細一看，這是來自於中土大明國的書，上頭寫明『達摩易筋經上卷』字樣。連紅鶴與飛猿丸也露出了驚奇之色。

佐之助說：「這本書來自中土大明，是一個大明國和尚送我。據說是從少林寺流傳出來的，最上乘的武學。倘若百地大人以此訓練忍者，兩三年內培養出數百名武功高手，橫行於全日本各地。其他忍者流派，只知道日本自己的武術門路，不知道融合外國的優點，你伊賀流若改變這一點，你說伊賀流能不更壯大嗎？」

百地丹波翻閱了一下內容，有文有圖，以自己武學的造詣，能大略看出裡面言之有物，這不是假貨！於是轉變神色，低聲說：「這是上卷，可有下卷？」

佐之助大聲說：「上中下三冊皆有，只看百地大人願不願意配合在下。完成下一波的戰略任務！」百地丹波收下了秘笈，恭敬地說：「請影者吩咐，伊賀流全力以赴。」

百地丹波還是被操控了。

佐之助轉而嚴肅地說：「幻山大師現在正趕往貴信山城，與中途撤回的松永久秀密商，共討織田的大計。不過織田軍隊也已開始動作，我看松永與本願寺也支撐不了多久。幻山大師是戰略中重要的智囊角色，不可以有失，我希望閣下親自出馬，秘密地把幻山大師，護送到堺港。若是任務達成，中冊秘笈，我自會派人送到伊賀忍者里，至於下冊，屆時再告知下一階段的任務而定。」百地丹波點頭道：「一言為定。那麼事不宜遲，在下現在就行動。」

等三名忍者離去。

佐之助給了幻雲一張密信道：「兩位法師也有任務。」

幻雲接過密信，正欲拆開。

佐之助阻止道：「兩位勿急，這是幻山法師託我轉交，他還請我轉告一句話：『說強大的敵人所憑藉的最根本優勢，就是他最大的弱點。這才是天地乾坤芯，最後的一個索環要件。』」

幻雲聽了立刻理解，接下來該怎麼做。但是幻海卻有股預感，這秘密組織與大名之間如此相互利用，又一個個被拋棄，伊賀忍者如今介入戰爭，會不會也將被推上火線？很可能伊賀忍者也快要成為下一波，與織田家相衝殺的棋子。

幻海被指派回京都寺院，替朝廷公卿講學佛法。這讓他有些大惑不解，不過能接到這種輕鬆優渥的工作，自然也就沒什麼怨言。

過不久，幻海就從公卿那邊得到消息，上杉謙信虛晃一槍，見好就收，在北陸戰勝後，就藉口對付北條氏的騷擾，撤兵回去。這實際上不過是防禦性質的進攻，上杉自知無力消滅織田，若長期交戰遲早敗於織田之下，此攻勢不過防止織田進攻所作的示威而已，他內心實際上是懼怕織田信長的。松永久秀則不知道被幻山灌了什麼迷湯，本來反覆無常，對於信長以茶器保性命的要求，竟然拒絕了，在重兵攻擊下，抱著茶器藏炸藥一同自盡。而本願寺被重重圍困，局面逐漸不利。

毛利見到包圍圈同盟一個個或亡、或敗、或退、或坐困愁城，身為力量最強大者，總算是忍耐不住。要繼這一大群大名之後，向織田信長挑戰。

京都來了一個政治和尚，正是毛利家的軍師，名曰安國寺惠瓊。他在幻海的接待下，與師兄幻山見了面。

惠瓊知道了幻山也是反對織田的政治高僧，於是請教了對織田的戰略，幻山道：「毛利家擁有，南本州島中國地區十國之地，兵強馬壯，還有織田家所缺少的水軍，若是擅用此道，水陸並進，必如排山倒海之勢。但是否能打勝織田軍，關鍵在毛利氏如何運用大義。」

惠瓊問：「此言何解？」

幻山答道：「以其人之道反治其人，用織田當年的策略對付織田。設京都為目標，擁足利將軍為號招，水陸並進。彷若當年信長本人利用義昭，突然攻佔京師，比天下大名搶佔先手，正所謂擁天子令諸侯，正是大義為本。」惠瓊如獲至寶，雙手合十，感謝幻山。兩人又相談了片刻，惠瓊便告退。在一旁全程聽講的幻海，有些按耐不住。

幻山見了便問：「幻海師弟何故不安？」

幻海終於忍不住爆發，面紅耳赤地，強忍情緒對幻山說：「幻山師兄，我確實有事不解，今日望師兄見教，倘若還不明言。我當隨當年師父坐化圓寂而去！」

幻山頗為一驚，趕緊雙手合十道：「師弟言重，愚兄竭力而答。」

幻海長舒一口氣道：「當年師父圓寂之前，立下了兩大悲願。第一悲願，就是望我佛慈悲，儘早結束日本戰亂，讓蒼生免於痛苦。第二悲願，就是我等能探索真道，領悟因果循環真義，教化世間眾生。而後在師兄帶領之下，卻跟諸多大名豪強暗通，替秘密組織辦事，本來我也以為這是為了化解干戈，讓大名之間不再相互征伐，所以屈就聽從。但是經過這麼多年，戰爭越打越大，剛才師兄竟然替毛利出謀劃策，指導戰爭方略！這樣豈不是鼓動戰亂？不管毛利也好織田也罷，其手下兵將即便再壞，難道都不是人生父母所養？難道令兩者相殘，百姓就不會遭到牽連？我佛也說救人一命勝造七級浮屠，而今我們豈不是要讓許多人因此死於非命？如此我恐阿鼻地獄，將現我等之前。師兄今日若不道明箇中原由，我只能坐化而去！不能有辱我佛慈悲！」

幻山頗為所動，長噓一口氣道：「好吧！你那麼想知道，我可以告訴你。不過箇中原由，不是三言兩語能說清。倘若你知道事實，會發現事實遠比你所想像的還要複雜得多。」

幻海道：「我也願意追根究柢。」

幻山道：「好吧！你去九度山，打聽一名叫做『雲岫居士』的人，就報師父與我的法號，他就會跟你說清楚。」幻海道：「師兄今天不能說清？」幻山輕輕揮手道：「恐怕我永遠也說不清了，去吧！去找你心中想要的答案。」幻海至少知道該找什麼人了，於是告退，準備遠行。

幻海苦行了一個多月，來到九度山。這裡還是織田的勢力範圍，當地的土豪匪寇，畏懼織田勢力，並不敢四處打劫作亂。他沿途詢問路人，雲岫居士的下落，但卻無人認識。

當坐在一歇腳客棧繼續詢問時，忽然一個年輕小廝，見到他四處詢問，便主動上前問：「法師何故要找雲岫居士？」幻海行禮道：「我是他的故友委託前來，傳達訊息的信使，若施主知他去向，煩請告知。」

小廝回答：「他就住在九度山，最高那棵神木旁的木屋，我每月都還幫他運送一次生活必需品。若有信件，我可以幫你轉交。」幻海微笑道：「這是口信，不方便告知他人。不知施主可否引路？」小廝很直接地回答道：「那得看大師給我多少酬謝。」

幻海來信濃的中途，已經把盤纏用盡，後半段路還是靠四處化緣，或替人念經超渡，才勉強有路費。只好把最後的缽也交給他道：「這缽雖為銅製，卻也實用，若施主不嫌棄，找到雲岫居士之後這東西就是你的。」小廝點頭成交。

於是帶了幻海走了半天的山路，當中從小廝口中得知，原來雲岫居士是大明國的中土人士，當年與山韜居士、海觴居士一同來東瀛交流禪學，而今另外兩人已經去世，剩雲岫居士隱居深山。

在遠處崎嶇山路中，就見到神木下的小屋炊煙裊裊，可見雲岫居士在家。從這山望去，底下雲霧一片，景色美不勝收。到了小屋外，把缽交給小廝之後，便敲門尋人。

一中年婦女來應門，原來是雲岫居士在東瀛結髮之妻，得知幻海來尋其夫，便告知，他帶兩名兒子，去大緣寺，讓兒子們剃度出家，得三日後才能回來。本雲岫之妻想讓幻海借宿，但男主人不在，不方便叨擾生事，於是幻海又只能下山尋找客棧。不過至少已經知道，雲岫居士住在何處。

等三日過後，幻海再度步行上山，靠近神木下的木屋時，傳來陣陣古箏之音。說也奇怪，會隱居在這安寧靜雅的山林中的居士，彈的古箏竟然是擊心動魄之樂，隱藏某些殺機，甚至幻海還在當中隱約聽出兵戈相擊之聲。

幻海敲門，一滿頭白髮，年約七十的老者應門，觀其衣裝乃中土大明服飾。肯定這就是雲岫居士了。兩人交互行禮，雲岫請幻海入屋對坐。

雲岫來東瀛多年，早已會通日本語，便問：「法師從京都不遠道途而來，尋訪在下有何見教？」幻海點頭道：「不敢言見教，反而是有事情希望居士教誨。」雲岫頗為驚訝，便問：「法師怎麼會知道我住在這？」

於是幻海便把原由，一五一十告知。

雲岫摸了摸鬍子，轉而道：「原來法師是悟性大師的弟子，幻山法師的師弟。其實法師的困惑，要細說起來就很複雜了，非三言兩語可成。」幻海伏在榻榻米上請求道：「還請居士見教，解除愚僧心中困惑。」

雲岫之妻送上兩杯山茶，雲岫與幻海飲過之後，雲岫說：「老實對法師說，我只能解答部分的答案，另外一部分得法師自行去探索。」幻海道：「能有部分解答，亦願足矣。」雲岫說：「我們就先從剛才那首古箏談起，法師知道剛才您進門之前，那首曲子是什麼名稱嗎？」幻海搖頭道：「不知，不過日本音律單調平板，剛才古箏音律複雜躍動，應該是你們的中土漢樂，而不是我們東瀛的音樂。」

雲岫點頭說：「是的，此曲名稱『淮陰平楚』或稱『十面埋伏』。講述中土歷史，當年西楚霸王被韓信困於垓下。曲中先從楚漢兩軍，在雞鳴山與九里山交鋒開始，逐漸進入廝殺的熱潮，最終漢軍獲勝。但是曲末霸王卸甲一段，有絃外之音，闡述厭倦戰爭的意涵。厭倦戰爭卻得先從戰爭談起，實則無奈也。漢字的『武』也是停止干戈，平息紛爭之意，但是從古至今凡有人起，能根絕戰爭的發生嗎？以各種方式抑制戰爭換來和平，只是治標，雖可以為善而行之，但追根究柢也不是治本之法。至少全面的和平，還要等很多代子孫之後，看他們是否能夠領悟，才能辦到。這原因很簡單，人本身就是有缺陷的。戰爭能使某些人得利，那些人就會去鼓動戰爭。這一代避免了，難保下一代不會發生。」

幻海道：「這道理我有想過，但還是不解，為何師兄要介入其中。」

雲岫說：「你師兄不是鼓動戰爭，也不是反對戰爭。而只是要引導戰爭走向，從而保護某件事物。」

幻海問：「何物？」雲岫說：「這且先別探討，不然你也只知其外貌，不知其本質。」接著說：「老子曾經說過：『天地不仁以萬物為芻狗，聖人不仁以百姓為芻狗』，當一件宏觀的客觀法則要運作之時，必定會犧牲很多微小之物。人在天地之間，也是非常微小脆弱的生命，甚至在社稷團體之中，也頗微不足道。所以運作社稷大法則，犧牲許多生命是必然者。是故老子說：『絕聖棄智，民利百倍。』又曰：『聖人不死大盜不止』又曰：『小國寡民』。就是看到了這層環節。」

幻海問：「難道師兄就是要運作這層環節？從而協助大名權謀任事？」雲岫說：「可以這麼說，你師兄也理解這一層。」幻海道：「既然知道老子這麼說，為何還要這麼做？」雲岫說：「原因老子說的不全對，也有另外一層的事物老子沒有看到。」

幻海又問：「什麼事物？」反問道：「你聽過你師兄談過『禪法織論』嗎？」幻海想起幻山與千利休所談，遂點頭道：「有聽過。」雲岫道：「那老朽在他之上來議論，宇範與宙範相互交纏，形成世間複雜且無法透視的因果體系，成為自然的動健，如易經所云剛健而不息。世人皆知紛爭戰亂有害，也都願意選擇小國寡民而無爭，但是人屬於自然的一部分。當人口增加，廣佈天下，必然需要教化，而文教又必然需要暢通，思想也必然交流，自然而然形成一體，又豈能如老子所言，永遠小國寡民不相往來？在謀合之中，戰亂與犧牲必然隨之而來。法師也可以把它當作一種宙範的進程。只看宙範之後的結果為何。」

幻海其實多次聽過禪法織論，故經過雲岫居士點明，他已大致了解幻山的基本想法是什麼了。但又問：「那麼師兄要保護的東西，到底是什麼？追求的是什麼結果？」答道：「這一點，我雖然知道，但沒有辦法現在回答你。」追問：「為何？」答道：「時機到了，法師自然會知道。若現在告訴，必然引起你與你師兄的爭執。但請法師相信，這時間就快到了。等法師發現時局突變，再來詢問在下不遲。」

幻海也就不繼續追問。兩人暢談一些佛法與漢學後，幻海便告辭下山去。

第二章　擊滅梟雄暗製天地乾坤芯　變局乍現信長皇圖成泡影

幻海暫時待在伊紀一帶苦行，此時織田與毛利已然開戰，織田派遣羽柴秀吉領軍迎戰，節節獲勝。柴田勝家與佐佐成政，在上杉謙信死後，準備進攻上杉家。同時，毛利的海軍也失利，切斷本願寺後援，本願寺顯如也快支撐不住，準備對織田信長和談。織田信長已經打出了統一日本的計畫，並且籌畫統一日本之後，更大的一場戰略。

天正九年。

伊賀流忍者集團逐漸壯大，讓織田信長感到威脅，於是出動大軍進攻伊賀忍者里，發生激烈的血戰。同時，派軍與德川家會合，大舉進攻衰落的武田家。看來九子連環鎖，就快要一一被織田信長破解。伊賀忍者群先勝後敗，忍者里被火槍炸藥轟垮，織田軍對老弱婦孺皆不放過，忍者們做最後殊死抵抗。

飛猿丸左劈右砍奮力搏殺，紅鶴雖已三十出頭，依舊貌美如花，身手也不減當年俐落，靠近她的織田士兵一一被斬殺。兩人帶著各自所屬忍者，護衛著年老的百地丹波往外衝殺。百地丹波還緊懷著，達摩易筋經與其他寶貝，隨著眾人向外逃。

眼看著自己認識的婦孺，被劈砍無完屍，屍橫遍地，飛猿丸幾忽發狂。帶著所屬忍者，翻身殺回，往織田陣中衝去。眼看織田士兵持著刀槍，排山倒海衝來，紅鶴大喊：「飛猿！快走！不然就來不及啦！」但是飛猿丸不理會，大喝：「保護百地大人離開，我要宰掉這些惡魔！」

說罷，帶著十幾人持刀殺回，百地丹波也不禁流淚，此時他才突然想通，自己與整個伊賀流，被別人玩了，不過是別人用來向織田信長衝殺的棋子。現在是棋子該犧牲的時候。也哭喊道：「紅鶴！你走吧！我也要留下來！」紅鶴哭著下跪，請他快點離去。

百地丹波大笑，拿起易筋經道：「紅鶴！妳記得松永久秀嗎？拿著名茶具，古天明平蜘蛛一起死。當初我以為他是棋子，沒料到現在我也跟他一樣！而這本書與我，就如同古天明平蜘蛛與松永久秀！哈哈哈……」紅鶴哭道：「只要離開，還能東山再起。」百地丹波搖頭說：「妳走吧！我不走！我正式給妳一個命令，去找到底是誰玩了我們，誰是隱者幕後的主使者。幫我們宰了他，他才是真兇，妳要替大家報仇。」

紅鶴還有所猶豫，百地丹波怒目道：「這是命令！」紅鶴只好平伏答：「嗨！」然後飛奔而去。

於是百地丹波率領其他忍者，隨飛猿丸之後殺回，似乎是為了替死去的親人報仇，所有人都成了超能戰士，織田士兵一靠近就變成血人，戰馬一靠近就變成血馬。飛猿丸連劈砍數十人，但也身中兩刀。百地丹波也發揮最高忍術，與隨行忍者列陣搏殺，一隊一百多人的織田軍，全數身首異處。

但是飛蝗般的箭矢密集而來，百地丹波與眾人全部身中數箭，噴血倒地。飛猿丸仍在獨自廝殺，周邊的忍者都已經陣亡，織田士兵也一一被他砍倒，後續兵卒見他勇猛，不敢靠近。忽然一排火繩槍隊趕來，對著飛猿丸砰！砰！砰！開火。飛猿丸力戰而死，露出猙獰笑容說：「宰了兩百一十個織田惡魔，夠本了……」說罷斷氣。除了紅鶴，伊賀忍者全部覆沒。

紅鶴忍著悲痛，想到之前密會，認識幻山等三師兄弟，準備先找到這三人，然後查背後指使者，執行百地丹波最後的命令。不過躲躲藏藏，隱密而行到了京都附近，發現兩個和尚被送往法場。

紅鶴詢問了一旁觀刑者，竟然就是幻山與幻雲兩人。兩人因為與毛利輝元，共同策謀，刺殺織田信長的計畫，被信長密探發現，於是設局逮捕。念在兩人是有學問的和尚，改為用繩索絞死，幻山與幻雲就這樣被處死。過兩天，影者佐之助也被抓了，因為策動織田信長部將謀反，失風被捕。佐之助於是被斬首。

紅鶴又看了一次行刑，心思現在除了幻海與自己，其他參與反織田的秘密組織全部被殺。若幻海還活著，也必然躲避隱藏，自己又能比織田信長還先找到他？她一想便知，這不可能，只能放棄任務，回深山躲藏去了。

幻海返京途中，一名和尚傳信來，原來是安國寺惠瓊的徒弟。收到信，幻海大驚失色，才知道幻山、幻雲與佐之助，全部被捕殺，也是失落之虞，準備遠離京城，甚至有離開日本前往中土修行的想法。

同年年底，比叡山殘跡。

白茫茫的一片雪，這裡已經人煙稀少，周邊的住家懼怕冤魂，都不願意靠近這死亡之所，幻海在這超渡當年被屠殺的諸多佛教徒亡魂。當年他師兄弟三人，也曾在這與秘密組織其他成員密會，而今只剩他一人存在，其他人也都與當年僧眾一樣，全成了織田氏的刀下亡魂。他在當年密會的場所，木魚聲伴隨著唸經之音，傳盪附近一里之地。

忽然在他背後來了一名女子，開口道：「法師原來在這！」

幻海一翻身查看，竟然就是紅鶴。她不減忍者本色，只看背影便知是誰。幻海站起，雙手合十行禮說：「原來是施主，多年不見，無恙！我佛慈悲。」紅鶴抽出背刀，指著幻海含淚說：「無恙？少來這套！今天沒想到會在這件到你，快告訴我，到底誰是幕後主使者！」

幻海驚訝道：「施主息怒，這拙僧也不知。」

紅鶴一腳把幻海踢翻，這女人身材纖細，但力量卻如此之大，踩著他胸口說：「少來這套！伊賀被織田屠殺了，都是你們這些人害的！」她想起自己熟識的一切，被焚毀滅絕，怒從中來不可遏制。幻海見她露出殺氣，趕緊道：「可否先讓拙僧我說幾句，若不如施主之意，再動刀不遲？」紅鶴退後了一步，但沒有收刀回鞘，怒目說：「就讓你多活片刻，快說！」

幻海趕緊道：「拙僧確實也不知道誰是幕後主使者，拙僧的兩位師兄也跟伊賀忍者們一樣，被織田所殺，影者也不倖免。拙僧也想要查出背後主使者，我師兄生前告訴我……」於是幻海把去九度山，見雲岫居士的前因後果，包括與雲岫的對話經過，幾乎一字不差地全盤托出。

紅鶴見幻海不像在說謊，而且這和尚也同樣是被利用者，慢慢收回刀鞘，緩緩說：「中土唐人？這事情真有這麼複雜？」幻海見她收刀，才喘口氣，慢慢地說：「這是真的，若不信，拙僧可以帶施主去見他。」紅鶴說：「不必！你以為這裡去九度山，是去你家後院？我是看你的眼神不像說謊，而且你也不可能是幕後主使者，所以才放過你。」

幻海合十道：「女施主好眼力。」紅鶴說：「不過我會去找你說的雲岫居士，就算把那個老傢伙一刀刀砍死，也得逼出幕後是誰！」幻海聽了大驚，怕雲岫居士就是因為自己口風不緊，而被紅鶴殺掉，這可就是幻海自己的大罪過了。

幻海趕緊跪下來說：「女施主息怒，這一切也不關雲岫居士的事情，若是施主信得過在下，在下願意替施主查出幕後主使者！」

紅鶴露出狐疑神情道：「靠你？」幻海說：「拙僧目的與女施主相同，況且雲岫居士是中土大明的唐人，行為風格與我們日本人不一樣，他用提點的方式，是讓拙僧一步步接近真相，這也是怕拙僧行事急躁。既然他說時機快到，請施主姑且等待，拙僧必定在三年內給施主真相！不然拙僧也將隨師兄坐化而去！死在女施主的面前，以表誠心。」

紅鶴認為有理，逼急了確實也沒好處，於是說：「三年後？誰知道你會躲到哪裡去？」幻海說：「拙僧本來打算前往大明國，從此在中土苦行餘生，但是既然遇到了施主，代表拙僧在日本的塵緣未了。答應施主並不是權宜之計，而是要賭上性命去追究真相，給當初在這密會者一個交代。不然在此發願誓，若拙僧逃走則入阿卑地獄，受千劫萬苦，不復超生！」

紅鶴緩緩點頭說：「法師發此重誓，我也只能相信。三年後今日，若你還活著，我們就在這裡見面，無論你查得到還是查不到，我都不會責難法師。希望法師別忘了今日的誓言！」幻海說：「南無阿彌佗佛，佛門子弟自知誓言之重。」

紅鶴遂離去，暫往大和國的伊賀秘密砦，尋找殘存的忍者同伴去了。幻海長嘆一口氣，看來自己得暫時放棄中土之行，去尋找答案。

天正十年開春。

幻海來到京都二條城外的商圈，由於幻山之前在京都面會安國寺惠瓊之後，還頗有名氣，所以京都附近的商圈，許多人都主動邀請雲遊至此的幻海，作喪家法事。角倉了以，京都的豪商，因遠房的親戚過世，便請幻海參與法事。有名的堺港『十人眾』之一的今井宗久，同時也是豪商，礙於諸多商業觸角的顏面，也來參加角倉家族的法事，同時藉此探聽之後的商機管道。

法事過後，幻海在後廳休息，隔壁正是角倉家的茶室。因只是遠親，所以角倉了以並沒有多少哀戚，只是借場地給親戚使用，反而在法事之後與今井宗久談起商業利益分配，與日本今後大局走向。

剛開始只是談角倉坐船出海，去中土大明國的見聞，正巧幻海也想到中土，聽到了『大明國』的片語，不由得起了偷聽之心。幻海假裝坐在木牆旁，貼上耳朵，細聽兩人對談。忽然角倉轉變了話題，從中土見聞，談到織田信長與朝廷的關係。

先是角倉了以的聲音，說：「……所以，日本將來的局面，全部取決於織田信長。跟他為敵的不是已經被消滅，就是即將被消滅，日本統一而結束亂世局面，就快到了。在這階段的經商理念，就跟過去不一樣。」

接著聽到，今井宗久的聲音，說：「亂世是否會結束，目前還不得而知。要不要打賭，還會有很大的動盪。」

角倉了以似乎很訝異今井宗久說這句話，音調有些轉變，說：「這話怎麼說？武田已經被滅，上杉也無力抵擋織田入侵，毛利節節敗退，織田也即將進攻四國的長曾我部。就算信長明天就得病而死，織田的根基穩固，日本哪還有一個大名家的力量可以抗衡？哪有力量再生動盪？」

今井不急不躁，聽聲音仍然平穩地說：「這我當然知道，現在已經沒有任何大名可以戰勝織田家，但是織田信長的問題不在於其他的大名，而在另外一處。」

角倉追問：「何處？」

今井聲音壓得很低，幻海幾乎快聽不到，只聽到今井說完，角倉哈哈大笑說：「我在京都住那麼久，誰能比我了解他們？就算他們厭惡信長，又能有什麼力量？不會敢跟信長起衝突的！」

幻海心中一怔，感覺自己就快找到答案，答案繞來繞去苦尋不到，可能就在這不經意的竊聽中得到。今井似乎也不願認錯，比較大聲了一些，不過還是辭帶隱諱地說：「你忘了？幾年前信長辭去右大臣之職，天正改元、天皇讓位……我昨天來京都拜會公卿，勸修寺大人，還聽到他說，上個月找織田駐京都奉行村井貞勝，向信長轉達上意。希望信長能在關白、太政大臣與征夷大將軍，三職位當中選一職位就任。但是信長竟然避不見面，派近侍森蘭丸表達暫不接納的立場。」

角倉有些敏感，搶著說：「什麼？公卿來表達上意，只派近侍見面？」今井低聲搶答說：「就是啊！代表信長不會接受這職位！但這可是底線啊！」角倉說：「即使如此又如何？」

今井說：「這代表朝廷認為，信長不願意入套，已經有推翻天皇，自立為皇的想法。記得平氏中的平將門吧？在關東一帶自立新皇，朝廷意識到這個危機感，下了一個只要能夠取到平將門首級者，可成為貴族的旨意給全國人民。」角倉說：「這狀況完全不同啊！

平將門的力量與聲勢，怎麼可能跟今天的織田信長相比？」

今井說：「當然不能相比，所以朝廷的反應自然有所不同。同樣都被視為朝敵，一個為明一個為暗而已！你也還記得蘭奢待事件吧？這比剛才所說的事情都更早，逼天皇把傳家寶拿出來切分，對各大名宣示自己的實力受到朝廷認同，還有歧阜城命名，以中土周文王的故事為暗示，要鼎革維新，推翻舊有。更早的，織田信長當初繼位時，在父親喪禮上用香灰丟父親牌位，更遑論比叡山等事件。這些種種不勝枚舉，都表明織田信長要把日本舊有東西掃除，重新來過。你說皇族能不猜忌嗎？」

幻海隔牆之耳一聽，也頗為驚訝，接下來角倉似乎有些不以為然，說話語氣變為急躁不安地說：「就算朝廷暗中把信長視為敵人，但朝廷失政失權已久，信長若統一日本，堅持要把天皇除掉，朝廷又能如何？還不是得乖乖退位？」

幻海看不到今井宗久的表情，不過可以推知他將要說出更驚人的真相，果然，今井聲音放小，但還依稀可以聽見說：「沒這麼容易，中土大明國有一句話，叫做百足之蟲死而不僵。信長既然連右大臣都辭去，朝廷主動讓出最大官職，要信長開幕府，信長拒絕，則不臣之心已經表明，甚至信長曾對很多人說過，統一日本之後，要改變日本政治體制，並立刻打造艦隊，渡海遠征大明國。朝廷雖然失政已久，但你認為他們全部都是死人嗎？他們治國或許不行，但是權詐可不見得……例如……」聲音越來越小，以致於聽不到。

幻海在驚愕之餘，此時突然想起，最初影者所給，幻山師兄說過的『九子連環鎖，天地乾坤芯』。混沌之世，世間眾生意脈相連，纏繞不休。以此設局，入局者，越是憑藉武力來解局，所陷入的困境越深而不自知。

如今織田信長連開府都拒絕，已經不滿足於僅有實權運作，又把反織田的勢力一一擊倒，將要走最後一步，那是否就是將要觸擊到最後的關鍵『天地乾坤芯』？這最後機關又會是什麼？幻海接著傾聽，但是今井已經不說話。

最後聽到角倉說：「罷了別說了，我們還是討論一下生意，不管局面怎麼變化，我們商人總還要吃飯吧？」兩人談話到此以後的話語，就沒有值得幻海聽下去者。

此時幻海已經從迷霧中，有些豁然開朗，能建立那麼大的信長包圍網，還跳脫武士階級，深入縱深到僧侶、忍者、茶人、商人等等。並不是足利義昭這個沒實力的末路將軍，可以辦到的事情。但是天皇在這時代，又能有多少實力？秘密組織難道就是朝廷建立的？日本的朝廷昏昏然悶悶然，會有這麼高的智慧，運用到天地乾坤芯以及幻山師兄這種等級的人？還有很多不解的事情，不過至少有了一個初步的可能性，大概能解決接下來疑惑者，還是非雲岫居士不可。

於是決定離開京都，再次前往九度山，尋找雲袖居士。幻海認為，即便朝廷有心要防織田信長，在信長如此強大的實力之下，遲早走足利義滿的路，對信長妥協讓步。若信長鐵心要推翻朝廷，天皇也只能乖乖讓位。

同時間，安土城。

織田信長找來重臣與兒子，秘密會議。有禿鼠武士羽柴秀吉、柴田勝家、明智光秀、織田信忠、織田信孝、丹羽長秀、瀧川一益、前田利家等與會。眾人都很害怕信長的威嚴與粗暴，他一入座，眾人平伏。而後他先寒暄了幾句，眾人也都向信長恭賀新春。但是這看似一個普通的新春朝會，實際上暗藏玄機。

織田信長首先拋出話題，最後振臂說：「武田家已經窮途末路，消滅他們指日可待。日本將很快被我織田家所統一！」眾家臣再次平伏恭賀：「恭喜主公！」

明智光秀微笑說：「如此，主公開幕府，也是指日可待，我等都等著這一天。」

織田信長冷冷瞄了他一眼，一直懷疑這明智光秀，跟朝廷往來太過密切，而今此語又非常令人厭惡。於是冷眼道：「你不知道，我已經拒絕朝廷的官職嗎？說此話，是故意要激怒我？」

三職推的事情大家都知道，信長不願意接受朝廷官職，已經不是秘密，但明智光秀卻出此言。眾人看到信長冷峻的眼神，全都默不敢言，擔心明智光秀已經觸怒信長。

明智光秀發現自己失言，趕緊平伏：「在下惶恐，但這是為了增加主公的威信。」

織田信長站了起來，眾人看了都嚇一跳，這下明智光秀又將難堪了。只見信長走到他面前怒目吼道：「威信？你再說一遍！」信長越看他，越像是朝廷的耳目。

說罷舉起拳頭，抓起明智光秀衣領，施以拳腳。眾人急忙平伏道：「主公息怒！」羽柴秀吉爬到他面前道：「主公，不可啊！日向守只是一時失言，主公息怒！」

織田信長放掉他衣領，蹲下來面對著明智光秀的臉，不及一寸，道：「你敢再說一句開幕府，我就要你人頭落地，聽到了沒有？」明智光秀被揍，怒火中燒，但強忍這股氣，看著他冷峻的眼神，輕聲道：「承知，屬下謹記主公之命。」

織田信長站起回座，然後說：「朝廷的日向守，你可以出去了，這次會議你不要參加！」

眾人聽了都傻眼，愣了一愣，這明智光秀也是織田家中，擁有五十六萬石領地的一方諸侯，手下不少精兵強將，新春會議將擬定平定全日本的戰略，怎麼會不讓他參與？這等於把他降成更低階的家臣，是對他最大的汙辱。

明智光秀也愣了一會兒，織田信長冷冷說：「還要我說第二次嗎？」明智光秀抖著平伏道：「遵命，在下告退！」於是退出會議。

他走了之後。

織田信長才道：「我即將對武田做最後總攻，估計兩個月內會消滅他們。接下來的戰略佈局……」於是轉面對旁邊的侍從森蘭丸道：「把地圖展開！」

森蘭丸在榻榻米上，攤開地圖後退下，眾家臣與信長圍了上來。信長說明了之後的計畫，柴田勝家負責進攻上杉勢力，瀧川一益在配合主力織田信忠滅了武田後，與柴田合流，一同壓制關東的北條氏。丹羽長秀與織田信孝，進攻四國長宗我部氏，羽柴秀吉負責進攻本州南部的毛利氏，而後兩股合流共同平定九州。

說完之後，眾人以為戰略已定，統一日本將是最後戰略，正在相互討論。忽然信長回座，又讓森蘭丸拿出了另外一張地圖，又走了上來。然後冷冷說：「我織田軍團在日本已經無人能敵，統一日本的戰略，兩年內將會完成。這一切只是開始！繼平定日本的戰略之後，我真正的戰略，在這裡！」

於是攤開地圖，眾人一看，瞪大眼發出驚嘆之聲。這是一張，從大明國商人那裡，買來的大明國地圖，當中還有朝鮮與日本輪廓在圖中。

眾人半刻說不出話。

織田信長說：「統一日本的事情，交給各位共同努力，接下來我要打造一艘艦隊，出海遠征，拿下這裡！」指揮棒指向中國的北京之處。織田信長說出了壓抑在內心多年的想法，只見底下的所有家臣，全都目瞪口呆，仿若他即將打開一扇，不知是天堂還是地獄的神秘之門。

織田信長哈哈一笑，然後說：「怎麼？你們怎麼都說不出話了？」

出奇制勝向來為信長所好，震懾家臣使之心服，也不例外。

冷峻的眼神掃視眾人。眾人不敢先言語，都看著地位最高的家臣柴田勝家，希望他先開口。

柴田勝家斗膽率先道：「主公，這好像，好像是傳說中的大明國……」

信長微笑說：「什麼傳說！就自稱中國的大明！」

眾人沉默不語。

織田信長看到家臣們發愣的神情，轉而冷峻著神情說：「那真怪了，平常我們用漢字，習漢人文化，引經據典，甚至都知道引中國古往今來歷史人物為榜樣，連武田信玄的軍旗都引孫子兵法之句。怎麼我們日本武士攻城掠地，爭戰四方，從古至今，卻都假裝沒有這個國家？」

羽柴秀吉眼神飄忽，似有話問，但他善於迎逢信長，知道信長提出這項，日本前所未有的戰略，必有隱衷。

信長回座位，道：「統一日本之後，各位的領地我會重新分配，為進攻大明國作準備。我這有大明商人帶來的一些商品，會後森蘭丸會送到各位的宅邸。我知道這項戰略，將面對的敵人，比我們先前都還要強得多，而且不是普通的強大。所以我希望各位，也能各自發表意見。具體戰略制定，可以等統一日本之後，再作定案。」

於是眾人議論紛紛，他們大多對大明國的情況，不是很了解。

柴田勝家首先道：「主公，大明國是個比日本還要大很多的國家。屬下猜測，至少有百萬大軍。這恐怕不容易，我們可能不是對手……」織田信長笑著說：「我記得桶狹間之戰前，你也是說過這種話！權六，你大將的氣概到哪裡去了？」

柴田勝家低頭不敢再言。

丹羽長秀問：「主公，屬下認為，這項戰略得從長計議。日本經過長久戰亂，統一之後還要休生養息十年，再來討論這項戰略不晚。」信長說：「十年？我可等不了這麼久。

統一日本已經不是問題，你們執行各自任務同時，這件事情就好好思索。遲早我是要住進大明皇帝的皇宮！這裡才是我真正永久的住所！都退下吧！之後的茶會時間，我會派人通知各位。」

於是眾人告退。

等所有人都離開了天守閣，羽柴秀吉回過頭，平伏在信長面前道：「屬下想跟主公單獨討論一下大明國的問題。」見他面有異色，必定有不同想法，信長於是遣退森蘭丸等左右小廝。

信長看著天守閣外的冬天雪景，說：「怎麼？你已經有策略？禿鼠，進攻大明國的策略，可不是三言兩語能說清的！」說罷呵呵一笑。

秀吉抬頭笑著說：「這屬下當然知道。但等到主公下令進攻大明時，務必請命我當先鋒！」

信長站起來，哈哈大笑說：「你先打下毛利之後再說吧！何必這麼急？」秀吉說：「不，主公心胸廣大，屬下若能當進攻大明的先鋒，將是萬分榮幸之事。屬下一定先進入北京，在城門口，叩迎主公的到來。」信長微笑著點頭，然後小聲道：「先進入北京？你知道先進入北京要做什麼？」秀吉說：「當然是把大明皇帝活捉，然後送到主公的面前。」信長仍舊小聲地說：「禿鼠……到時候我們的敵人，可不是只有大明皇帝啊……」

羽柴秀吉疑心生暗鬼，似已聽出言外之音。

秀吉嚴肅地問：「屬下誓死效忠主公，請主公明示，敵人還有誰？」這羽柴秀吉原本只是貧賤的流浪漢，織田信長將之拔擢，而有今日地位，平時也都是戰戰兢兢，感恩戴德，所以信長將之推心置腹，也就大膽的說出口。

走到窗前，輕聲地說：「你知道天下布武是什麼意思嗎？」

秀吉跟在他身後，說：「嗨，天下政權都歸武家來管理！日本當由武家統治。」信長說：「那你知道當初岐阜的意思嗎？」秀吉點頭說：「如中土唐國之典故，周文王得岐而得天下之意。」信長說：「得天下？你們對得天下還太淺薄……周本為商之臣，最後鼎革維新，取而代之！這才是真正的意思！所以你應該知道，我們的敵人，還有誰吧？」

秀吉嚇了一跳，微微點頭。

信長說：「但從藤原仲麻呂，平將門，平清盛，源賴朝，足利尊氏，足利義滿等等豪強，都有這野心，當年他們的聲勢也不在我之下，但沒有一個是成功的。禿鼠，你不感覺很怪嗎？」

秀吉嚴肅神情，身體有些微微顫抖，他早就知道信長與朝廷之間，不斷暗中角力，但這顫抖並不是因為信長的威嚴，而是秀吉自己也與朝廷，有暗通款曲，只是非常隱密，不像明智光秀已經被信長查覺。他內心仍然迷惑，不知道這場暗中角力，到最後誰會贏？不知道自己該死死站在信長這一邊，還是幫朝廷一把？

信長接著說：「若在日本，我們肯定敵不過天皇家族！這日本就像是一個巨大的葫蘆，把我們裝在裡面，哪怕再威風，也只是關在他設計的葫蘆裡。從古至今，在這裡大喊要得天下的人很多，但最後，沒有一個人能真正成功。但若入主大明國，那就不同了！只要一入中土，他的葫蘆也就破了，到時候就是誰有實力，誰當皇帝！這句話，不准跟任何人提起！等日本統一，入唐計畫開始，到時候我自有主張。」

微笑後接著道：「他們以為，我跟過去的日本武士一樣，最後會接受官職，被朝廷的圈套綁住。一旦他們發現我不入套，一定還會再生毒計來對付我。可我信長不是一般的日本武士，這招入唐之計，肯定讓他們大出意料之外，屆時我打入北京，披上中國的黃袍，看誰才是真正的皇帝。」說罷哈哈大笑。

秀吉瞪大眼，微微點頭，答道：「屬下誓死效忠主公……」

退出了安土城，準備趕往對陣毛利家的前線，中途在一處驛站休息。羽柴秀吉喃喃自語……

軍師黑田官兵衛問：「大人，您在憂愁，怎樣對付毛利家嗎？」秀吉搖搖頭，指著西方說：「這邊的敵人，不是只有毛利……統一日本之後，主公準備展開一場入唐的計畫……你有什麼意見？」

官兵衛聽了瞪大眼，小聲說：「入唐？這可真是前所未聞……」沉靜了一會兒，官兵衛搖搖頭說：「大明國可不比日本國內的諸侯，這恐怕不容易。」秀吉似乎想通了一件事，赫然站起，大聲說：「先不管什麼入唐不入唐！官兵衛，你立刻以我名義修書，給所有織田家中的各路諸侯，以對陣毛利家需要軍費為由，向他們借錢！能借多少算多少！然後近江與播磨的領地，全面備戰！」

官兵衛問：「為何要如此？」秀吉說：「你先別問！之後你會知道原因！」

其實羽柴秀吉，知道接下來將有一場大戰，倘若信長真命他當先鋒進攻大明國，那天皇必然會展開動作，信長與天皇兩者之間，將要徹底攤牌了，那麼自己這個身為進攻大明先鋒的大將，將會是朝廷謀略的重點，屆時到底該幫誰，自己還沒有底數！

跨上馬，帶著自己的眾部將，內心忐忑不安，喃喃自語道：「好戲要來了，看來這下真的有好戲上演。」

天正十年夏天。

織田家真的滅了武田，接著信長手下幾個主力軍團，分道往日本尚未被平定的地區，發動最後的總攻！大有統一日本，展開新的宏圖之勢。話說幻海再次苦行，當走到了尾張國的地界商鎮處，眾人熙熙攘攘，看似與往常無異。忽然一大群武士，後面跟著更多的足輕士兵，男女老幼看見了紛紛閃避。從背後的旗幟來看，這些是織田家的士兵。幻海被人群簇擁著，退到道路旁，幻海此時也經歷了不少事情，可以從當中看到出了大事。問一旁的人，這些百姓自然也不知道發生了什麼大事。忽然一名武士騎著馬過來，百姓們紛紛彎腰鞠躬，而後退卻。他似乎就是衝著幻海而來，幻海見無法閃避，便雙手合十行禮。

這名武士說：「和尚，你跟我來！」幻海問：「請問武士大人有何事要找拙僧？」武士語氣頗為兇惡地說：「我家主公找你！讓你來就少廢話！」幻海只能同意，於是跟了上去。

在城鎮外的關卡木砦中，一名手持軍扇的高階武士坐在上頭，幻海上前行禮。那名高階武士只微微點頭，一開口就問說：「和尚，你會不會卜卦？」

這必然是有很急的事件發生，才會當街找人來卜卦，於是謹慎回答說：「學過幾年周易，不過拙僧畢竟是和尚，念經超渡才是專長。」高階武士聽了吐口水大喝道：「閉嘴，誰要你超渡？我要卜卦！」

幻海見此人談吐粗野，有傳統日本武士貪暴習氣，恐激怒他而生變，只好順其意說：「請問武士大人要卜什麼大事？」高階武士說：「我家主公信雄大人，招集所屬家臣，齊聚於清洲城。要開戰了，我想問此行的吉凶！」

幻海心思，這肯定發生了大事，不然尾張是織田發源地，東南西北都已經是織田家的勢力，豈會如此緊急調兵，當在他不猜疑的情況下，慢慢套出這人所知的一切，於是說：「是戰爭嗎？那請閣下拿卜籤，拙僧替大人論吉凶。」

高階武士說：「事情緊急，沒有帶到卜籤，筷子代替行不行？」幻海點頭，但趁機見縫插針說：「是可以，不過那得深入卦義本身，在運籌之時，得請大人把事由告知詳盡一些，否則恐失去靈氣。」高階武士點頭同意。

於是十幾雙筷子擺在前面，幻海怕他起疑，只先問他今天早上做了些什麼事？離開居所時雲彩什麼形狀？將前往方向是在何方？高階武士一一道出。幻海一一擺設筷子。

最關鍵的問題只能問一次，怕問多了會起疑，而且必須混入卦辭來套問，不能問得太明白，於是抖擻精神，慎重地問：「起卦已經出來，有既濟卦之象，始吉而終凶，當有特別處置才能避禍，否則……」神色故意凝重。高階武士瞪大眼急忙問：「否則怎樣？」幻海雙手合十說：「否則大凶，拙僧也不好說。」高階武士摔了軍扇，急得吹鬍子瞪眼說：「那你說要怎樣特別處置？說清楚點！」

幻海說：「既濟卦，雖始吉而終凶，但若處置得當，則變卦為未濟卦。最終將克服困難，小狐過河而無咎。至於怎麼具體去做，拙僧就得冒昧問，大人您所碰到的，到底是什麼大事？這才能有具體的答案！？」

高階武士呼了一口長氣說：「也罷！反正這件事情遲早全天下人都會知道！已故的右大臣信長公，在數日之前，被明智日向守在京都本能寺殺害。信雄大人著招集部屬整軍備戰，以防大變！」

幻海聽了大驚，織田信長竟然就這樣死了？而且是被自己的重臣殺害！

原來正當織田信長欲前往羽柴秀吉指揮的前線督戰，經過京都本能寺休息，被同時派往前線的明智光秀軍，倒戈一擊，團團包圍在本能寺，將織田信長殺掉。

這死得也未免太簡單了些，先前多少人前仆後繼，拼死衝殺，都打不倒的織田信長，就這樣簡簡單單死掉了？

幻海雙手合十道：「南無阿彌佗佛！原來是這樣的大局變化！那麼大人請放心，您這卦遇小局小戰則既濟必凶。碰倒這樣的大局面變化，則有轉讓禍端，從而自身挽回的餘地。您此去只要多注意，不吃酒肉，不沾女色，不殺任何無辜。等到大局面塵埃落定，您的凶運自然化解，變卦於未濟而無咎。」以此忽悠他，也顧慮其他蒼生。

高階武士點點頭，微笑著說：「有道理！比之前我遇到的卜卦術士說得還好！來人，給法師三十貫盤纏！」幻海點頭稱謝。

武士們休息片刻就離去，幻海此時喃喃自語道：「信長死了？難道這就是天地乾坤芯？」反覆打量自身該怎麼辦。思慮亂時，回歸本初，釐清頭緒。織田信長從崛起開始，消滅諸多敵對的大名，消滅一向一揆，消滅勢大的忍者，組海軍擊敗強大的海盜軍，對付幕府末代將軍，對付朝廷中諸多敵人，鎮壓反叛的外樣大名。一個個來者皆被他擊倒，自己卻在最後倒在自己的重臣刀下。

多方向的敵人一個接著一個，似有安排而來，在他最強大的時候，最內部的一擊便立刻斃命。這確實與當初影者所給，中土唐國的細鎖，天地乾坤芯的機關，有異曲同工之妙。這一切若真是通盤有計畫者，那這策劃者的見識與權謀，可遠超過常人所能理解。若這一切真是有計畫，這權謀本身是怎樣形成？是誰安排的？目的又是保護什麼？

細數信長的敵人，過去被滅者不可能，內部叛亂重臣也不可能，頂多只是棋子，因為不可能設出這麼大的局，外連各大名，內滲社會各階層，而長久不被信長知道。其核心只剩下幾個方向的敵人，有能力建置這『九子連環鎖，天地乾坤芯』。

第一是毛利家。第二是長宗我部家。第三是上杉家。第四是表面與織田同盟，卻有殺子之怨的德川家。第五是北條家。第六是在京都所竊聽到的，猜忌信長野心的朝廷勢力。到底是誰？

幻海反覆打量，上杉以武力雖強，但上杉謙信勝仗不過自保，死後卻發生奪位內亂，權謀不可能建立在這種情況之上，所以首先當被排除。北條氏盤踞關東，卻與周邊大名勾心鬥角，紛爭不休，充其量自守之賊而已，也該被排除。長宗我部雖在四國強盛，但面對織田節節逼近，毫無特殊作為，況四國大名不太可能滲入本州島的各社會階層，而長年不在本州島擁有一寸領地，故也該被排除。毛利家雖強大於南本州島的中國地區，但面對織田進攻節節敗退，毫無長策，所重用的謀士安國寺惠瓊，幻海也見過，請益於幻山，如同棋子被擺佈，也不像是最終的主謀者，故也當排除。只剩下德川家與朝廷勢力比較有可能。然而朝廷金錢仰賴於織田，即使猜忌織田野心，能有辦法操作這麼大的局面？論實力德川比較有可能，論涉入局面的廣大，朝廷又比較有可能。看來得再去找雲岫居士，才能找到最後答案！自己也才能對紅鶴有所交代。

幻海再次到了九度山，見雲岫居士，同時告知織田信長被殺，以及京都竊聽以來的推測與疑惑。

幻海說：「居士您似乎不意外信長的下場。」雲岫笑著說：「不過是旁觀者清當局者迷，或許我這局外人，反而把局內的情勢看得比較清楚。」幻海說：「敢請居士，告訴拙僧，利用我們師兄弟三人以及伊賀忍者的，到底是誰？朝廷還是德川？」

雲岫被他一路敘述，也一直追問，只好同意告知，說：「我來東瀛許多年，也略知東瀛過去的歷史。藤原仲麻呂以外戚掌握兵權，曾經呼風喚雨，幾次欲逼宮，最後三轉四繞，兵敗身死。妖僧道鏡，企圖以神諭繼任天皇，卻被清麻呂打了橫砲，可以發現日本歷代與中國一樣，很多人想要篡奪天皇大位。平將門曾經在關東自己宣佈登基，自稱平新皇，整個關東響應他的人很多。但是後來被自己的親族背叛，最後失敗。平清盛，改變策略，利用政治聯姻，企圖改變皇室血統，慢慢的同化天皇家，最後再取而代之，以皇室公主所生之子入繼大統。可惜最後，被後白河上皇識破，從而有鹿谷之謀，雖然沒有成功，但大局卻對平氏不利。在平清盛病死後，平氏逐漸被源氏消滅。足利尊氏，如北條氏一樣舉兵向闕，但中了計，最後被牢牢套在將軍的位置上。在室町三代將軍足利義滿，見兩皇室合一，機會來臨，企圖讓自己的孫子，去當無嗣天皇的養子，皇室礙於他的兵權，一直委言推辭，賜他個太上天皇，不過不久忽然暴死，死後尊號就被拿掉。法師難道沒有發現，中土皇家改朝換代而不止，而東瀛的天皇，從上古記載不詳的神武天皇開始，至少到目前為止，世代交替長久未息？」

幻海搖頭說：「居士原諒拙僧愚昧，這跟現在織田被殺設局，有何關係？」雲岫說：

「當然有關係，世間事道因果相傳。其實我已經在暗示你剛才問題的答案。」幻海一聽心中一怔，說道：「居士的意思，這一切都是朝廷設局？」雲岫點頭說：「再深入一點，皇族勢力可以謂也。」

幻海仍搖搖頭說：「這我就不懂，日本皇室不如中國皇室多矣！中國歷代皇家都有實權，而日本皇室很早就已經失政，源賴朝鑑於平氏二次企圖推翻皇室都失敗，改為公武分體制，等於抽掉皇室的根基，皇室不得干涉武家事務，但新皇的即位需幕府承認，不承認的話，得另立新皇，將幕府凌駕於皇家之上。更別論，足利義滿，對中國大明朝建文與永樂皇帝磕頭稱臣，但是卻是日本的太上天皇，一切威儀凌駕天皇之上，甚至要自己的子嗣繼位天皇。織田信長更是比先前的武家強大，行為也更加霸道，怎會敗於軟弱無權的朝廷？」

雲岫哈哈一笑，喝了一口茶，慢慢地道來：「法師先別急著討論這事，我們暫時改換另外一個議題。你知道中土春秋戰國時代，有諸子百家思想嗎？」

幻海點頭說：「對於漢學略有所聞。我佛家禪學，正是以道家學說格義佛學而來。」

雲岫說：「我要論的正是道家的老子。老子第一章便論：『道可道，非常道，名可名，非常名。無，名天地之始，有，名萬物之母。是以常無，欲以觀其妙，常有，欲以觀其徼。此兩者同出而異名，同謂之玄，玄之又玄，眾妙之門。』又有云：『長短相較，有無相生，高下相傾。』這兩段法師可理解？」

幻海點頭說：「理解！」雲岫說：「雖理解，可惜不懂實用。」幻海疑惑問：「此話怎講？」

雲岫說：「這也就是中土皇家與東瀛皇家不同之處。老子說『有』與『無』，是存在共同的起源。權力的有與無也是一樣，存在共同的本質。日本的天皇雖然無實權，卻有名位，而這名位正是權力有無的共同起源！這也是我等人群與其他萬物不同，會執著於『名』的糾纏。所以外表權力的有與無，並不用過於執著，倘若陷入於其中，則著於末節而遺忘了本源。」

幻海道：「若有實權者要搶奪有名無權者的位置，豈不一點抵抗都沒有？」

雲岫說：「『弱之勝強，柔之勝剛，天下莫不知，莫能行。』『天下莫柔弱於水，而攻堅強者莫之能勝？其無以易之。』也就是能示弱，如水下，才能滲透到方方面面，長久循環而不衰竭！我可否以中土歷史論述？」

幻海點頭。雲岫所說這滲透到方方面面，讓他頗有感觸，就是一股無名的組織，站在高處凝聚大名、僧侶、忍者、茶人、海盜、商人等等，形成各自分工合作的信長包圍圈，幻海自己也是當中可憐的走卒。甚至信長本身也是其中一份子，利用信長力量打倒混亂京都的各大名，讓皇室經濟得以維持，之後又把這矛頭對準他而已。

雲岫說：「春秋時期晉頃公失政，最後六家分權，三家分晉。陳公子入齊，而後田氏代齊。日本較能追考的天皇，約略與中土的漢末同期。漢末天子為曹氏所劫，喪失威信，如同日本皇室的今天，但無權卻欲行天子威勢，只能受辱而同於囚犯。而曹氏立國不過二十餘年，大權旁落於司馬家，曹髦不甘受辱，剛躁而奮擊，最後被殺，曹氏皇族也隨即被篡。唐末天子威令難行，藩鎮割據，而唐昭宗激憤剛躁，欲信盜匪朱溫之力拯救皇室威信，終為所篡。相較日本天皇威令不行，絕不主動阻止各方豪強廝殺，絕不信賴任何一方強勢者，能甘於無權無威，掌本源而行水下之謀，滲入方方面面而不顯露天子威儀。源賴朝以公武分體，聲奪天子權威，欲以武家替代公家，反倒是幫助了皇室延續，而不自知。這若在中土，天子皇室豈能甘之如飴？最終只能被有權者反擊而滅。因為執末節而忽略了有無的本源。」

幻海搖頭說：「居士所言雖然有理，但我不認為日本這樣為好。天子不壓制豪強，而以強為是，弱為非，反而鼓動殘殺。只能使百姓更陷於水火之中，死了多少無辜。」

雲岫反而點頭說：「話雖如此。但我倒反問法師，天子無權受劫於豪強，激憤而抗擊，真能阻止藩鎮軍閥的野心嗎？真能阻止戰亂嗎？」這反倒問住了幻海，一時答不上話。接著道：「不過是一同掉入水火之中耳！日本皇室雖坐壁上觀，隨機偏向於任何一個強者，卻絕對不會信任他，似有自私自立拋棄子民之嫌，實則跳脫出局外，能較清醒地觀察局面走向，在關鍵處予以改變。因為自限於權力漩渦之中，不但不能救，只會讓自己陷入一起毀滅。」

幻海仍然想不通，說：「這太輕賤百姓了！你們中土才是對的，皇家若無權勢壓制豪強保護百姓，乾脆改朝換代，有何存在價值？」

雲岫卻又反問：「法師的話也沒錯，不過容我再反問，皇家有權勢，就一定會去保護百姓嗎？」

幻海一聽又是一怔，確實如此，皇帝本身也可能就是苦難來源。雲岫說：「在中土擁有實權的皇帝，並不見得每一代都賢能，甚至平庸之資都可能不及。所以非情勢之必要，皇家不擁有實權，不招天下人忌恨，撇清該負的責任，反倒擁有重新開始的契機。即老子所云：『雖有榮觀，燕處超然，奈何萬乘之主而以身輕天下？輕則失本，躁則失君。』又云：『夫唯不爭，天下莫能與之爭。』又云：『道常無為而無不為，王若守之，萬物自化。』既然已經站上了高位，權力的有與無，爭與不爭，都是等同等價可以運轉的。至於其他豪強，都只是皇位傳承中，有無運轉，過而不返的階梯，用之即丟的芻狗。『天地不仁以萬物為芻狗』，其意在此矣！」

幻海皺眉沉思片刻，緩緩地嘆氣說：「權謀深刻如此，難怪從藤原仲麻呂、平將門、平清盛、源賴朝、足利尊氏、足利義滿到今天的織田信長……每一個覬覦皇位，或欲顛覆皇室或欲取而代之者，一個個都或陷入機關，或中箭落馬，以敗告終。往後又不知道還有哪些豪強，會喪命在這權術機關之中？織田信長也只是芻狗草芥，況乎日本百姓……況乎我們師兄弟……」

雲岫說：「記得上次法師來時，我對法師說過，把這一切當作『宙範』的過程，歷代豪強之於天皇，在整個格局中，不過都中了老子所云：『將欲歙之必固張之，將欲弱之必固強之，將欲廢之必固興之，將欲奪之必固與之』的運籌而已。」

幻海說：「我記得幻雲師兄說過，織田信長之所以強大，在於學習中土戰國時代的秦國，以法制為基礎，耕戰勵商，以功勳為陞遷，重用能人。所以長久相爭，無論再強大的大名也不是信長的對手。織田以法家制術，強本立碁，難道也突破不了居上所說，皇家的道家制術？」

雲岫說：「法家演繹與道家演繹相比，不過以銖稱鎰。即便織田信長若沒遇到本能寺，而統一了日本，最終也不可能取代天皇，不過走源賴朝或足利氏的後路。況且信長以法制術還不夠深徹，露出太多缺陷可以打擊。」幻海問：「何解？」

雲岫答道：「當年中土的秦國商君之法，徙木立信，以廢封建集中王權為基礎，而後用度於法制昭信百姓為依歸，統合貴賤兩端，意在全國一體，行整體作戰之效，讓為奸逆者也不得不順法而行，至於耕戰之法，擢昇之制，不過最後執校，法的末節而已。而織田信長所行雖不同於日本其他大名，能獎勵農商，提拔能者，但還沒盡得法家強大之本略，只要日本還是封建體制，就有破綻可以運作，信長的法制就永遠只能乖乖對天皇臣服。與盡得道家制術的皇室相比，不足等同論之。外表好似織田堅強，皇室傾弱，反向觀察，實際上剛好相反。」

幻海已經略有所懂，嘆氣說：「是啊！把我們都牽扯進去，織田信長遇到很多無形的敵人而不自知……」雲岫接口說：「老子有云：『以天下之至柔，馳騁天下之至堅。無有入無間。』當他們已經滲入到方方面面，滲入整個結構的縱深，從與織田接壤的周邊大名、手下外樣大名、忍者、地侍、僧侶、百姓、甚至信長本人身邊的重臣，都可以入之無間。沒有刀槍的敵人，乃至無形的刀槍，團團包圍信長，才是『天地乾坤芯』的最終本質。所以兩法相關，必弱者勝。」

喝口茶，接著說：「所以外表看到信長包圍圈的諸多大名，其實並不是用來打倒信長的，而是給信長兼併吃掉的棋子。一旦信長勢力膨脹，手下必然龍蛇混雜，那麼滲透織田縱深，從內部找到一個關鍵，把織田全盤摧毀的機會，就會越來越大。也就是信長越強大，實際上露出越多的弱點可以操作。如同當年中土秦國併天下，北伐匈奴南征百越，所向無敵，最終毀於一個無名小卒陳勝的揭竿而起。包圍圈的諸多大名，為九子連環鎖，內部縱深的一擊，為天地乾坤芯，就是依道為本，依此型態所演繹。」

幻海雙手合十，嘆口氣說：「感謝居士指教，如今大致解除疑惑。拙僧受教了，希望居士將柴房借給拙僧一宿，明日拜別。」

雲岫問：「法師將何往？」幻海說：「履行與紅鶴的約定，然後前往大明中土苦行，了度餘生。故明日之別，恐今生今世，不會再見到居士了。」

雲岫嘆口氣說：「既然大師欲往中土，在下當詳盡敘述故國的人情世故。」由於將是永久別離，於是兩人續談到深夜。幻海也大致理解了中國明朝的情勢。深夜之後，幻海在柴房，借了油燈與紙筆，把雲岫告訴他的一切都記錄下來。第二天清晨，拜別了雲岫居士夫婦，便下山往比叡山出發，等待與紅鶴的約期。

終於到了三年約期。天正十三年。

此時，原本被稱為禿鼠的木下藤吉郎，即羽柴秀吉，在三年前，消滅殺害信長的明智光秀後，又打敗了織田家內部的其他勢力，諸如織田信孝、柴田勝家等，並與德川家康、織田信雄的聯軍在小牧山會戰，雙方最後和談。派兵進攻四國大獲全勝，受封關白，並在本願寺故址修築大坂城。他將在之後受封太政大臣，並被天皇賜姓豐臣，即豐臣秀吉，從而取代了織田家，削平日本的割據，一統江山。一切轉變真是反常地快。

到了該年年底，紅鶴才來比叡山當年密會遺址赴約，幻海在這等了快一年，才等到了紅鶴來赴約。此時紅鶴身邊帶了一個約莫三歲的男童，詢問之下，原來她四年前離開此地，就與其他伊賀忍者結婚，從而生了一個男孩，不過孩子的父親，在與山野強盜搏鬥時死亡。

紅鶴的眼神，充滿著哀戚，似乎對這世界絕望，不再有期待，難怪對此約姍姍來遲。但是幻海還是依約而行，拿出筆記，把在京都竊聽角倉與今井的事情，到九度山與雲岫的對談，毫無任何省略，全盤告訴紅鶴。

紅鶴剛開始也十分驚訝，許久不能說話，最後點頭說：「感謝法師，讓我終於知道，自己是誰的棋子。不過……他們所言到底是不是真的，也很難說……」幻海道：「紅鶴姑娘聰明過人，應該聽得懂分析。確實，若天皇乃至於皇室是真正的指使者，妳就不可能去報仇了。」

紅鶴說：「這三年多來我想了很多，我不會去報仇的。反正直接的兇手，織田信長已經死，我一介女流又跟誰去計較？養大兒子才是我未來的目標，甚至我本不想來此赴約，只是反覆思考許久，事情總要有一個真相，將來也好告訴我的兒子。」

幻海露出笑容，雙手合十說：「阿彌佗佛，善哉。以血還血終於停止，拙僧也大功告成。」紅鶴問：「法師往後將去何處？」答道：「前往中土大明國苦行，丟棄這舊有的，尋找一個新的開始！」

兩人對眼沉靜片刻，幻海開口道：「施主既然以養大兒子，為未來最重要目標，養育則必不能失去教育。必須把我們這一代的錯誤經歷，都傳授給他，別讓他再重蹈覆轍。」於是從包袱中拿出一大疊紙本，交給紅鶴，並說：「這裡面詳細記載了，我探索這一切事件的經過，也記載幻山、幻雲兩位師兄，長久累積的智慧。將來當作教育這孩子的根本。」紅鶴收下紙本，平伏稱謝。

幻海起身離去，紅鶴起身相送，站在門房外，望著幻海的背影，見到他越走越遠，背影越來越小，直到站在比叡山上，也望不到他的身影為止。紅鶴望著他的眼神，逐漸燃起了一股希望。

第三章　接手入唐豐臣秀吉意孤行
不動如山周仁四兩撥千斤

在幻海離去不久，紅鶴也萌發去大明國的念頭，也希望撇清過去，有一個新的開始。但她找不到幻海了，只好自行打聽去大明國的管道。於是先投奔了有名的茶人千利休。紅鶴跪於茶室門外，請求千利休收留。她的兒子，名喚森六郎，也跪在母親旁邊。千利休知道她是忍者出身，雖然貌美如花，但是背景複雜，不願收留，但礙於她渾身武藝，身上又帶著刀劍，怕惹怒於她，所以也不敢拒絕。

只好強作鎮靜道：「不是我不願意收留，而是姑娘妳可以投身於武士之家，為何找我這個茶人？」

紅鶴磕頭平伏在地，答道：「老實跟大人說，我想要前往大明國，大人與堺港商人以及諸多大名熟識，請求大人幫忙。在前往大明國之前，願意當大人幾年的侍婢，以為代價。」

千利休聽了頗為吃驚，緩緩說：「大明國？妳一介女子，為何要去大明國？難道妳不知道現在的日本，禁止女人出國嗎？」紅鶴流了眼淚，哭著說：「我有朋友去了大明國，去尋找一個新的開始。我要跟著他的腳步，去尋找一個新的開始。我願意付出任何代價，請大人成全。」

說到這，還手握身旁的配刀。千利休看了，內心嚇得要死，要是拒絕了她，說不定失望憤怒就抽刀出來砍人，便強作鎮靜道：「我理解了，原來是要讓生命有新的開始，這就像是茶道一般。好，妳先暫住我家，我立刻替妳打聽去大明國的船隻。」

紅鶴磕頭感謝，便在千利休家住了下來，暫作侍婢。不過千利休知道她不簡單，可不敢貪她貌美久留於她，遂多方打聽前往大明國的船隻，只求趕快把她打發走，終於找到一艘要去寧波的商船。

不過天意弄人，船隻出發前兩天，紅鶴便一病不起。

病死之前，紅鶴握著兒子森六郎的手說：「六郎，大明國，母親不能去了，你要代替我去大明國……在那生活，一個新的開始……大明國啊……」說罷閉上眼去世。

森六郎年紀雖小，但仍能懂紅鶴的心意，於是大哭。

失了母親，年幼的森六郎當然不能獨自前往大明國，於是繼續在千利休家中當童役。森六郎頗為聰穎，九歲的時候就能夠識別許多漢字，甚至已經能讀通簡單的漢和兩國的書籍。千利休甚為喜愛，也傳授他茶道。

就在森六郎九歲，即天正十九年，西元一五九一年，千利休被豐臣秀吉貶回堺港住所，同時又被豐臣秀吉賜死，被迫用殘忍的切腹自殺。森六郎眼見自己的主人，這樣被害，年紀雖小也心痛異常。不久就被千利休家人遣散，他帶著母親遺留給的幻海紙本，以及千利休給他的密信，離開了堺港。

千利休家人以及森六郎自己都很意外，竟然會有遺書給僮僕。

家人拆開一看，原來是一封介紹信，要家人帶森六郎去找堺港商人山上道七。千利休的家人於是依信而行。很快這山上道七，就看懂了師公千利休的意思，立即將這孩子帶往京都。寄養在當今天皇娘親的家，勸修寺家中當童役。

雖然年方滿九歲，因為命運坎坷異常，加之母親去世之前的嚴格教育，與千利休的愛護，已經懂了很多事情，甚至知道幻海記錄所言的一切，只是對於當中記載幻山、雲岫等人引用漢語漢史，還有頗多不解之處。但他至少知道，自己父母雙親，是在一個巨大的陰謀運作下，命運乖違而去世。而這陰謀的來源就是自己目前主人家的姻親，天皇之家。不過年幼的他，也不會去想報仇，況乎身分如此卑賤。他只聽從了前任主人，茶人千利休的遺命，把幻海的紙本，無論懂與不懂之處，都死背在心頭之後，就燒毀掉。森六郎早慧，個性不愛說話，口風很緊，做事勤快，而且認識漢文，很快就被勸修寺家人接納。

對大明國念念不忘的，並非只有紅鶴與森六郎母子，還真的大有其他人在……大坂城。

禿鼠武士豐臣秀吉，已經在名義上統一了日本，他看著一張繪有中國，朝鮮與日本三國形勢的地圖，指指點點，身旁有德川家康、前田利家、小西行長、宗義智、上杉景勝、石田三成、加藤清正、福田正則、黑田長政等等二十位大名與奉行，分列坐於地圖周圍。

豐臣秀吉指著地圖說道：「大明國，已故的右大臣信長公，當年就是對此立下鴻鵠大願，多次跟我談過，他統一日本之後，就要進攻大明，定鼎中原。可惜信長公不能去了，我要代替他去大明國！在北京皇城插上我們的旗幟，一個新的開始……我稱之為入唐大計！這計畫在幾年前打九州時，我就已經跟各位說過，現在全日本都已經平定，要實踐這個夢想的時候了！」

說到此，充斥著銳利的眼神。

德川家康與上杉景勝，坐於側，沉默不言，不知道是何態度，小西行長與宗義智內心恐慌，甚至面帶冷汗，加藤清正、福田正則與黑田長政都附和他所說，大聲支持入唐大計。

只有前田利家帶頭，打了一個横炮說：「太閤殿下，新的開始？大明國可是一個大國，集中全部日本之力也未必能夠動搖得了，日本能打勝嗎？」

豐臣秀吉面露不悅，礙於與他的交情，不好惡言相向，冷冷地說：「不是只有日本……」立刻轉面問小西行長與宗義智這兩人：「彌九郎！你不是說，朝鮮王願意當嚮導，跟著我們日本一起進攻大明嗎？」

直接稱呼他的乳名，小西行長震動了一下。朝鮮王根本還沒有回覆，他們兩人就拼命對豐臣秀吉表示，朝鮮王願意當嚮導。其實是他們兩人自知，朝鮮王根本不可能幫助日本去打中國。於是賭豐臣秀吉的入唐計畫，根本只是嘴上說說，只要把時間拖過去就沒事，自己又不失巴結逢迎，於是揀他想要聽的話來說。但而今發現豐臣秀吉當真要跨海出征，才驚覺自己難以收場。

小西行長結結巴巴才要說話，宗義智馬上平伏在榻榻米上，對豐臣秀吉說：「請大人讓我來代替岳父回答。」這宗義智是小西行長的女婿，先前在出使朝鮮時，跟著小西行長一起扯爛污，怕小西行長有失，趕緊來補充說話。「好，由你來說。」豐臣秀吉冷冷回答。

宗義智微笑道：「朝鮮王名叫李昖，十分的昏庸。朝鮮內部陷入兩班黨爭，戰力很弱，聽聞太閤大人統一日本的威勢，相當的恐懼，而這兩班黨爭的原因是這樣……」

宗義智扯了大半天的朝鮮局勢，就是要故意顯示，在日本所有大名中，只有他最懂朝鮮之事，爾等都只是封閉在日本島上，沒見過世面的武士而已，想以此主導事件發展。

總算聽到連豐臣秀吉都不耐煩，其實豐臣秀吉想要知道的是大明國的局勢，而不是朝鮮內部的黨爭。於是大聲打斷說：「好了沒有？朝鮮人內部狗咬狗的事，就不要提啦！到底朝鮮王要不要當嚮導，幫我們進攻大明？」

宗義智嚇了一跳，趕緊平伏答道：「嗨！朝鮮王願意當嚮導，但似乎又不像是要答應，希望給他們充分的時間，幫我們蒐集大明國的情報。畢竟……朝鮮，大明……這個大明……」說到此結結巴巴。

豐臣秀吉大聲怒道：「把話給我說清楚！」

小西行長也趕緊平伏說：「他的意思是說，朝鮮是大明的屬國，他們雖然也景仰日本，但要給他們一點時間，藉著到北京朝貢的機會，多探聽大明內部的情況。」

豐臣秀吉說：「這還不簡單！既然朝鮮那麼願意當別人的屬國，以後就對我日本來朝貢，當日本的屬國，我們給他們的賞賜，一定比大明國更多。」

豐臣秀吉沒聽明白他們兩人的意思，但是石田三成已經聽出來了。本不敢多說，但有了前田利家先表態，也就敢跳出來說話，於是也平伏道：「太閤殿下！屬下以為入唐之事非同小可，可以說是日本立國以來的頭等大事。而朝鮮一直是大明的屬國，大明國土又比日本國還要廣大，他們怎麼會那麼快就同意幫助日本？」豐臣秀吉轉面盯著石田三成說：「你的意思是，他們兩人在說謊囉？」

這一句話，讓小西行長與宗義智嚇得要死，更加平伏。

石田三成沉穩地說：「不是，他們兩人的意思是，要防範朝鮮王李昖說謊，佯裝同意當日本的嚮導，實際上通報大明國，半途截擊我們。屬下認為，入唐之事應該更加慎重，多方考慮，不然這代價很慘重。而且恕屬下直言，除了朝鮮態度詭異，先前派去琉球，呂宋南蠻，大肚，暹羅等四國的使節，似乎都沒有好消息。」豐臣秀吉說：「你不是說，他們都各自表達，對日本友好嗎？」

石田三成苦笑，因為他把重要消息也隱瞞不敢報，怕惹怒豐臣秀吉，等於跟小西行長一樣，在扯爛污。但現在看來，不報也不成了。於是結結巴巴說：「嗨！因為翻譯的問題，所以有些文書沒有搞懂。而屬下命人重新弄清楚之後，發現事實比想像中的嚴峻……」

豐臣秀吉說：「怎麼個嚴峻法？快說！」

答道：「跟日本算最親近的琉球尚寧王，被殿下您警告過，但他們聽說要打天朝中國，竟然立刻就拒絕增援日本，回覆說：中國為萬邦之主，天朝之土不可冒犯，否則將有大難。聽商人說，尚寧王還立刻向大明國奏報了此事。呂宋的南蠻人，號稱海上力量強勁，可以遠渡重洋，但先前卻被大明國水軍打敗，不敢再向大明挑戰，如今好不容易跟大明國議和，取得海上貿易，所以並不肯支持日本對付大明。大肚國部落王酋林立，根本找不到一個可以說話的王，所以使節無功而返。至於暹羅的阿育陀耶王，一直對中土大明稱臣，聽說日本要動兵，非常憤怒，大聲斥責了使節，威脅說要出動象兵軍團，幫助大明國作戰，踏平日本，然後就把使者驅逐回日本……」

繞來繞去，原來又是反對入唐大計，豐臣秀吉把手上的摺扇，用力丟在榻榻米上，眾人都嚇了一跳，只有德川家康繃著神經沒有表情。當然，這種只會連結盟友一大群，但毫無根本的猴子戰略。他一看便知不可能成功。

豐臣秀吉滿面怒容說：「這些小國，我不把他們放在眼裡！只要攻下北京，這些小國還不馬上變換態度！跪在我面前！」接著又大聲說：「我聽懂你們的意思了！這幾年來，你們用盡方法不就是要阻止我入唐嗎？都不要再拐彎抹角來勸我！入唐之計我心意已決！不惜一切代價！日本如此狹窄封閉的島國，不走出去，怎麼知道天地有多大？假設朝鮮王敢使詐，我們就先把朝鮮滅了，然後進滅大明！」眾人平伏遵命，但私下相互對眼，各有心思。

江戶城，德川家康居所。

帶著入唐的憂慮，德川家康剛回到領地，心腹家臣鳥居元忠前來稟告事務，但見德川家康雖召之進房，卻對他秉告事務心不在焉，望著庭園，若有所思。

鳥居元忠遂問：「大人，何事如此憂慮？」德川家康嘆口氣，更是愁眉苦臉，等了許久才說：「我不是不信任你，而是這等大事，你不會明白的。」元忠低聲地說：「大人莫非在憂慮，太閤要征服大明國的計畫？」

家康瞪了他一眼，還真被猜中。元忠平伏地說：「大人不用憂慮，太閤這次用兵只動員我德川家五千人，我們仍保存強大的實力，可以坐看事情的成敗。」

家康仍嘆氣不答話。鳥居元忠顯得有些尷尬，不知該如何應對。

家康看了看他，轉而笑著說：「你既然猜中了，不妨再猜一猜，為何太閤堅持要征服大明國？」

他平伏答道：「不外乎是對領土與財富的野心……」家康搖頭微笑說：「只猜中一點，還有呢？」

元忠又說：「對功臣領地的分封不夠，希望把日本全封給家臣，自己擁護天皇入主大明？」

家康仍搖頭說：「這也不是主要原因，還有呢？」這一問，元忠也答不上來，除了領土，財富，領地問題，那還有什麼原因？

元忠平伏道：「屬下猜不出來了。請大人教導。」

家康站了起來，拿起扇子指著窗外，大聲狠狠地說：「真正的原因是，有一隻猴子想要當皇帝！」

皇帝二字出口，如平地一聲雷，轟然炸響，讓鳥居元忠耳鳴片刻，全身抖了一下，小聲地回答道：「皇……帝……皇帝……這……大人……這樣……他何不直接在日本取而代之……去打一個比日本還要大很多的國家，不是捨近求遠？冒更大風險？」

家康笑著說：「這件事情我也思索了很久才想通。在中土與在日本不同，在日本他玩不過天皇的。但若是直接打入大明，情況就完全不同！只要一旦攻入中土，他的聲望就如日中天，就算日本子民不幫他推翻皇室自立為皇，中土的漢人也會幫他去做！在中土，一皇死一皇立，一朝滅一朝興，是很正常的事情，只要有實力，誰都可以當皇帝，甚至平民奴隸都可以當皇帝。只要天皇被他拉入了中土，兩國合為一國，局勢就大為改變，那麼就是他秀吉可以推翻皇室，自立為皇，自稱為朕的時候了！而且這個皇，將是真正統御廣大天下的真皇！」

元忠說：「中土的漢人擁護他當皇帝？這怎麼可能？」

家康轉面說：「怎麼不可能？你應該聽說過當年兩次進攻我們日本的，蒙古帝國皇帝忽必烈吧？」

元忠微微點頭。

家康接著說：「當年忽必烈要擊敗兄弟搶奪大汗之位，但是卻欠缺後盾，於是廣收漢人當幕僚，甚至自身直接儒服漢化。欣然接受儒道大宗師的尊號。最後獻計幫他打敗其他兄弟，搶奪大汗位置，改制為皇帝，建立元朝的，不是蒙古人，而是這一批漢人！所以若他打進了北京，就算日本人不擁護他為皇帝，漢人們也會幫他當皇帝！他這個如意算盤，是學自織田信長，別以為我不知道！」

元忠聽了全身顫抖，平伏在地說：「大人，那我們該怎麼辦？到時候真的擁護他為皇？」

家康此時情緒轉而平靜，坐下緩緩地說：「你不用緊張，事情沒這麼簡單，他接下來要面對的敵人，比他以前面對的敵人還要強大得多。現在不是我們出手的時候，靜觀其變吧！」

京都，天降大雪，已經是天正十九年的年底。

大雪紛飛的早晨，天皇之母勸修寺晴子回娘家，她後來宣下的院號為新上東門院。國母回娘家可是大事，家中上下忙成一團。森六郎與一大堆侍女僮僕，忍受寒冷跪侍於一和室屋之外，若國母有任何呼喚，必須立刻進入應命。

接近中午時刻，一個面貌皎白的中年男子，從其服飾來看似乎是朝廷公卿，但行事卻低調鬼祟，來見國母。似乎是有什麼要緊的機密來報。森六郎跪坐廊下，離國母的房門有一段距離。眾多屬下的侍女跪坐房門旁，一名年約十七歲的侍女夾雜在眾女之中，卻不斷看著森六郎這個方滿九歲之童。她名喚小松，為這一群年輕侍女中最資深者。

忽然小松喊：「六郎！國母大人呼喚！」

森六郎當時並沒有考慮那麼多，只急忙上前，兩名侍女打開門房，森六郎匍伏進去。原來國母怒氣沖沖打翻了一旁的茶具，令男童們進來收拾。

森六郎因為做事謹慎，長相可愛，在主子憤怒的時候不會手忙腳亂，故小松命令他進去收拾。

森六郎一進屋收拾，只瞥見國母仍怒氣沖沖，而那位不認識的公卿，謹慎地平伏在榻榻米上。只聽見國母仍說：「輕謀！太輕謀了！這簡直不自量力！這將要陷皇家於危難，他知道嗎？一定要阻止他！」公卿輕聲地回答：「這恐怕很難，我等已經動用各方面的關係，甚至他的家臣，用各種方式，反覆勸阻。但依據這些人的回答，其態度相當堅決，恐怕是……」說到此看了森六郎一眼，不敢說下去，似乎是怕所說的話洩漏出去。

國母也見了此景，沉靜地說：「你就繼續說下去，這裡沒有外人。」公卿謹慎地平伏「嗨」了一聲。森六郎感覺十分欣慰，國母竟然沒有把自己這個剛來的男童當作外人，也許是看自己是小孩子，涉世不深，更不會理解國家大事。

公卿接著說：「原本包括太閤手下石田三成、小西行長等都以為他入主大明國的計畫，只是嘴上說說，不會付諸行動，後來才知太閤自己挺當真。在家臣面前只有偶爾才提，但是對他身邊的妻妾侍女，幾乎每天都在唸叨大明國，引發他妻妾們的恐慌。」

國母語氣相當不好，問：「他妻妾恐慌什麼？禿鼠又不是要她們這群鶯燕去打仗！」公卿說：「原因是妻妾們認為，太閤若征服了大明，那麼大明國的美女一定勝過日本，屆時太閤身邊都會是漢女，她們就會失寵了！」國母冷笑了一下說：「不提他的妻妾，他本人現在有什麼具體行動？」答道：「據回報，太閤已經在九州，建城立砦，集結大軍，要朝鮮國王帶路，讓他攻打明朝。而朝鮮國王，知道這是假虢滅虞的故計，拒絕了太閤假道攻明的要求，看來進攻朝鮮與大明國，勢不可免……」

說到此已經有些發抖，國母嚴肅地說：「禿鼠就是禿鼠，不知道天高地厚！我一介女流，從未離開過日本，也都知道大明國土何止日本十倍！人口又何止日本十倍！當年中國還是唐朝的時候，大唐的太宗、高宗征伐四方蠻夷，甚至在高麗跟我們日本打仗，大獲全勝，最後還滅了高句麗與百濟，大有平定整個東方諸國的局勢。害得天智天皇在西日本建立『蛛網天羅，密網格局』，已經有了『抱敵入焚，化義重生』的最壞打算，怕唐朝入侵惶惶不可終日。中國到底為何物，又豈是他能明白的？」公卿平伏，不敢回復一語。

國母問：「權大納言方面，有何反應？」

公卿說：「遷封關東之後，執行治理領地任務，據說太閤已經承諾他，征伐朝鮮不會動用德川家的力量。以之暫時為守護日本的後備，替將來進攻大明國本土的時候，當後繼的力量。也就是太閤還沒有打到大明國本土之前，就不會動到他的軍隊。而聽說九州的小西行長，與對馬的宗義智，對此次軍事行動頗有恐懼。早在前些年，與太閤糾纏朝鮮王帶路的時候，就不斷私下抱怨。」

國母喃喃自語：「後備……抱怨……」忽然醒神說：「把這一切事情告知主上，並轉達我的意思，密切關注小西行長、宗義智、德川家康三人。另外，太閤的夫人寧寧，我要修書一封過去表示慰問，你先替我準備禮物。」公卿平伏稱是。

國母又接著道：「十年前才解決一個叛逆不受馴的猛鷹，現在又來一個瘋狂不受教的禿鼠！日本局面如何變化，我一介女流是沒辦法管了，但皇家決不能受牽連！大不了逼到最後，就把他禿鼠，當年與明智光秀如何串謀的秘密，全部抖出去，看誰死得快！」

森六郎此時已經收拾好茶具，也把潑灑在地上的茶汁擦拭乾淨，恭敬地退下。

森六郎此時才知道，原來大明比日本大。在他幼小的心中，起了陣陣的漣漪，原本以為日本是天神之國，就是世界最大的中心，原來還有比日本更大的地方，森六郎很想去看看，即便只是看一眼。不過他年齡雖小，也知道這個想法，目前是不可能辦到的。二條城，已故誠仁親王住所。

此時的天皇，為死後諡號後陽成天皇者，名曰周仁，來到父親住過的家宅，這裡曾在本能寺之變時，遭過兵燹。織田信長的長子織田信忠，曾經在此躲避，誠仁親王在『收到』明智光秀通知後，趕緊離去。接著明智光秀軍才開始進攻，把信長的長子也殺掉。信忠等於間接亡於其手。之後親王之子繼位天皇，親王受封陽光院太上天皇。

經過整修後，天皇周仁坐在和式屋內品茶，看著院內的庭園雪景，並與一位不知名的茶僧談論茶道，只聽到他以漢語歌頌了一段：「其政悶悶，其民淳淳，其政察察，其民缺缺。」然後張開摺扇，緩緩地說：「老子這句話，不就是現在日本國與中國大明朝，兩者的實際情況嗎？天道的演繹又將進入什麼階段呢？朕又能看得到嗎？」說罷長嘆一聲。

此時，白面公卿受了國母之命前來拜謁天皇。茶人馬上退到屏風後面，但並沒有離去。

公卿轉告國母意思後，周仁只冷冷問：「你對此事可有評論？」

公卿有些惶恐，平伏著回答，結結巴巴地說：「這……臣不知……臣不知該如何評論……」

周仁顯得有些無精打采，緩緩說：「你都沒意見，朕又如何能有意見？相信過不久，太閤就會上奏給朕，朕就得以他的意見為意見。到時候閣下之輩，都可以封口不必再有意見，也挺省心。」

公卿知道天皇此語的言外之意，就是：爾等再不發表意見，拿出一個具體的策略出來，政權就永遠要歸太閤，而皇家就準備替他受災！

白面公卿竟然滿臉通紅，喘口氣，謹慎地說：「臣是有意見，但不知道陛下是否認同？」周仁仍無精打采，輕聲地說：「你不說，朕能認同什麼？」

聽似棉軟，卻十分有力的話語，逼得他不得不說，公卿說：「喔，是，那臣就奏……」深呼吸一口，轉一下思緒，緩緩慢慢地說：「臣以為……先前的勸阻計畫都已經失敗，太閤進攻朝鮮之事，已經不能阻止。如今現實之勢，武家決定的事，公家無法阻止，公家決定的事情，武家卻可以不顧，我們不可能擺明與太閤站對立面。否則太閤的矛頭就轉向公家。既然朝鮮為大明國的屬國，太閤動兵，必然驚動到大明國。即便大明國可以不干涉朝鮮，但太閤真正目標卻是進攻大明，所以日本與大明遲早會有一場激戰。這與先前日本國內的諸侯混戰不同，此戰若是沒有處理好，將會是影響日本前途，甚至是影響日本存亡的大事。」

語畢，沉靜片刻。天皇在他說話時已經閉上眼睛，看不出是打瞌睡還是仔細聆聽。忽然睜開眼睛問：「然後呢？朕正在聽。」

公卿說：「臣已經上奏完畢。」

周仁冷冷一笑，說：「說你也是出於勸修寺一門，朕娘親家最幹練的人才，怎麼盡說些，天下人都知道的事情……」公卿低頭道：「臣愚昧。」

周仁嘆氣說：「沒有悟性，罷了，朕直接問你吧！你認為太閤勝負若何？」

這一問反讓公卿又結結巴巴，說：「臣以為……勝負難料……不……日本有八成勝算，大明國只有兩成。」

周仁呵呵一笑，這笑聲雖不大，卻頗為綿長，可以有片刻之久，讓公卿啞口難言，天皇甚至打開了手中的摺扇，外面雖下雪，摺扇卻開始搖晃，顯得風采。緩緩說：「罷了！罷了！你還是別跟朕說，跟朕身後的好友，靜光師父說說吧。他會指點你下一步該怎麼做。」說罷天皇起身離去，屏風後面的是茶僧，法號靜光。戴著頭巾，身穿僧服，卻還留著鬍子，年約七十多歲。

這和尚與皇帝的組合，模仿自忽必烈與劉秉忠，也模仿自朱棣與姚廣孝。

靜光仍然隔著屏風與公卿對話。

靜光道：「陛下已經離去，你該把心裡的話說出來了。」

其實這人反而讓公卿更加恐懼，不過事已至此，代表天皇一定要問清楚自己的內心想法，只好坦然地說：「法師，請原諒在下剛才在陛下面前失言，實在是因為不知該怎麼說。」

靜光說：「我佛慈悲，大人現在就明說了吧！天皇與拙僧都不會追究。」

公卿仍然平伏地說：「是的，在下以為，日本毫無勝算可言。豐臣此舉正如國母所言，輕謀至極。」

靜光隔著屏風小聲地說：「不要提國母的看法，我要的是你的看法。為何日本毫無勝算可言？說說理由。」

公卿終於緩過氣，嚴肅地說：「在下以為，日本毫無勝算的理由有三。其一，孫子兵法有云，知己知彼百戰不殆。而太閤完全不知大明國的實況，全憑小西行長、宗義智與諸多商人的片面之言，這就已經完全失去戰勝的先機。其二，即便事後太閤從其他管道理解了大明國，也即使朝鮮王遂了太閤的意，願意聯合日本共同進攻大明，兩國聯合也不是大明的對手。朝鮮多年廢弛武力，積弱不振自不用說。大明國國土廣大，人口眾多，資源豐富，況且實權統一在大明皇帝之手，累以多年，而日本剛從戰亂中平復，人心不定，即便最有實力的太閤，也未必能在日本全土說話算數，只是相互達到平衡的表象而已。例如權大納言大人，目前雖臣從太閤，但往昔曾經跟太閤交戰，如今也是互相提防。以亂來擊整，這種狀況下不可能有勝算。一旦大明國感受到威脅，動員後備大軍作戰，我軍將領就算驍勇善戰，也很難將之擊倒。其三……」

忽然靜光打斷他的話說：「等等，剛才你跟陛下有談到公武分體，現在跟我說到大明皇帝有統一的實權……這會不會也是你認為日本會敗的原因？」

批評公武分體可能會給自己帶來麻煩，所以不把話挑明。公卿心思，這和尚果然高竿，把自己拆開來講的話，竟然能組合回去意會。平伏著點頭說：「是的，不過接下來的第三點，才是最關鍵者。」馬上把話題又轉回來。

然後接著道：「其三，此次太閤出師無名。對朝鮮的百姓來說，這是赤裸裸的侵略，又加上那些將領長久在日本驕橫習慣，不受制約，將侵擾當地百姓，久而必激起諸多反抗。而對日本百姓來說，主動與大明國交戰，是沉重且多餘的負擔，久之必將厭戰。時間拖越長，這情況就越明顯，日本又哪有可能一下吃掉大明國？所以……日本毫無勝算可言。」

靜光哈哈大笑，逐漸走出屏風，跪坐於側座，雙手合十高聲地說：「大人見識果然不凡，太閤若有你十分之一的眼光，就不會做此春夢。」公卿皮笑肉不笑地說：「在下淺薄，靜光法師您過譽矣。」

靜光接著說：「拙僧跟陛下也討論過這件事，既然你有此見識，而且也取得與國母一致的意見，拙僧就不妨告訴你。陛下與我也早已清楚，太閤想要挑戰的這場棋局，其實已經是一盤死棋，甚至他底下的諸多大名、奉行都已經知道不可挑戰大明國，只有太閤與一群愚蠢武夫，不知道而已。既然公武分體並未改變，武家的事情我們公家不能過問，那就隨他去下這盤棋。但是公家有公家的打算，不能跟著他一起進入這盤死棋，被他牽扯進去，影響萬年皇統傳承的大計。所以接下來的事情，就請公卿大人代為運籌，天皇陛下與我，必然傾力支持。」

公卿問：「在下愚昧，不知道上意為何？」

靜光起身拿出棋盤，擺在公卿面前，公卿也起身與之對座。靜光先拿起，把黑子，灑在棋盤上，凌亂不堪，然後說：「倘若這棋盤是日本，黑子是太閤的一群隨眾，白子為我們可操作者，那麼我們的第一步子，就下在這裡！」接著拿出一顆白子，下在棋盤之外。

公卿見了頗奇，乍然還無法領悟這是什麼意思。其實這是在說，局內混亂不可動，則由局外來解之。看著靜光深沉的神情，他才忽然省悟，微笑著說：「在下明白了。」

次年，即日本天正二十年，同年年底，又改元為文祿元年，中國明朝萬曆二十年，元月。

話說豐臣秀吉在京都拜謁過天皇，上表征伐朝鮮，續攻明朝，『請天皇入唐，而為真正天下之主』。周仁天皇外表嘉許他的忠誠，對進攻中國，如德川家康一樣，沒有表達任何意見。豐臣秀吉便率領大軍向九州進發。

森六郎聽到了軍隊要去大明國，跟著大批的男女僮僕，趴在圍牆上觀看。他們天真的神情，被金輝閃閃的刀槍，光鮮亮麗的旗幟所感動，都高調歡呼，並不知道這些刀槍底下，將會捲起的洶湧波濤。經過的軍隊，看到皇宮的童僕們對自己歡呼，也都露出笑容，有些甚至高舉旗幟響應。

森六郎向來少言，但此時也克制不住好勝的童心，對一旁八歲的僮僕幸之助，吹牛說：「我媽媽以前認識過一個法師，他就是去了大明國當法師，受到大明國的天皇賞識。

這些軍隊去大明國一定會見到他，對他朝拜。他將來也會接我去大明國，當大明天皇的侍從。」不止幸之助，其他的男女僕婢們都露出羨慕的神情，對他的話深信不疑。

忽然侍女小松，在背後對著森六郎大喊：「森六郎！幸之助！快下來！跟我來！」

小松是女婢們的首領，直接聽從於國母，森六郎雖是男僕，也得聽命。

三人入了廊下，見國母而跪拜。

國母引三人，見了一位公卿，然後溫和地問候三人，從三人的家屬到出生都細細問了一遍。三人有些受寵若驚，森六郎與幸之助還沒省悟為何，以為是主人的關心，只有小松清醒地知道，這將有重要的任務交給他們三人。

國母對公卿說：「這三人年紀雖小，但聰明可愛，又各有長才，以後就歸你所用，務必將我皇兒交代的事情辦好。」公卿平伏地說：「遵命！」國母又轉而對三人說：「以後勸修寺大人，就是你們的主人。必定要像侍奉我一樣侍奉大人，以完成主命。」三人不知道主命為何，但是國母既然有令，遂都遵令而行。三個孩子內心充斥著歡喜，原因是可以離開沉悶又嚴肅的宮廷，有機會在外頭遊玩。

收拾了包袱，跟著勸修寺大人一路走到堺港。勸修寺大人對他們頗好，除了教導漢字與日文之外，就給他們自由地遊戲，甚至還有零用錢可以拿去花。在堺港等到福建商人的船隻之後，四人便借船順風，往九州出發。

堺港。

豐臣秀吉擺了茶宴，令小西行長前來，身旁還有堺港富商島井宗室，以及秀吉最愛的側室淀夫人。諸多侍女則在房外候著。

小西行長與宗義智兩家姻親，這幾年跟豐臣秀吉糾纏征伐大明的事情，不斷扯爛污。乃至宗義智的父親宗義調，聽了此事，也一起跳進來攪渾水，在他過世之前，還不斷對豐臣秀吉吹牛，說不用打朝鮮，憑他三寸不爛之舌可以勸降朝鮮王，令他當嚮導進攻大明國，很快就可以佔領北京，統御中國萬里江山。讓豐臣秀吉聽了大悅。

可是牛皮還沒吹破，宗易調就病死。這次豐臣秀吉在茶宴上，擺了許多千利休的遺物，以為暗示。小西行長當然知道，豐臣秀吉這是在告訴他們，膽敢阻擾他進攻大明，就會跟千利休的下場一樣。不過他早有準備，讓豐臣秀吉無法怪罪。

豐臣秀吉說：「我聽淀夫人說，你們兩人跟加藤清正在爭當先鋒，這是怎麼回事？」

小西行長微笑著說：「為了對大人表示忠誠，在下願意竭力死戰。先前出使的事情，說在下有怨言，這都是小人讒言，大人萬萬不可輕信。」

豐臣秀吉知道小西商人出身，圓滑多詐，加藤清正才是真正與他同心者，所以尚不願意讓他當先鋒，但也不潑他冷水，以免他日後在戰場上不盡心。於是笑著說：「我知道你等的忠誠。可是寧寧已經推薦加藤清正，我認為加藤善戰，當先鋒比較適合，你就不要爭。」這一說讓小西行長目瞪口呆，支支吾吾，難以啟齒。

淀夫人趕緊插嘴說：「大人，小西大人這次是有誠意的，請聽他把話說完。不然會寒了武將們的心。」他受寵妾影響，只好同意：「好吧，你說。」

小西行長趕緊挪移膝蓋向前：「大人，進攻大明攻下北京，號令天下，是這次戰爭的目標。若讓不忠於大人者，攻下了北京，那整個天下就不是大人您的！在下的意思並非加藤清正不忠，而是他不明白大人入唐大計的本意，攻破北京後，會讓整個大明天下，不是大人的！」

豐臣秀吉狐疑：「你這話有弦外之音……」

小西行長磕頭道：「小人若當先鋒攻下北京，必定扶大人坐上龍椅，讓您如中土宋朝的趙匡胤一樣，黃袍加身，登基稱帝，位居九五！您就是領導中土與日本，整個天下的皇帝！吾皇萬歲！」說罷磕頭。

此一語震動所有人，連淀夫人都嚇一跳，但小西行長這句話，一劍封喉，點中了豐臣秀吉的死穴，跳了起來，大喝：「彌九郎！不要胡說八道！」這讓左右侍女皆露驚恐狀。

小西行長這幾年，跟他糾纏征伐大明的計劃，早已猜出他內心所思，所以毫不恐懼繼續說：「大人！既然我們要征服中土大明國，就一定要知道中土之事！日本一直以來，都是一個皇家壟斷天下皇統傳承，中土則是一朝換一代，有實力的人就可以當皇帝，才能讓天下安寧！大人從尾張中村的平民起家，當過信長公的小廝，在日本身分卑微而平地崛起，永遠也不可能跟貴族公卿一樣，更不可能登基為皇。但是在中土歷史上卻不一樣，劉邦，朱元璋原本都是平民，最後當了皇帝！太閤大人既然要入唐，為何就不能當皇帝？吾皇萬歲！萬歲！萬萬歲！」繼續拼命磕頭。他這最後這一招，是跟中國的商人學來的，模仿地十分地傳神！

豐臣秀吉瞪大眼，全身癱軟，頓然坐下，喘氣不止，手不斷發抖，淀夫人趕緊安撫著他的背，替他順順氣。豐臣秀吉顫抖著手，指著他說：「彌九郎！你胡說！你……這是跟誰學來的？實在膽大妄為！這實在大逆不道……你……小心我殺了你……」話雖這麼說，但是臉上卻毫無憤怒，還露出了一絲笑容。

小西行長見他露出笑容，便絲毫不顧忌，繼續說：「大人！不！萬歲，中土大明的典章制度您知道！中土天下的大勢您知道！中土的歷史您也知道！只要打到皇城，定鼎中原，就是天子，就是皇上，哪怕是平民一樣可以當皇上！我聽大明國的商人說，中土大明皇宮三宮六院，如同一座城池，三千美女，數不清的金銀財寶，十幾倍以上的日本國土，誰進了北京城都會心動的！若是給不明大人心意者得到，讓他們跟中土漢人串成一氣，那他不是自立為皇，就是讓當今日本的天皇，享有了這一切！大人這一切到底替誰在忙？替誰在打大明江山？難道要應了中土天朝人常說的：『馬打江山，驢坐殿？狗拼天下，狐當權？』臣下替萬歲不值啊！您在臣下的心中，才是該披黃袍當皇帝的人！您應該要自稱朕啊！吾皇萬歲！」

淀夫人聽了大感害怕，怕豐臣秀吉有了三千美女，自己頓然會被打入冷宮。趕緊插話說：「小西說的對！到時候大人您一定要讓小西當太政大臣，妾身當皇后！妾身與小西大人才是體察您內心的自己人！」

小西行長說：「是啊！聽說中國的皇帝有太監，是閹割過的男人，不會碰皇帝的女人。而這些太監，到時候也可以伺候夫人……不，伺候皇后陛下您！皇后娘娘千歲千歲千千歲！」於是也對淀夫人來一套中國之禮，淀夫人喜上眉梢，開始幻想中國皇宮內，美麗的一切。

豐臣秀吉面色雖嚴肅，但內心大喜，緩緩坐下，瞪大眼點頭說：「這些話，你出了這門之後就不要說！不……以後都不要再說！不……除非打下了北京，不然不要再說……這次征伐朝鮮，朕就命你……不，我就命你當先鋒了……」已經面露喜色，不小心自稱為朕，但頗有坐立不安，全身發抖。以前他在粗暴的織田信長面前，都沒有如此緊張過，今天卻莫名其妙，開始緊張害怕，但又興奮之情難以控制。

「叩謝吾皇！」喊完之後，於是平伏退下。

當年豐臣秀吉在織田信長面前，爭取未來進攻大明國的先鋒，是為了邀寵。而這次小西行長在他面前，爭取進攻大明國先鋒，就不只是邀寵，更是為了要搞鬼！

小西行長之所以會說這些，全日本人都不敢說的話，原因是一個多月前，他在京都見到了朝廷敕使，即官居右大臣的菊亭晴季。這右大臣主動找他，說是談論茶道商機，實際上另有主旨。

以下是一個多月前兩人的一段對話：

「攝津守大人，我怎麼看您滿面愁容，似有心事。」

「菊亭大人……您官居右大臣，與太閤大人親善，應該知道太閤現在正計畫入唐，要動員全日本各大名的軍隊，進攻中土大明國。」

只見他微笑地說：「略有所聞。」

小西行長看到他一副事不關己的樣子，內心就一股火。

「您這話就不對了！這可不是過去日本國內各諸侯之間的戰爭，而是件大事！怎麼會只是略有所聞？朝廷應該比我們武家還要清楚，太閤一心想入唐的真正目的。這樣扯下去，我等肯定是要戰死沙場，朝廷也未必會比我們好過。希望大人能與石田治部合作，幫我等勸勸太閤，扭轉事情的走向，也權當救在下一命！」

此語一出，代表已經可以切入重點了，仍微笑說：「聽說攝津守大人您與對馬守，因為糾纏出使朝鮮的事情，被太閤懷疑，認為你們跟他不同心。在下認為您驍勇善戰，未必會戰死沙場，而是太閤的疑心才真正可怕。我建議您先解除太閤的懷疑，讓他信任於你，而後到了朝鮮，兵權在你手上，就是自由的天空，朝廷要幫助你，才有可能辦到！不然我們縱有此心，也無此力啊。」說道此，笑容滿面眼神一斜，小西行長似乎聽懂了暗示……

便追問：「大人！陛下是否有上意？」

搖搖頭笑著說：「您別急，這跟陛下無關，純粹是我個人的建議。但攝津守大人見識比太閤廣闊，陛下遲早會支持攝津守大人的。」

小西行長嚴肅地點點頭，他能意會此語，繼續追問：「我該如何先解除太閤的懷疑？」

答道：「很簡單，爭當先鋒！」

這讓小西行長嚇了一跳，趕緊說：「大人！要我當先鋒？這不是讓我跳火坑嗎？大明國的軍隊不只有火槍，還有眾多火炮，大明國的士兵聽說都人高馬大！個子都比我們日本人高一個頭！這怎麼能說是要救在下？」

他哈哈大笑地回答：「攝津守大人您是知情者。朝鮮不可能幫太閤帶路，所以大軍一旦開拔，必然先跟朝鮮軍隊作戰。朝鮮軍隊羸弱，必然不是你的對手，所有的功勞就你先包辦。等大明國的軍隊來援，日本國內的其他軍隊不也已經開赴朝鮮了嗎？大人屆時只要堅守城池，把主要戰役丟給別人去打，自己伺機而動，你的安全不就有了保障？太閤大人必然也更加信任閣下，朝廷到時候自然會有動作，跟攝津守大人相互配合，扭轉眼前這盤死棋。」

這以鄰為壑的投機之計，已經打中了商人出身的小西行長之本性，於是大喜，追問：「如何爭當先鋒？」答道：「一方面找太閤的寵妾淀夫人幫忙，另一方面你專挑太閤內心想要的事情來說，這樣他肯定答應你的先鋒之請。聽清楚了嗎？專挑太閤內心想要的事情說……」言及此，斜眼微笑看著他。

他小聲地問：「太閤內心想要的……不知……大人您認為，太閤想要什麼？」

「剛才你不對我說過，朝廷未必比爾等武家好過？代表你也知道太閤內心所想。不就是北京天朝皇宮裡的那一張龍椅嗎？我言及此，你就該明白了。」

於是點頭道：「感謝大人提點！」

答道：「這是機密，出了這門，我所說的話概不承認，攝津守大人要好自拿捏。」

小西行長點頭應命，遂求見豐臣秀吉的寵妾淀夫人，爭取當先鋒……

話說他爭到先鋒位置後，回自己的領地調兵。

九州肥後國，宇土城外。

軍隊即將開拔，信仰基督教的大名小西行長，被任命為第一軍團長。將與其他八個軍團及諸多水軍，一同開赴朝鮮。全副武裝身戴十字架，神色卻是十分不安。

宗義智在這先與小西行長會面。宗義智一進軍帳，小西就很有默契地遣退左右，進行兩人密談。宗義智急匆匆，見旁人離去，開口就道：「岳父大人！這下看來太閤是玩真的！接下來怎麼辦？」

小西行長氣喘吁吁，手握十字架道：「你問我啊？我怎麼知道怎麼辦？他瘋了！」

宗義智也怒氣沖沖地說：「去年他派我們告知朝鮮王，要朝鮮王當攻伐大明國嚮導的時候，岳父你怎麼說的？你說，太閤只是隨口說說，不會當真，只要我們兩邊不得罪，回頭說朝鮮王同意當嚮導，太閤有了面子，攻伐朝鮮與大明的計畫，在諸多家臣的反對下，自然就會擱置，不會影響到我們的貿易。現在太閤發現真相，降罪下來，您還在淀君夫人面前不斷表態，自願當先鋒以釋嫌疑。難道真的要一路衝鋒打到北京？太閤大人與你，自認為有這本領，我可沒有！」

小西行長雖在編制上節度宗義智，而且也是宗義智的岳父，但是與朝鮮的事情都靠宗義智，將來要與大明國打交道也得靠宗義智。況且先前豐臣秀吉發現真相，降罪下來時，自己差點害宗義智被質問，要不是島井宗室在豐臣秀吉面前攬過，他早已經沒命，所以他出言不遜，也只能忍受。

小西行長先緩頰道：「你何必這麼急？據我估計，這場戰爭除了主計頭、左衛門大夫等武治派大名，跟著太閤興緻沖沖之外，沒人看好這場仗，所以這場仗打不贏的。」

宗義智苦臉地說：「有太閤跟那兩個莽夫，就足矣！我對馬島跟朝鮮貿易頻繁，知道朝鮮的虛實，朝鮮武力廢弛，沒有力量抵擋太閤的猛攻。所以我怕的不是朝鮮，而是朝鮮身後的宗主大明國！要是引火燒身，第一個倒楣的就是對馬島還有九州！當年連足利大將軍，以及大內家族，都對大明稱臣，我們擋得住嗎？」

小西行長道：「這你不用怕，我聽不少漢人說，大明國昏君輩出，現在的大明國聲勢已經大不如前。」

宗義智更急了，皺眉頭說：「就算是昏君，當我們打到他眼前的時候，他會不抵抗嗎？況且大明國國土與人口，遠超過全日本，而且大明國皇帝是有實權的！全大明國都聽皇帝一人，你認為我們全日本國上下，都會對太閤言聽計從沒有貳心？至少德川家康，還有你跟我就不是！」

小西行長轉而不耐煩地說：「好吧！那你說該怎麼辦？」

宗義智見他已經軟化，方才執女婿之禮，跪於小西身前輕聲道：「稟告岳父大人，我認識一個長期定居日本，娶了日本妻的大明漢人，名叫鄭四，他介紹了一個通曉日語的大明商人，名叫沈惟敬。沈惟敬雖為商人，但與大明國的中央官員頗有往來，深知北京官場之事。這人可以為我們所用。我們既然當征伐朝鮮的先鋒，而不少人勸太閤坐鎮九州，不要親臨戰場，那麼我們就等於控制了半個戰局，以此為基礎，再與他們合作，未來的事情就可以有所運籌。」

原來小西行長有暗算，他的女婿宗義智也有陰圖。而且青出於藍，還勝於藍，小西不過是跟朝廷暗搭，這女婿竟然已經跨海，與大明國的官商通上氣了！

小西行長微微點頭，若有所思，他似乎感覺道還缺少些什麼。喃喃自語說：「商人沈惟敬，這我一定得去認識……不過這作生意啊……你火候還不夠……」這話說得有點油腔滑調，露出商人的本色，一點也不像基督徒，然宗義智早就習慣這位岳父的口氣。

他說：「岳父大人何出此言？假設這場仗太閤贏了那倒真好，大家都有領地可以分。但若這場仗到最後，若是引火燒身，大明軍隊開進我們日本，難道我們要跟太閤一起玉石俱焚？替太閤玉碎？別開玩笑了！當然要有人能在北京替我們說話。」

小西行長搖搖頭，不過嘴上卻說肯定語句：「我同意你說的，但是這就像作買賣，貨源與買主兩端都要抓得穩，無論出了什麼差錯，這買買才不會虧本。就算你說的沈惟敬，可以幫我們抓緊大明那一端，出現引火燒身的狀況時可以使用。可若戰爭情形不是這樣，日本這一端誰來幫我們抓？你我充其量在九州與對馬有影響力，但攸關整個日本還有太閤，有誰能幫我們處理得四平八穩？要是沒有這一端的人幫襯，我們私通大明國的人，被太閤知道了，那不得用通敵罪名來處死我等？」

這回換宗義智為難了，張口結舌：「這……」這下兩人都懊惱矣。

忽然小西行長的父親，小西如安進入營帳，聲稱京都有人想求見，行長正與宗義智傷腦筋，喊了一聲：「不見，轟他們走。」沒想到如安說：「這你可不能不見，他們是重要的貴客，京都的要人！」

這一說，反而讓正在苦惱的行長與義智兩人，為之頓開。兩人同時感覺到，自己苦惱的問題，可能就是這貴客可以來幫忙！小西行長想到菊亭晴季的暗示，趕緊起身說：「快快有請！」

一進帳門，竟然是一個老頭、兩個男童與一名少女。正是朝廷公卿、森六郎、幸之助與小松。小西不理會後面的小子們，仔細看了老者，這正是國母的遠房堂弟，勸修寺隱真。

小西趕緊上前行禮，勸修寺隱真趕緊道：「攝津守大人不可！在下沒有官職在身，您仍上座！」小西行長曾到京都與他有一面之緣，一時還叫不出名字，但知道他是皇親。

眾人坐定位，隱真說：「多虧如安大人安排，我才能見到攝津守大人。」

小西行長露笑容，只好先恭請如安入座。接著問：「我在京都似乎見過您，您是勸修寺大人？」隱真點頭說：「正是，在下勸修寺隱真，當今天皇之母，是在下的遠房堂姊。」小西微微點頭示禮。然後問：「請問大人來此找在下，有何見教？」勸修寺於是說了一些官方客套話，當中還夾雜了些漢語。

小西顯得有些失望，不耐煩地說：「在下現在受太閤之命，即將領軍出征朝鮮，若大人要談京都的茶道風月，恕在下不能奉陪。得告辭了。」

說罷正要起身離去，勸修寺忽然說：「迷途的羔羊，耶和華的使者已經出現在你面前。對於神的使者卻視而不見，難道不知道福音已經降臨？」

小西頗為一奇，公卿怎麼會說基督教的用語，坐下微笑說：「大人也相信基督教一神理論？」勸修寺答道：「沒錯，我信一神。但這個神是天照大神！我挑明說吧，福音就是天皇陛下給你的！」

小西行長此時內心，又一驚且一喜。驚的是，天皇怎麼會這麼快就注意到自己？喜的是，自己剛才與宗義智苦惱的事情，可能將有眉目了！於是看了如安一眼，如安微笑著對公卿移動下巴，向行長示意。

於是行長趕緊下座，迎勸修寺上座，包含如安、義智與三個跟從的小孩，全都平伏在地上。勸修寺於是上座宣讀詔書：「告我忠臣，小西攝津守、宗對馬守。查當今天下大勢，強臣淩逼，亂臣造禍，日本國已臨危機，百姓生靈塗炭，大禍隱隱將出。朕雖身居後宮，失政日久，然忝為日本萬民之主，又豈敢忘皇祖皇宗基業傳承？特令勸修寺隱真為敕使，助爾等一臂之力，護我神州皇基不滅，咨爾愛卿，宜悉朕意。」

小西行長帶頭平伏磕頭，恭敬地道：「臣謹遵敕令！」

小西行長如獲至寶，但當他要拿勸修寺手上詔書之時，勸修寺卻只給他亮眼閱覽，手卻不離詔書，閱覽完畢就收回。小西正要說話，勸修寺卻先說：「陛下知道小西大人與宗大人，對太閤此次動兵頗有意見。所以要先探一探兩位大人，是否對日本出於忠心，不然天皇也不能將此詔書給你，更不能明確表態。」

小西行長與宗義智頗為驚訝，天皇怎麼會知道，自己對太閤動兵有所不滿？小西行長一方面要保護自己，一方面恐懼豐臣秀吉知情，嘴上否認說：「陛下誤會了，這是讒言！大人要替我澄清啊！我們豈敢對太閤有所不滿？」宗義智同聲答喝。

勸修寺呵呵一笑說：「兩位大人去年回報太閤，說朝鮮王同意替日本軍隊開道充當嚮導，一同進攻大明國。稍具常識的人都知道，朝鮮王不可能站在日本這邊去對付大明國。兩位大人卻做出這種反常舉動，不怕太閤起疑？今天卻說不敢有所不滿，那就是懷疑陛下的聖斷囉？」

小西行長吞吞吐吐地說：「不，臣不敢質疑陛下聖斷……況且，我等也爭做先鋒……只是這武家與公家……」勸修寺一聽就知道小西想說什麼，立刻反駁道：「現在已經不是武家與公家的問題，而是日本國與大明國之間的問題！牽涉到外邦，難道天皇要置若罔聞？武家的事情或許公家不過問，但請問到底誰才是代表日本的一國之君？」

小西行長趕緊平伏，所有人也都跟著平伏，說道：「一切聽從陛下旨意！遵從上卿指示，誓死不渝！」其實這正中小西行長等人的下懷，他苦惱的日本這一端買賣，已經有人可以幫他抓住。如此，這天皇詔書才交到小西行長的手上。

於是眾人一同謀略，讓小西如安，為行長與義智這一邊的連絡點，而森六郎等三人為勸修寺的連絡特使。義智看出了天皇也反對與大明開戰，於是把鄭四與沈惟敬的事情也告訴了勸修寺。勸修寺暫住於小西行長所居的宇土城，寫信將鄭四與沈惟敬推薦給在京都的靜光法師，於是小西行長與宗義智懷著異心，隨征朝大軍出發。

日本天正二十年即文祿元年，中國明朝萬曆二十年，四月十四日。

豐臣秀吉在與朝鮮君臣往返通信，相互猜忌無果之後，大舉動兵。日本人軍從朝鮮釜山登陸，然後一路向北進攻，朝鮮良久沒經歷戰爭，軍備廢弛，根本不是日軍對手。五月二日，攻克王京漢城。六月十五日攻佔平壤。朝鮮王李昖逃到北部邊境義州，拼命向明朝求援，甚至表示願意內附中國。

早在攻佔漢城的捷報傳來，豐臣秀吉就高興得跳腳，開始計畫攻佔北京之後的官職與領地分配。首先，請天皇遷都北京，劃分北京周圍的十個『國』由天皇御用。把全中國、全日本與全朝鮮的領土劃分，朝鮮與日本之地賜給部將，每人都可以擴大將近十倍之土。而全中國除了御用之地，其餘皆歸自己直轄。命豐臣秀次為大唐關白，日本關白考慮羽柴秀秋或宇喜多秀家。朝鮮的總覽事務讓羽柴秀勝統領，為防止被懷疑功高震主，先謙虛地表示，攻佔大明國之後，要在寧波隱居……日本將從狹小島國變為擁有大陸資源的大國，以為一千多年來，未有的契機終於掌握住了……只要日本遷都成功，政治佈局大改變，當全土漢人發現是他豐臣秀吉才是有實權者，必然一窩蜂把黃袍披在他身上，屆時就是他廢掉天皇，自立為皇之時。

九州名護屋。

由於主要大名都去了朝鮮。各大名所屬家老重臣，紛紛來向豐臣秀吉道賀。甚至有巧匠能工，已經把豐臣秀吉在寧波的住所，以及北京的住所的施工草圖，都已經畫好呈到他的面前來，弄得一片喜氣洋洋。他坐在一個從中國買來的椅子上，冷冷看這他將在中國住所的施工圖。原本會跳樑嬉鬧的豐臣秀吉，現在突然沉穩莊重。

兩個侍從先展開了一張在寧波的和式房子，只見他輕瞄一眼，微微點頭，但這點頭的幅度小到眼睛快看不見。但侍從看得懂，馬上命人呈上另外一張在北京的住所施工草圖。

展開在他面前，豐臣秀吉冷冷翻了白眼，短短嘆一口氣，然後閉眼不言。眾人平伏在底下，看出他對在北京住所的草圖不滿。

「還不快下去重畫！」旁邊的侍從對造匠這樣大喊。

正當造匠收下草圖……

忽然豐臣秀吉開口，語調緩慢：「這算什麼建築物，北京的圖，你，不用畫了……」

造匠嚇得要死，平伏直呼大人恕罪。

正當侍從要命左右把造匠抓去監牢，忽然豐臣秀吉又開口：「不關他的事。」

武士們才鬆手，平伏看著豐臣秀吉。只見豐臣秀吉仍然閉眼嘆氣搖頭，不發一語，弄得在場所有人都面面相覷，很是尷尬。

於是他先呵呵哧笑，然後說：「我在北京要住的地方，唐人早就建好了，你們就別費事了。哈哈哈。」接著大笑了出來。在底下的造匠才長呼一口氣，大家內心都以為，他要住大明國宰輔的官邸，紛紛恭賀。

大坂城淀君住所。

大家以為豐臣秀吉要住宰輔官邸，但淀君內心知道，他們要住的可不是宰輔官邸，而是紫禁皇城，皇帝配天而居之所。聽大明商人說，北京皇宮皇帝住「乾清宮」，皇后住「坤寧宮」。淀君現在死死要盯住那個「坤寧宮」。但萬一打入北京後，豐臣秀吉搶了大明皇宮的公主，立為皇后，住在那邊的就不是自己了。為此，不禁又悲從中來，差點哭了出來。

既然無法真的先跑到北京，來盯住「坤寧宮」，就會先在日本，將豐臣秀吉牢牢盯死！

此時淀君的三妹淺井江，以及大政所寧寧夫人，一同來此與淀君見面。見到二人，關上所有房門，遣退侍女，淀君劈頭就哭了出來，二人不斷好言勸慰。

淺井江說：「放心吧！太閤殿下入了北京後，你肯定會是皇后的。」寧寧說：「是啊！我跟殿下這麼多年，從貧賤到富貴，他不會甩掉正室的。」

淀君說：「事情沒那麼簡單！兩年前我就告訴過妳們，他入唐就是想甩掉天皇，自己來當皇帝！」

寧寧說：「沒料到，他竟然跟信長主公一樣，想要甩掉天皇，到北京自立為皇。他跟我說要繼承信長公遺願，原來就是這個。」提到織田信長，淺井江便低聲：「舅父大人……」然後勸慰淀君說：「大姐，朝廷的國母派人來到我這，她讓我轉告妳……」

說到此，淀君嚇了一跳，打斷道：「什麼！朝廷？殿下不是上奏，說攻下北京要擁護天皇入主嗎？他們怎麼會知道殿下入唐的真正目的？」

淺井江苦笑著搖頭說：「他們不知道，國母是派人告訴我，請妳與德川大人，各自寫信給太閤，勸太閤不要親臨朝鮮，等大名們打下北京後，一起移駕過去。」

寧寧也說：「是啊！我也收到國母的旨意，要我勸他留在日本等消息。但他不肯聽我的，所以我來找妳一起寫信去勸。」淀君問：「國母為何要太閤留在日本？」

淺井江說：「朝廷是怕太閤戰場上有意外，日本天下無人掌管，到時候又會大亂。而國母則是體恤了我們的內心，說萬一太閤入了北京，一定會仰慕漢女，大姐妳肯定失寵。」

說到此，淀君又痛哭了出來。

淺井江接著說：「所以國母說，若我們跟德川大人，前田大人等諸多大人，串成一氣寫信過去，把他挽留在日本。那麼太閤身邊的耳目，就不會被別人趁虛而入，那些戰場上的大名，搶到的美女，送過來時，大姐就可以全部將之拒於門外。就算太閤入了北京，只要盯住他的身邊耳目，大明美女就不會靠近太閤了。」

淀君說：「要是他主動問起大明美女怎麼辦？」寧寧笑說：「傻瓜，國母大人轉告我了，若左右耳目若都妳來控制，妳就送一些醜陋的女人進來，讓他以為大明都是醜女，那麼就不可能爭寵了。」淀君終於想通，點點頭說：「國母真了不起，大姊您也海量，能體恤我的心意，結果殿下還要自立為皇，我還想為后，這真是慚愧。好，我跟大家一起寫信，要他留在日本！」

於是從各大名到身邊的愛妻寵妾，紛紛寫信給豐臣秀吉，陳述各種理由，要他留在日本，各種原因夾擊之下，豐臣秀吉只好放棄親臨朝鮮。

這等於中了朝廷之計！只要豐臣秀吉不到前線去，那麼天皇在中國大明與朝鮮戰場上佈下的局，就不會被豐臣秀吉打亂。而且豐臣秀吉的戰略指揮，將可被前線的將領隨意更動，或造一些似是而非的理由隱瞞他，讓他無法辨明真相。

京都二條城。

靜光法師，仍在已故的誠仁親王住所，但此時庭園中的景緻，已經不再披著白雪，而是花紅草綠樹木成蔭，還有蟲鳴鳥叫，溫暖宜人。

只剩他獨自誦著經文，不過內心的情境卻與外觀不同，心繫遠處朝鮮國土上的修羅殺戮。突然停止了經文，轉而自語道德經：「不出戶，知天下，不窺牖，見天道。其出彌遠，其知彌少。是以聖人不行而知，不見而名，不為而成。」尤其最後的不為而成，加重了語氣。

他手下一個小沙彌來通報：「師父，一個大明國來的和尚來拜會，說是來交流佛法禪學。」靜光停止了手上的木魚敲響，雙手合十禮佛，轉身道：「有問他法號嗎？」小沙彌回報：「有，自稱是了空禪師。」靜光點頭說：「請他進來。」於是一個滿臉橫肉，舉止粗魯，氣質鄙俗的光頭和尚進入，靜光遣退小沙彌，與這自稱了空禪師的人會談。

靜光說：「許久不見，了空禪師仍無恙，幸甚幸甚。」

這身穿袈裟的了空，皺眉頭用日本話說：「法師見笑，哪來什麼了空禪師，您就直接稱我本名，鄭四就可以了。」靜光哈哈一笑說：「還是了空好啊！」鄭四揮揮手說：「隨便啦！先前法師吩咐我的事情，已經辦妥當，沈惟敬已經跟小西行長接上頭了。您交代的下一步，還在等待時機到來。」

靜光問：「勸修寺與小西，知道你熟識京都情形嗎？」這句話隱藏著言外之意。

鄭四微笑著搖頭說：「法師放心，他們不知道，連沈惟敬我都沒告訴他。為了來京都不被人知，你看我都剃光頭、刮鬍子，與上次跟您見面的時候，相貌截然不同。」

靜光點點頭說：「這樣甚好，永遠別讓他們知道。我只是要測試他們是否忠懇任事，肯把你的事情回秉於我。至於下一步，時機早已經來臨，還希望『了空禪師』能幫拙僧辦好？」

鄭四疑惑問：「這麼快？要我找誰？做什麼？」

靜光說：「此人原為博多商人，已經來了京都，太閤最早的時候曾派他到朝鮮，叫做島井宗室。從朝鮮回國之後，因為反對太閤出兵朝鮮，而被貶抑。接下來的工作就是此人。至於具體執行方法，會有人主動與你接頭，告訴你該做什麼！」

鄭四雖氣質鄙俗，卻見識頗廣，微微一笑說：「法師所代表的人，是日本至高無上的天皇，我乃一外邦蝸居日本的鄙夫，何以將這麼重要的事情，交給我來執行？」

靜光面無表情地說：「大道至中，不偏不廢。佛法無邊，不鄙不棄。只有先拋棄一切自己的成見，才能進入到方方面面。要真正接近道，豈可有這種狹隘的國族迷思？」

鄭四微笑著先用漢語說了鄙俗的話，才用日本語道：「了不起！夠鳥！至少比我們大明的皇帝強！不過道理漂亮還不夠，希望您的獎賞也漂亮！您先前承諾的事情，到現在還沒影呢！」

靜光閉眼點頭說：「放心，就快有影了。只要事成之後，你歸化為日本子民，朝廷會動用各種關係，讓你成為三萬石的大名。」

話鋒轉向中國。

同年六月十三日。大明朝京師，北京，紫禁城。

一個身穿龍袍的三十歲年輕人，手持玉如意，慢慢走進偏殿內，口誦一詩道：「有官慵不選，有田慵不農。屋穿慵不葺，衣裂慵不縫。有酒慵不酌，無異樽長空。有琴慵不彈，亦與無弦同。家人告飯盡，欲炊慵不舂。親朋寄書至，欲讀慵開封。常聞嵇叔夜，一生在慵中。彈琴復鍛鐵，比我未為慵。」

接著，眾人下跪同呼：「吾皇萬歲！萬歲！萬萬歲！」

原來是內閣閣員，與司禮監幾位大太監，一同下跪，三呼萬歲。萬曆皇帝坐於龍椅，令眾人平身之後，司禮監掌印太監張鯨，與底下陳矩等數位秉筆太監，列於一側，閣員們則列位於另一側。

這年輕人正是大明朝萬曆皇帝朱翊鈞，他打了哈欠，伸了懶腰，自從萬曆十年張居正死後，他上朝的意願就很低。萬曆十五年開始，更沉溺於酒色，不郊、不廟、不朝、不見、不批、不講。開始了歷史上有名的『萬曆怠政』，將要挑戰他祖父嘉靖皇帝，二十年不上朝的記錄。掌握當時最強國的最高位置，卻昏昏沉沉只顧享樂，不願意理政。要不是寧夏的哱拜叛亂，與日本進兵朝鮮同時發生，可能危及大明朝的江山，他還真不想會見大臣。

他緩緩說：「剛才朕唸的是，唐朝白居易的詠懶詩，看破世事紅塵俗事之人，自然慵懶應萬事，人生真的沒什麼好急的。皇祖父二十年清修不視朝，不也正是如此嗎？大明江山反而更加穩如泰山，天下大治。」眾人相互對眼，心雖非之，但口不敢言。朱翊鈞說：「罷了，詠懶詩，並不是朕喜歡懶惰，而是另有快慢的領悟，爾等俗人怎麼能懂朕以慢治快的意境？爾等不是有事嗎？就奏吧！」

新任內閣首輔趙志皋起奏：「臣啟陛下，半月前朝鮮王李昖的乞援國書，連同臣蒐集東夷情報的奏章，都已送交司禮監，然迄今仍未朱批。臣斗膽再奏，日本平秀吉侵攻甚急，朝鮮八道具已淪陷，是否立刻出兵增援，望陛下聖斷！」

冷冷地答道：「朕知道了，哱拜的叛亂還沒平息，朝鮮又被倭寇入侵。爾等接二連三上奏，把事情說得像天塌地陷一般，到底給不給朕過過幾年的安寧日子？是不是張居正的前車之鑑還不夠？」

趙志皋聽了震恐，張居正病死之後，皇帝的怒氣驟然發洩，讓張居正後人全家被抄，關門餓死，下場淒慘。在這廷仗、文字獄、錦衣衛、廠吏橫行的大明王朝，就算是官職最大的內閣首輔，也要小心謹慎。趕緊下跪奏道：「臣有罪！兵戎乃國之大事，臣不敢專擅，煩擾聖上靜養，臣有罪……」

朱翊鈞苦著臉說：「好啦好啦！堂堂首輔，這大明朝除了朕，就屬你說了算。別動不動下跪。起來吧！」趙志皋起身道：「謝聖上。」

朱翊鈞接著道：「朝鮮的事，內閣意見如何？是否要送交廷議？」

趙志皋道：「內閣一致認為，琉球尚寧王遣使所言為實，日本平秀吉雖攻朝鮮，實欲圖中國。故當立刻出兵增援朝鮮。至於是否要廷議，當由聖上裁決。」朱翊鈞很討厭廷議，這會要他一直去上朝聽政，不能躲在後宮玩樂，轉話題問：「琉球尚寧王且先知日本動靜，怎麼朝鮮卻渾然不知？朝鮮突然告急，而且敗得這麼快，卿等難道不感奇怪？有否派人去朝鮮探查實情？」

朱翊鈞完全不知道，自己昏聵，朝鮮王比他更昏聵，甚至陷入黨爭內鬨。

趙志皋道：「禮部會同兵部，有派人實地探查。質問朝鮮國王與其臣屬，道：『貴國向為東國強者，為何突然失陷倭賊？』也問過：『既然貴國求援，為何不提幾月幾日何道失陷？發生什麼戰役？折損多少兵馬？哪些臣子死節？以供我天朝考核。』問完之後朝鮮君臣驚恐萬分。也曾有福建商人來報朝廷，平秀吉曾派使秘密前往朝鮮，兩國似有勾結之處。」

朱翊鈞瞪大眼問：「那麼兩國真有勾結？」

趙志皋接著道：「經再三檢驗，應當沒有勾結。朝鮮八道之所以突然失陷，在於措不及防，又朝鮮兵備長久廢弛，戰力羸弱。突然告警，君臣混亂只知北逃向天朝乞援。至於日本使者雖然確有其事，但要求已經被朝鮮王拒絕，並將日本威脅朝鮮的書信送交禮部。與此同時，兵部也派遣見過朝鮮王者為使節，辨別朝鮮王真假，且隨同畫師繪畫之後，在其國內找尋見過朝鮮王者，核對勘問。求援北逃要求入境之人，確實為朝鮮王本人無誤。故朝鮮與日本勾結，應屬訛傳。」

朱翊鈞說：「知道了，你辦事還算嚴謹，軍情緊急，暫不需要廷議。」於是轉看兵部尚書石星道：「石愛卿，你就統籌出兵事宜，發遼東之兵先遣救援。」

石星彎躬行禮道：「臣遵旨！」

九州博多，一艘商船進入港口。這艘船來自於大明福建的商賈，裡頭載了一個特殊的人物，就是靜光安排的沈惟敬，他穿梭於朝鮮戰場、日本九州、以及大明朝的京師石星家裡。

森六郎等三人，正在勸修寺住所後院玩耍。奇怪的是，這段時間除了教導森六郎與小松皇家禮儀，教導幸之助眷養信鴿，就沒有要他們做任何事。以為將要有一段時間住在九州。但沈惟敬突然的造訪，打破了這和諧與安寧。

沈惟敬與勸修寺隱真兩人，在密室內密談一個時辰，不知道說了些什麼，出來之後竟呼喚森六郎與小松兩人過來。便告訴他們說：「小松、森六郎。這位是大明國來的沈惟敬大人，通曉日語，你們兩人將跟著他前往大明國，他以後就是你們的主人，必須絕對聽從他的命令。」

兩人頗是一驚，自己本是日本國母的僕役，怎麼突然三轉四送，就要跟著一個異邦人離開自己祖國？同是驚訝，小松相貌美麗，帶了些恐懼，突然要跟著陌生異邦人走，深怕這異邦之人有所惡行。但森六郎卻帶了些歡喜，聽說自己母親生前，曾經想前往大明國尋找幻海法師，在背誦幻海所留文章時，多有中國唐土的典故，年幼的他充滿好奇與嚮往。而幸之助想到森六郎之前在皇宮牆上吹的牛，今天竟然變成真的了，對森六郎頗為崇拜。

兩人不敢回答，沈惟敬用日語對勸修寺說：「請大人放心，這兩人，我會保證他們安全的。」勸修寺鞠躬道：「麻煩沈大人了，事成之後，我們一定遵守貴我雙方的協議。」

沈惟敬剛開始帶著小松與森六郎離開時，兩人對沈惟敬頗為害怕，貌美如花的小松，甚至緊抓森六郎的手，即使如廁方便也不敢輕放。但等到登船出發後，發現沈惟敬沒有惡意，甚至會跟他們詼諧嬉笑，遂放開膽子。甚至小松在船艙見到沈惟敬進艙房，還有意抱上去大喊：「沈大叔！」森六郎也抱住沈惟敬的手臂問：「沈大叔，我們真的要去大明嗎？」沈惟敬笑著說：「當然啦！而且還是去大明國的京都喔！你們可以看見滿街的商店，有趣的戲劇，滿街的童玩風車，過節還有煙火鞭炮，最後還有大明國皇帝的皇城喔！」他努力勾起兩個小孩的興趣，要他們一同前往北京。

兩人開心得又抱在一起歡呼，他們知道日本人要出國幾乎是不可能，森六郎與小松都感覺，自己是最幸福的日本孩子。

大明京師，北京，兵部。

三人舟車勞頓，到了北京，對兩個孩子而言，這裡的一切都是令人好奇的。沈惟敬花大錢，先將兩個孩子安頓在不起眼的民家住宿，令他們暫時不可以離開。然後前去拜會兵部尚書石星。兩人行揖入座後，閒話家常一番，逐漸進入正題。

石星問：「沈先生，這次去日本，有查到上次交代的事嗎？」沈惟敬作揖答道：「稟告部堂大人，已經調查出來。確實無疑，不過蒐證還需要多下點功夫。」石星說：「閒話休說，我不妨跟你交個底，沈先生。聖上其實不太願意開戰，想多過幾年安生舒坦的日子，但是倭人不知我天朝上邦寬厚，竟然狼子野心，欲圖我中土。現在朝鮮還打得熱火朝天，你上次所說的談判議和，為時尚早。等時機成熟，我大明必然會與日本和談。總之你先把倭人的情勢，仔細調查來報便是。」

既然探出皇帝消極的底牌，心也就安生許多，沈惟敬道：「是的，部堂大人。在下盡力調查，過不些時日，把證據蒐集齊全之後再一併呈上，以茲談判運用。既然聖上想要和平，那麼戰場上的事情，得見好就收，不然雙方殺紅眼，會影響之後議和的問題。」

石星回答：「見好就收……這本部堂知道，不會讓朝鮮的戰事無限擴大。但是議和歸議和，日本挑事的人到底是誰？得弄清楚明白。不然這議和談判當中，要是出了什麼差錯，最後談判破裂，讓聖上龍顏大怒，你我都逃不掉！還是繞回剛才所言，先把事情求證清楚，你再來轉達議和之事！」

沈惟敬點頭稱是。政治基調先宣佈之後，兩人於是才切入其他的細節。

朝鮮戰場上。

明軍增援之前，朝鮮水軍名將李舜臣，就連續擊敗日本水軍。

明朝先遣部隊雖被擊敗，但在李如松率遼東主力快速馳援下，連續擊敗日軍，並且一路收復朝鮮的平壤城。小西行長與黑田長政所領部隊傷亡頗重，即便豐臣秀吉有命令，一定要死守住平壤。但在明朝軍隊激烈的火炮轟城下，小西行長才不願意戰死於此，急忙率軍突圍而去。明朝大軍遂佔領平壤城。

李如松節節獲勝，以為日軍戰力僅僅如此，又輕信朝鮮百姓說，日軍已經放棄漢城。為了搶頭功，遂把大軍安頓於開城、平壤休養，令查大受率數百人為先鋒，自己領親兵兩千騎，躁進追擊。雙方又再次遭遇，此地的日軍已經不是小西行長的投機部隊，先遇立花宗茂三千多名精兵，層層截擊，雖然明朝軍隊鎧甲厚過日軍，身材也比日軍高大，以此優勢，層層殺敗日兵攔截，但日軍戰術訓練精良，先鋒也已經傷亡過半，查大受不得不退回碧蹄館，與李如松合兵一處。

此地狹窄又多泥濘水田，不利於騎兵運動作戰。當李如松醒悟過來正欲後撤，已然太遲，小早川隆景、吉川廣家等率兵兩萬衝殺而來，宇喜多秀家、黑田長政又率兩萬從左右奔殺。即便明軍奮力作戰，又有李如梅從後另率兩千騎兵來援，但日軍善用地形伏擊，加之火繩槍精良，雙方傷亡相當，李如松等人以敗退告終。

此時日軍已經領教明朝軍隊戰力，遠比朝鮮軍強，不似朝鮮部隊那般無能贏弱。自身士卒除了個子較矮，還因日本本土缺鐵，足輕士兵只能藤甲保護，不若明軍全身鎧甲厚重。日兵只能以動作戰技，火繩槍支援，以維持均勢。故雖擊退明軍追擊，也不敢反攻平壤。

李如松也已知，日軍不是每一股都投機善逃，是有長久訓練實戰之軍，雖然明軍不斷來援，卻統帥職權紛爭，使他不願進兵。在摸清楚萬曆皇帝不想打仗的內心之後，便以兵強虛張聲勢，守於平壤，不再進擊。

而豐臣秀吉得到戰報，水軍敗於朝鮮，陸軍受挫於大明國增援，異常震怒，除了叫囂要親自出戰，踢散大明援軍，上疏天皇要求遷都，猛放大話要打到北京，最後躲著玩賣瓜遊戲，拿不出任何辦法。日本朝廷則不斷派敕使穩住他，勸豐臣秀吉不要去朝鮮！

同年九月，明朝遼東撫順城。

天蒼蒼，野茫茫，荒原上奔跑著一隻孤狼。上無爹，下無炕，他只能自強。

一群剃髮留長辮，年約三十出頭的兄弟，帶著一百多名隨從，牽著五百多匹馴養的馬，到此地與漢人做買賣。撫順馬市突然馬價飆漲，馬商來者不拒，一下就把這隊人所帶來的馬全部買走。

一行人坐在城中的茶棚裡，把整個茶棚坐得滿滿，甚至排坐到地下。此時雖已將入秋，不過陽光依然熾烈，眾人做好買賣之後，在茶棚閒聊。都奇怪今年帶來的馬匹，怎麼那麼快就賣光了，往年四處拜訪馬商，被嫌東嫌西，賣出三分之一算是好的。今年馬不論良莠，一次一價全部收購，讓大家既驚訝也開心。原來這些是建州女真來的養馬人。

一名帶頭年約三十三者，找來店家問：「店家，今年馬市大漲，到底怎麼回事？是出現戰爭？還是馬患瘟疫大量病死？」店家回答：「看你的裝束，是女真人吧？」帶頭者說：「是的，建州女真。」店家說：「難道你不知道，日本的倭寇去打朝鮮，一下就把朝鮮八道全部佔領，而且先鋒也打到女真境內了？朝鮮王逃到鴨綠江，求我們大明皇上出兵相救。遼東巡撫派副總兵五千人先去救援，聽說這第一批進入朝鮮的五千騎兵就慘敗，現在李成樑大人的兒子，李如松大人再率軍增援，勝負還不知道呢……」店家拉家常，一屁股說了一大堆，好不容易扯完離開，帶頭者感謝店家。

而後頗為驚懼，私下用女真話與眾人商議，除了他弟弟，還有其他五個主要夥計，都先圍了過來，其他夥計則站在外圍防止竊聽。說到這李成樑，頭目似乎對他頗為熟識。他對他弟弟說：「真怪了，朝鮮平安那麼多年，怎麼突然就被倭寇入侵？兄弟你看這倭寇，到底是騷擾還是真的要佔領朝鮮？」他弟弟說：「我看是真要佔領朝鮮。」在他弟弟身旁，有幾名與帶頭者，也是稱兄道弟的勇士，其中一人問：「為何會這樣判斷？」他答道：「額亦都，你沒聽到剛才店家說的嗎？第一批入朝鮮的五千騎兵就慘敗，還要動用到李成樑的兒子去開戰。以我看來，這不是小打小鬧。」

原來這勇士叫額亦都，是他們的夥計，另外四名主要的幹部夥計，分別叫做費英東、何和禮、安費揚古、扈爾漢。都是驍勇善戰精於騎射者。

頭目點點頭說：「沒錯！舒爾哈齊說的對。這場戰不是小打小鬧，是實實在在要佔領朝鮮。安費揚古，你猜這倭寇假設戰勝，佔了朝鮮之後，還會不會有下一目標？下一目標又是哪裡？」原來頭目的弟弟叫做舒爾哈齊。安費揚古搖頭說：「我曾經聽一位漢人書生說，倭寇住在小島上，坐船可以往來大海，曾經在大明朝東南沿海搶劫作亂，最後被消滅殆盡。我看他們不過是看大明朝吃不動，強佔弱小的朝鮮而已。」

頭目搖頭說：「不一定，這件事發生在嘉靖朝，侵擾東南沿海的倭寇，確實只是騷擾搶劫，沒聽說一次可以擊敗五千明軍。況且我聽說，侵擾東南沿海的倭寇，實際上是大明本身的海盜，假藉倭寇之名搶奪。但這回倭人一下動了真格，佔了朝鮮八道，又一下擊敗明朝五千大軍，入侵我女真境內，逼得李成樑的兒子都要出馬。倭人此番來志不小。」

舒爾哈齊問：「兄長，我們應該幫誰？」

頭目問其他人說：「我先聽聽你們的看法。」結果六人當中，多數人支持趁日本入侵之際，起事對付明朝。

頭目搖搖頭說：「不成！」舒爾哈齊問：「這是為何？兄長不也恨明朝，要替父親與祖父報仇？」

頭目說：「很簡單！倭人此番其志不小，並不是騷擾就走。若輕易攻朝鮮得手，必然下一目標就是大明。而我建州與朝鮮唇齒相依，你認為倭人對我等，會比漢人對我等還要好？從他們還未平定朝鮮，就入侵我女真境內，便知其狼子野心。況且我女真族尚未統一，漢人在遼東勢力仍然強大，又可從大明內地源源不絕派援軍前來。即使退到最底限來說，倭人同意與我們聯合，戰勝則我們必然屈從於倭人之下，其他女真族也被分而治之，戰敗則倭人可以遁逃海上，我們豈不是被丟在這裡，替倭人受過？統一女真族的大業，不也就化為泡影？」

這話一出，所有人都有所省悟。頭目接著說：「當年，古勒寨的外祖父與舅舅起事，以及我們十三副遺甲起兵。目的都是要統一女真，擺脫漢人的分治，最終達成祖先完顏女真族，大金國入主中原，成為全中國之主的未境之志！反過來統治漢人！不管這志向，最終達不達得成，我們也不能被人利用，成為他族入主中原的馬卒。」眾人紛紛點頭。原來這頭目就是以十三副遺甲起兵，兵不滿百，最終被稱為清太祖的努爾哈赤。

於是努爾哈赤帶隊回建州，招集所屬部族兵馬約兩萬人，立刻修書，派使臣告知朝鮮王。表示願意出兵幫助朝鮮，但是書上的一段話，讓慣讀宋朝儒書的朝鮮君臣不敢接受，十分謙遜禮貌地回信，婉言拒絕。這段話即『自遼宋以來，天下人皆知，女真兵不可以滿一萬，滿一萬則天下無敵！當年先祖一萬破遼國，威震東夷，兩萬破宋廷擒徽宗、欽宗。而今我建州部族有騎兵三萬，步卒四萬。皆不減當年勇敢善戰，朝鮮與建州近鄰，唇齒相依，況朝廷先遣敗績。若爾等同意，我建州衛女真部，即上奏大明天子，發兵相助，消滅入侵倭人。』

雖然朝鮮王婉言拒絕，建州女真參戰之事作罷，但努爾哈赤仍整軍戒備，密切觀察朝鮮的局勢。所幸明朝大軍，雖沒有戰略上全面取勝，也在水陸兩軍連番血戰下，也迫使日軍退到釜山周圍，等待救援。在名護屋的豐臣秀吉，眼見水軍敗於朝鮮海軍，寄望最大的陸軍主力受挫於明朝軍隊，又在小西行長、石田三成等人勸諫下，只好同意接待明朝使節議和。

北京。

沈惟敬的管家賴三，帶著小松與森六郎逛北京大街，兩人以姊弟相稱，相依為命，賴三不會日本語，雖然無法與兩人溝通，但雙方比手畫腳還能傳達意思。

小松逛到一胭脂抹粉的店鋪，開心得又跳又叫，拉著森六郎玩耍，相互抹擦對方。老闆正要出來制止，賴三桿緊上前圓場，丟出大把銀兩，老闆才收下退走。

小松對森六郎說：「沈大叔對我們太好了，不但沒有把我們當奴婢看待，還給我們花大錢玩樂。彷彿我們不是他的奴婢，他卻成了我們的奴僕，這到底怎麼一回事？」森六郎總感覺有點疑惑，從京都到九州到北京，從國母新上東門院、勸修寺隱真到沈惟敬，他們似乎在計畫什麼，才會對自己這麼好。不過森六郎才滿十歲，一時也搞不懂大人的複雜世界。能跟小松這麼開心地遊玩大明國京師，當然能快樂一天算一天。回答說：「姐姐別想這麼多，能這麼開心地玩，就要好好把握。」

小松也就將這疑慮拋諸腦後。

兩人在北京日夜玩耍，夜晚郊外還有煙火釋放，到人工湖泛舟，還可以吃外賣的宵夜，逛燈籠把夜晚照得通明的夜市，在船舟上品嚐大江南北的美食。賴三除了負責一切開銷，還兼當傭人，替兩人背著所購買的物品。

森六郎靠在小松的肩膀上昏昏欲睡，慢慢地說：「小松姐姐，這太美了！這都是在作夢嗎？日本有哪一個小孩能像我們這樣？」小松微笑著說：「我也怕這是夢，所以我們千萬不能醒來！別睡覺，我一刻也不想離開這地方。」其實小松眼皮也很沉重，最後兩人都在這美夢中睡著。

第四章　一廂情願攞弄和戰成僵局
兩皇一敕無語乾坤逼稱臣

美夢似乎還在繼續。

沈惟敬又跑來到北京住所，同時還來了一位日本的茶商，新平三郎。他本為九州商人，為島井宗室的遠方姻親，不過專長在於偽造中、日兩國的古董物品，本人也通曉漢語，是有名的奸商。他帶來了琳瑯滿目的日本古文物，同時還帶來了日本皇族系譜以及皇族衣物。

森六郎與小松，莫名奇妙穿上了日本皇族衣物，懷著假造的日本皇族系譜，帶上了偽造的日本古物，新平三郎則身穿公卿服飾，由沈惟敬帶著，一同上了馬車。

森六郎問：「沈大叔，你要帶我們上哪去？」

沈惟敬此時才全盤托出，用日語說：「你們兩個想不想，逛一逛大明國皇帝的皇城，見一見中國的皇帝？」小松問：「中國的皇帝？是不是就像我們日本的天皇？」沈惟敬露出詭異的微笑，點頭說：「沒錯，皇帝陛下很想見你們。」森六郎則是天真無邪，眼睛為之一亮，高興地叫：「好啊！」小松年長些，較為懂事，感覺這太不可思議了，皺眉頭問：「我聽說大明國比日本還要大，我們只是日本皇家的奴婢，平常我們日本的天皇也不會想見我們。現在是你沈大叔的奴婢，中國皇帝怎麼會想見我們？」

新平三郎則嚴肅地咳一聲，盯著沈惟敬，似乎在暗示沈惟敬什麼事情。

沈惟敬微笑說：「呵呵，這是你們不懂事，皇帝陛下沒見過日本人，而我沈叔叔跟皇帝陛下說了你們兩人的事情，所以皇帝想見一見，順便給你在皇宮玩玩，讓大家也看看日本人長得什麼樣子。」

小孩子畢竟好唬弄，森六郎與小松遂點點頭，露出開心地微笑。

沈惟敬說：「要去皇城可以，不過大明皇帝的皇城，不是隨便的人都可以進去的，必須要有身份。」小松轉而對森六郎說：「說的有道理，我們日本天皇皇宮，國母的住所也不是隨便的人可以進去，都要一些什麼朝廷大人才能去。」

沈惟敬故弄神秘，小聲地用日語說：「所以我帶你們先去見一位朝廷大人，說你們是日本的皇家遺孤。先前勸修寺大人教導你們的皇家禮儀，有沒有忘記？」兩人同聲說：「沒有忘記。」沈惟敬說：「那好，現在把皇族族譜看一看，知道自己是哪一個位置。然後新平三郎先生，會告訴你們一段故事，將之牢記在心。不然那位大明國的朝廷大人，若是看穿你們不是皇族，就不會給你們進入皇宮去玩喔！」

兩人瞪大眼拼命點頭。小松說：「沈大叔，你們對我們太好了。不過我感覺很奇怪……」

女孩說出這『很奇怪』，卻讓沈惟敬與新平三郎同時嚇一跳，怕事情會敗在小孩子身上，沈惟敬露出苦笑，面流冷汗，趕緊追問：「小松，哪有奇怪？」小松說：「我們只是你的奴婢，為何要對我們這麼好？」

這日本小女生很機靈，頗難搞定，沈惟敬實在頭痛。

新平三郎與沈惟敬互相對眼，似乎新平三郎很不滿意，沈惟敬怎麼連兩個小孩都沒擺平。其實沈惟敬也有苦衷，自從將兩小孩從日本帶回來，他一下要跑朝鮮戰場找小西行長，一下要跑北京兵部尚書找石星，兩邊串場子，還要飛鴿傳書給九州的勸修寺。哪裡會有時間去管小孩子的想法？臨時再編故事，忽悠過去便是。

沈惟敬發揮商人口才道：「你們知道大明與日本，正在朝鮮打仗嗎？」森六郎點頭說：「有聽勸修寺大人說過。」小松苦臉地說：「京都漂亮，北京更漂亮。兩邊好好的，幹麻要打仗？討厭！」沈惟敬說：「那就是了，勸修寺大人希望兩國和平，日本天皇甚至希望親自來北京走一趟，跟大明皇帝和談。不過太閤大人從中作梗！所以國母希望你們代替皇家，跟大明皇帝行禮，這樣大明皇帝就會知道，日本其實不想要跟大明國打仗。假設你們做得好，以後想回京都，或是想住北京都可以。」

兩人同聲說：「我們要在北京！」新平三郎此時笑著開口說：「好，那以後就住北京。不過現在得聽我說一段故事，由你們轉告等一下要見的大人！」

於是編纂了一段故事……

驢的踏，馬的踏，終於到了兵部尚書府。

沈惟敬、新平三郎、小松與森六郎來到兵部尚書府邸，一同跪拜堂上石星，沈惟敬則是行揖彎躬，表示見過部堂。聽說他是大明國的大官，這三個日本小人物自然下跪平伏。這大堂兩邊還有不少衙役，不過懂日本語的中國人，只有沈惟敬一人。

見到皇族來跪拜，剛開始石星也不知道如何應對，不過卻自己想到了史書上的一段故事，自我發言說：「嗯！小國國君只是大國的三品公卿，我乃天朝一品閣員，汝等東夷小王跪拜乃禮，如同當年陳叔寶跪拜賀若弼一樣。」然後自我陶醉地宣佈免禮，並且賜座。

石星問：「沈先生，問他們，日本皇族到底發生什麼事情？怎麼會讓平秀吉獨斷日本兵權？」

沈惟敬若有其事，用日語對他們三人說：「好啦！大人問，日本太閤怎麼崛起的。不過你們就『事實』說一遍，盡量不要出錯，錯也無所謂……」沈惟敬之所以敢這樣翻譯，就是自恃此時此刻全北京城的中國人，只有自己懂日語。

於是新平三郎說：「日本天皇一族，為先前臣從大明永樂皇帝的足利家族後代，本來受大明國冊封日本國王，統治日本多年，後來的大內家也是國王血親，對明朝臣服，也是國王所授權的。但是織田信長造反，殺了前任的天皇，兵亂之時我等逃出來。之後織田信長又為明智光秀所殺，明智光秀又為豐臣秀吉所殺。豐臣秀吉有稱王野心，不容我們皇族，所以我們逃來中土，請求天朝上邦庇護。」

在一旁的記錄員，一時無法記錄，只能等沈惟敬翻譯。沈惟敬就照新平三郎所說，翻譯出來。於是石星問三人身分。新平三郎自稱，寬仁親王，是這兩人的叔父。小松自稱欽子，為前任天皇的女兒。而森六郎為天皇的繼承人，織田軍打皇宮時，還是小太子，跟著人群逃出。

石星倒也不是全然昏聵，於是說：「總不能隨便來三個倭人，自稱自己是王族就是王族。你們三人自稱的身分，可有憑証？」

這點沈惟敬早有預備，令新平三郎拿出歷代皇族的偽造物品，以及各種偽造的印信。石星拿到了這些文物，一個個擺在案上仔細端倪，忽然想起了什麼，開口道：「照你這麼說，目前日本國的國主，應該是這個叫做豐臣秀吉的人，發難進攻朝鮮的，也是他主謀。倭人既然用我華夏天朝的文字，何不各自書寫自身經歷，好存檔備查？」

三人不懂漢語，對此說無反應，眼睛只看著沈惟敬，但沈惟敬一聽，嚇得頭皮發麻，渾身差點冒出冷汗，趕緊說：「大人且慢！這兩位小孩年紀尚小，就遭逢兵禍，自不識字。倒是新……寬仁親王，可以書寫備查。」石星愣了一愣，點頭說：「好，就讓他寫。」

於是新平三郎將編纂好的故事，一一寫下備查。

北京的事情暫時了結，沈惟敬在兵部與禮部授權下，充當談判使者，將小松等三人委託在北京之後，身穿官服帶著其他禮部陪行使節，一路風風火火趕到朝鮮南端的釜山。

小西行長、石田三成、大谷吉繼與增田長盛在此等沈惟敬多時。

沈惟敬先引導禮部陪同的使節，徐一貫、謝用梓兩人，入小西行長的行轅，小西行長遣退所有人。裡頭只剩下小西行長、宗義智與小西如安三人。一見進門的除了沈惟敬之外，還多了徐一貫、謝用梓兩人，知道他已經在北京撮合得差不多了，宗義智與小西如安先開口說話，小西行長則拼命對沈惟敬使眼色，暗示他趕快支開徐謝兩人。

這徐、謝二人見到，小西行長與沈惟敬兩人眼色來，眉色去，比市井勾搭通姦的男女還要更有風情，對此頗感訝異。這沈惟敬莫非是斷袖龍陽之徒？怎麼會跟日本武士頗有勾搭之狀？

沈惟敬總算明白小西的意思，於是開口作揖對徐、謝兩人說：「徐大人，謝大人。剛才日本這兩位大人對你們表達敬意，有見面禮物要贈送。」

徐、謝兩人對看了一眼，他倆到東瀛任事，本來就是來趁機撈些好處，順便觀光旅遊的，此說當然合他心意，但還要故作推諉。徐一貫笑著說：「這，正經事情未辦，恐怕不太妥當。」

沈惟敬雖然經商卻知道官場事故，笑著說：「二位大人遠道而來，已經十分辛苦，現在又還沒到日本見豐臣秀吉，不必這麼緊張。況且只有在下懂得日本話，正經的事情就交給在下來辦，得到結果再向二位大人稟報，再研究下一步動作，不是兩全其美嗎？」

謝用梓呵呵一笑，點點頭說：「沈大人說的也沒錯，既然正式的會議還沒開始，我們不必這麼認真，就讓沈大人先跟他們談談。」徐一貫還顯猶豫。宗義智學了一些中國官話，對徐一貫行禮說：「兩位大人隨我來吧，在下有重禮相贈。」

這兩人反正也不懂日語，天高皇帝遠，有好處拿何樂不為？就把交涉的事情丟給沈惟敬，自己樂得輕鬆快活。於是相互對眼，哈哈一笑，便隨著宗義智出去。

剩下三人入座後，小西行長先開口道：「太閤方面已經鬆口，同意和談。你那邊狀況怎樣？」沈惟敬說：「也大體處理完畢，據我探的口風，大明皇帝也想要和平，不想打仗。禮部與兵部的奏摺，已經得到了朱批，委任我為全權大使，先到日本談判，取得日本官方的正式文書，弄清楚狀況之後，才會正式派使節來日本。而那兩個小孩，都已經安排妥當，不會有名不符實的問題。」

小西行長笑著點頭說：「太好了！既然兩邊都同意議和，那不愁事情辦不成功，我們對天皇那邊也就有了交代。」然後轉而點頭，對小西如安說：「到時候煩請父親大人走一趟。」

這意思就是去北京一趟，能去北京參觀天朝上國的京師，長長見聞，自是小西如安所望，自然也點頭答應。沈惟敬說：「但是兩邊條件若是談不攏，那我們先前努力豈不是白搭？」

小西行長緊握十字架說：「當然不能白費功夫！談得攏要和平，談不攏還是要和平！」沈惟敬說：「這樣東拉西扯，要是穿梆，那都要倒大楣。你可不知道我們大明皇帝對付欺君的手段。」小西行長說：「沈大人你也別緊張，太閤這一邊也不過就這麼一回事，只要我們密切合作，口徑一致，只要把談判管道引導成一線，就可以兩面同時運作。天朝皇上與我們日本太閤，都不會發現真相的。」

沈惟敬貪利心切，自然相信小西行長之言，說：「那好，但是我在這可先說好了，除了事先說好的商業利益，你們天皇那一邊……」

小西如安微笑著打哈哈說：「沈大人別緊張，勸修寺大人飛鴿傳信來了，說沈大人在這一次居首功，以後除了我們的領地對大明國的貿易，連京都對大明國貿易，也都由沈大人壟斷。屆時全日本對大明國的商業，都將是沈大人的天下。到時候大人隨便買一個小島，養上幾百個明日兩國的美女，樂活消遙，甚至想自己當一方諸侯都可以。」

正是君子之懷德，小人之懷土，沈惟敬聽得心花怒放，才點頭說：「如此便好……」

兩方正要各自交換，日本與大明兩邊的情報時。忽然石田三成、大谷吉繼與增田長盛三人進行轅。嚇了另外三人一大跳，趕緊閉口不言。三人見了沈惟敬身穿大明官服，於是先行禮致意，準備正式會談。沈惟敬發現少了徐一貫、謝用梓兩人可不行，小西行長只好親自出帳門找人。宗義智拉著兩人跑得很遠，好不容易拉回來。

兩邊人在釜山城內正式談判，好在石田三成、大谷吉繼與增田長盛都是主和派，雖然沒有參予小西的預謀，也不致於成為阻礙。雙方還是洽談愉快。

但是正在雙方都笑容滿面時，忽然加藤清正與福島正則闖進了談判的大廳，劈頭就大喊：「明使來談判！怎麼沒有告訴我等？我們也是軍團長啊！」這除了讓沈惟敬嚇了一跳，徐、謝兩人也同時一怔。

這兩人是豐臣秀吉的侍童出身，而今也列為大名，對秀吉意志遵循不渝，帶著武士的期待，來跟明朝將領決戰。以往的戰國武士甚至大名，對戰的都只是日本自己的武士，而自己卻能有機會與天朝上邦的武將決勝負，自然是懷抱著莫大的期待與激動的心情，都認為自己將一戰，而成為全日本家喻戶曉的名將，遠遠超過古代所有的日本武士。跟石田、小西等人所談格格不入。

加藤然後轉頭對沈惟敬怒目說：「大明使者聽好，我們可沒有敗給你們！談判規則必須要我們來定！」

小西行長知道他來一定壞事，馬上怒目道：「加藤主計頭！不可以對天朝使者無禮！」福島正則道：「小西攝津守！我們可是請示過太閤大人，談判我們必須參加！」石田三成向來看不起這些武夫，幫著小西行長，怒目對福島說：「左衛門！太閤是指派我們接待使者的！他們可是要去面見太閤大人！要是談判出了什麼差錯，回去唯你是問！」

兩邊又互吵了幾句，福島與加藤，怕真的嚇跑了明使，只好退出。好不容易折騰結束，大家都歡喜收場，三個大明使者來到了名護屋。

對於大明使者來，豐臣秀吉也夠意思，派出了德川家康與前田利家，兩位重量級的大名來親自接待三人，吃日本美食，全程招待旅遊，展現日本之美。並為了保護顏面下和談，刻意奢華迎接使者。把自己最心愛的黃金茶室，從京都特地運到名護屋，招待沈惟敬等三人，品嚐日本茶道。

日本喝茶的方法，是研磨成茶末一起喝下去，與中國宋朝以前的方法完全相同。之後中國人就只喝熱水茶汁，若要喝中國古茶，在中國已經很難喝到，得去日本才喝得到。三位明朝使節，還頭一次品嘗到自己祖先的茶道。

另外豐臣秀吉玩了一個小動作，故意親自招待泛舟，直接對三人說：「日本不缺船隻啊！」這真是鬥魚翻鰓，自脹唬敵，暗示還有實力渡海再戰。不過包括沈惟敬在內的三人，並不理解他的恫赫威脅，還以為日本人喜歡泛舟。在泛舟之時，遠處圍了許多日本百姓，想來一睹明使的真面目，為恐有失，出動不少武士維持秩序。

實際上小西行長與沈惟敬都已經看出，豐臣秀吉已經自知戰局不利，只是嘴硬不肯承認，唯恐丟面子，貽笑到中土的史冊中，所以傾全力要奪取有面子的談判結果。既然已經有此心思，那麼和談就大體完成一半。

沈惟敬相當滿意這一連串招待，過幾日便開始談判，豐臣秀吉當場開出七大條件給沈惟敬。同時為了照顧面子，決不承認之前的戰敗。要實實在在顯示力量，日軍就必須邊打邊談，不可以示弱，但又不能進攻明朝軍隊，破壞了談判。頗是兩難。

遂命令加藤清正與黑田長政進攻朝鮮晉州城，用打朝鮮人來表示日本還能再戰，以為談判的籌碼。若朝鮮南四道實實在在控制，那麼明朝只要慷他人之慨，犧牲朝鮮的國土，他的目的也就達到。反而佔優勢的萬曆皇帝，貪圖安逸，玩樂心切，不想上朝理政，既然和談，就下令李如松撤軍。本來還留了一些部隊，但石星揣測上意，下令撤掉更多部隊。只留下三千人防守朝鮮北部而已。所以晉州城的朝鮮軍民失去援助，遭到日軍徹底殲滅。

豐臣秀吉七大條件為：

一、迎接明朝公主為日本天皇皇后，兩國皇室姻親友好。二、發展勘合貿易，兩國貿易全面往來。三、大明與日本兩國武官永誓盟好。四、朝鮮京城與北部四道仍歸朝鮮，南部四道割讓給日本。五、朝鮮送一王子在日本當人質。六、日本同意交還朝鮮俘虜與二王子。七、朝鮮為戰爭罪魁禍首，必須嚴懲，並盟誓永不背叛日本。

沈惟敬一看，條件當中，除了拉日本天皇去吃中國公主的豆腐，倒也自知打不過中國，不敢侵占太過，純粹是要宰朝鮮人，但朝鮮王必然會暗中抵制。細細盤算下來，這一切除了第一、第三與第四項很難辦，其他都很好處理。但是光憑這三項，萬曆皇帝就絕對不會同意。

此時徐一貫、謝用梓兩人，繼續由德川家康與前田利家招待，並不知道這七點。沈惟敬收好這文件，怒氣沖沖找小西行長，丟了這七點給他看，劈頭就說：「這七點不可能被皇帝接納！簡直是獅子大開口，我看這談判要破裂啦！我不打算混下去了！接下來你自己看著辦！」小西行長急著說：「沈大人別急，另外兩位大人可知此事？」沈惟敬搖頭說：「他們又去旅遊，我沒告訴他們。也沒回答平秀吉！這樣肯定談判破裂，我得照實把這七點交到禮部，不然這問題就嚴重了！」

小西行長就怕談判破裂再度開戰，急著說：「沈大人別急！這件事情我們得從長計議。」沈惟敬說：「計議什麼？就算給我再多錢，也得有命去花。欺君可是殺頭死罪。」小西行長苦笑說：「我面對太閤不也冒一樣的風險嗎？你放心，據我所知，太閤的意志也沒這麼堅決，這可以轉……」

沈惟敬自己也商人出身，知道他在牽拖，趕緊說：「罷了，沒什麼好轉的。個人性命要緊，什麼貿易壟斷，兩國美女我都不要了。老實跟你透底，我來之前，皇帝就已經有上喻，不可以有損天朝顏面，甚至連日本想要仿效當年足利義滿，對中國朝貢勘合貿易，都還要考慮，何況什麼公主？你以為現在是當年中國的漢朝，日本是當年的匈奴嗎？」

小西行長點頭說：「這樣吧！我們請勸修寺大人來一趟，他就在九州。他處理事情經驗豐富，可以替我們拿主意。一定在沈大人您安全的情況下，來操辦此事，如何？」

這打中了沈惟敬的投機心理，閉口不言。

小西行長見他露了投機之相，便繼續說：「其實您也別怕，倘若事情能瞞得過去當然好，瞞不過去您也可以跑到日本來。近年來不是很多你們大明國的福建商人，在大明犯了法，都跑來我們日本定居，最後還經商富甲一方呢！您怕什麼？照樣可以得到您想得到的貿易利益。」

沈惟敬微微點頭，細聲說好。

於是沈惟敬繼續勸徐一貫與謝用梓兩人，在日本遊玩，繼德川家康與前田利家的招待之後，小西行長安排更好的節目，有藝妓美女，陪吃、陪喝、陪睡，讓另外兩人繼續沉迷腐敗，以免探知真情。

勸修寺隱真很快就來，此時還帶了靜光法師親自出馬，原來靜光在京都聽到明朝使節到的消息，便隨著運送黃金茶室的隊伍，一同前來。兩邊在名護屋小西住所密室對談。談了許久，沈惟敬還是怕冒險。直到靜光與勸修寺，同意若事情穿梆，沈惟敬可以逃到日本京都，由日本皇室親自保護，並且給了沈惟敬一份誓書，以及一份偽造好的『豐臣秀吉降表』。既然日本天皇都代替豐臣秀吉說話了，又有這張降表當作證明，如此他才勉強同意傳達議和。

沈惟敬既然答應，小西行長就敢回報豐臣秀吉。豐臣秀吉坐於上座，小西行長平伏於下。

豐臣秀吉問：「大明使節對於那七項條件，是什麼反應？」

小西行長微笑，扯了彌天大謊，開口道：「大人威名遠揚，大明國百姓皆知，大明皇帝自知再跟太閤敵對，必然亡國。所以大明使節在出發之前，他們的皇帝就已經透漏口風，要跟日本和談。這七項條件，使節已經答應，現在只缺帶回北京給大明皇帝批准而已。」

雖說這句話是彌天大謊，但從表象分析，其實也句句有實。確實萬曆皇帝想要和談，只是原因不是害怕，而是懶惰怠政。七項條件確實使節也已經答應，但這使節是沈惟敬，是被日本人調包的中國使節，純粹只能內部消費。所以豐臣秀吉不管怎麼派人去探查，都會相信這個謊言。

豐臣秀吉遂大喜，認為自己把中國皇帝都打服了，中國天朝的地位將要讓日本來接收，日本才是真正的天朝。遂暗暗計議，等議和過了幾年，休養力量，再尋釁入主中國不遲。高興得手舞足蹈，跳起來說：「我一定要告訴寧寧，日本在我的手上，打敗了大明國，才是真正的天朝上國。」左右侍從都為之歡欣鼓舞。只有在下座的小西行長，心懷鬼胎，面露冷汗，苦臉陪笑。

豐臣秀吉的妻妾們聞之，更是害怕，要是公主來不只一個，除了天皇納之，他秀吉必然留而享有，還會趁機索要更多中土美女，到時候全部都會失寵。於是各自哭泣，害怕自己富貴的生活消失。

但豐臣秀吉手下並非全部糊塗，有人感覺不對勁，明朝並沒有戰敗，卻竟然那麼快就屈服，完全不合傳統中國自我尊大鄙視四夷之心，簡直不可思議，頗有可疑。勸豐臣秀吉派其他懂漢語的人，隨沈惟敬去北京，以探虛實。

沒想到豐臣秀吉志得意滿，正在陶醉，討厭有人打橫炮，態度便狂妄了起來，大聲說：「長期以來，都是我日本皇室都用他們的文字語言！現在強弱逆轉，天朝是日本，就要讓他們的皇帝，用我國的文字語言，還派什麼懂漢語的人去？」小西行長聞之大喜，這是你太閤遮蔽自己眼睛，躲在角落不識中國的真相，如此就可別怪我能一手遮天，看來就要大功告成。最好日本能成為中國的屬國，兩國貿易就能與沈惟敬合作壟斷，自己成為日本最富的大名。

而沈惟敬則告訴另外兩名使者，豐臣秀吉已經同意稱臣，並且拿出偽造的降表，以示證明。說這降表全部偽造也不盡然，這可是經過日本天皇過目者，只是沒有給豐臣秀吉知道。天皇既然為豐臣秀吉之主上，豐臣秀吉自己也承認天皇為主上，他製作的降表怎能說是假呢？但沒給掌握實權的豐臣秀吉知道，也難說它是真。所以也是，假作真時真亦假，真作假來假亦真。

豐臣秀吉既懼怕中國又想挑戰中國，還閉眼不願意看真相，所以容易忽悠，但大明朝廷經歷許多外邦稱臣的故事，卻不容易欺瞞，得多下一點功夫才成。所以小西行長的父親小西如安，跟著沈惟敬等人一同前往北京出使，以讓明朝君臣認為，這降表為真。大夥兒辛辛苦苦，總算把事情推到後半段……

當沈惟敬等人還在日本，北京紫禁城乾清宮。

森六郎、小松與新平三郎，被禮部官員帶到此，晉見萬曆皇帝。由禮部出資照顧三人飲食起居，新平三郎在北京蝸居了許久，得到中國皇帝許多金銀絲綢的賞賜，大發橫財，而他在日本商宅的妻子，另外一手還拿了日本天皇的資助，大賺兩國皇家的錢。終於又輪到他上場。三人依照事先安排好的禮儀跪拜，六部尚書、各內閣閣員、司禮監掌印太監與稟筆太監，都在此觀禮。可謂全大明朝的權力中樞，都來見此『亡國之君』。

萬曆皇帝朱翊鈞問：「朕派人查過成祖皇帝時的檔案，說日本有太上天皇足利義滿者，在三保太監率寶船隊下西洋，順道造訪日本時，畏威來降，稱臣入貢，由成祖皇帝封他為『日本國王』，日本東瀛從而為中國之屬國。但近來，又聽福建商人長年經商日本，上奏朝廷者所說，日本還有所謂的『天皇』。這『天皇』是怎麼一回事？」

經翻譯之後。

新平三郎假裝痛哭流涕說：「陛下所言足利義滿者，即我先祖，當時也是日本的太上天皇。子孫代代傳承，疏於朝貢，自號稱皇，恐因此冒犯天朝，天威震怒，故久乃不敢入貢求封。而今天皇一族已經為逆臣織田信長所殺，此在兵部時，已稟告石星大人。我等子孫只求能在天朝上邦蝸居苟活，對日本王位不敢再有任何念想。」

朱翊鈞頻頻點頭，聽說這足利義滿，也當過什麼日本的太上皇，沒有當過皇帝怎麼當太上皇？除非像漢朝劉邦的父親一樣！所以這話當是實情。既然日本改朝換代，為了對子民表明正統，足利義滿與豐臣秀吉都要來中國求封，這倒也不是什麼過分要求。

朱翊鈞轉而對石星說：「聽說沈惟敬帶著平秀吉的使者要來，石愛卿就負責查對供詞。還有，張鯨，帶這兩個娃兒，去皇宮花園逛一逛，品嚐宮廷美食，順便去各王府陪小王爺們玩玩，開心開心，表現我天朝上邦對番邦王族的寬厚。」朱翊鈞轉身又道：「還有，賞他們三人黃金二百兩，白銀三千兩，絲綢三百匹，好生招待。日本的事情還沒平息，也許將來還有用得著他們的地方。」石星與張鯨遵旨而行。

新平三郎懂得漢語，聽到中國皇帝朱翊鈞出手這麼慷慨，瞪大眼睛，心花怒放，樂在心中，立刻磕頭謝恩。他沒想到自己成了全日本最幸運的商人，見了中國皇帝不提，還因此不花成本就發了大財，從此這笑容就像是畫在臉上似的。

雖說大明朝廷沒弄清楚日本內部複雜的狀況，但行事還算謹慎，不然就會鬧一場外交史上的大笑話。因為各方說詞反覆，頗有不一，尤其朝廷從商人那邊收來的資訊，與這截然不同。倘若這三個日本人說謊，總不可能這豐臣秀吉的使節，也會替他們三人圓謊。是故若能比對豐臣秀吉派來的使者說詞，那麼就可以確認哪一種說法才對。

兵部大堂。沈惟敬領著小西如安來晉見石星。

呈上了『平秀吉降表』，內容大致表示，自己無德，身在東夷番邦，由於誤會，所以冒犯天朝上邦，但望赦罪容寬，最後希望天朝冊封自己為日本國王，如足利義滿之例。更希望日本今後能如朝鮮，每年一貢，成為中國最親密的屬邦之一。降表都用漢字，也皆漢語結構，所以石星一覽便明，於是收下降表備查。但是基於各方對日本的說法不一，仍對小西如安質詢考核。小西如安通曉中國官話，直接與石星對話。

石星問：「朝鮮國乃我天朝屬邦，爾國為何在前年進犯？」

小西如安答道：「敝國欲求大明天朝封賜，曾委朝鮮王代為轉達，然朝鮮居然隱瞞實情，不肯轉達！朝鮮此等下流屬邦，訛詐日本隱瞞天朝，實在欺人太甚，故發兵征討。」

石星皺眉疑問：「若爾國本意是乞求封賜，在朝鮮告急，我天朝發兵相助時，彼等應當立即歸順，說明實情才是，奈何在平壤、開城、碧蹄館負隅頑抗？」小西如安答道：「敝方駐紮平壤等地，專為求封，向天朝示好。天朝大軍攻城，戰場陣勢已經打開，不得已而防之，此後即退兵至京城，望上官能夠明鑑。」又問：「又為何退兵，且願意歸還朝鮮王子與諸重臣？」

答道：「天兵降臨，我等自知不敵，且天朝使者沈惟敬告知敝國，天朝已經同意封王之事，我等不敢質疑，故匆匆退回並歸還朝鮮七道。」石星忽然看出什麼破綻，質問：「汝國既然已知同意冊封之事，應當立即回國待命才是，為何還在談判期間，發兵進攻朝鮮晉州城？又為何加緊運送軍糧，構築防禦工事，久居釜山不去？」

這一問，小西如安嚇了一跳，想要跟沈惟敬商量，但是又怕被看出破綻，情急之下趕緊操日本語，堂上石星等當然聽不懂。他說：「沈大人，這件事怎樣回復才好？」沈惟敬怕受懷疑，趕緊用日語說：「說封使未到，恐下流的朝鮮屬邦懷恨報復，從中搗亂……」

忽然石星嚴肅地打斷說：「爾等扯些什麼？」

小西如安說：「嗨……因為冊封使節未到，而朝鮮下流屬邦，品行惡劣，恐怕懷恨心切，從中作梗，所以先發制人，令朝鮮鼠輩不敢妄動。等天朝冊封使節蒞臨，一切已成定局，我等自當退兵，焚毀一切工事。」

石星才似有所悟地點頭，拿出先前與新平三郎等人的供詞相比較。小西如安與沈惟敬喘了口氣，看來是要過關了。石星忽然又問：「日本國主豐臣平秀吉，既然佔領六十六島，取代前主自立為王，自號曰什麼『太閤』。既然自己可以為王，為何還要遠道來此求封？」

這小西如安早已經跟沈惟敬串好，微笑著答道：「太閤見其前主織田信長，為部將明智光秀所殺，日本長期紛亂不寧。而朝鮮、琉球、安南、暹羅等國能夠受天朝封號，人心歸向，萬民臣服。為長遠治理日本，故特來求封。」

石星反覆查閱新平三郎等人的筆錄，想看他的說法是否吻合，又找到一處質問：「從各方來報得知，爾國長久以來，都有所謂『天皇』，有時也自稱日本國皇帝，這『天皇』即國王乎？跟我大明永樂年間，足利義滿受封日本國王，又是什麼關係？」

小西如安答道：「天皇即國王，足利義滿即當年的天皇也，後來傳位於子，自稱太上天皇。然而當年震恐天朝三保太監鄭和，船堅炮利，遠洋航海，降伏萬邦的威望，去太上天皇號，受封日本國王。而後代子孫仍自稱天皇。然天皇已為織田信長所殺，皇族遺孤失蹤，日本已然沒有天皇。此亦太閤欲仿當年足利義滿，自去皇號，向天朝求封，以得安寧之故。」

石星比對了兩方所說，大致不差，沒有矛盾，與常理吻合，所以日本國主當是這個豐臣秀吉沒錯。於是說：「知道了，本部堂自會上奏吾皇，准許汝等所求。早些回去準備迎接冊封使，若有不敬之舉，便不准封！」

小西如安平伏在地上說：「謹遵聖喻，決不違抗。」

於是派正使臨淮侯李宗城，副使楊方亨與沈惟敬一同前往日本，準備冊封豐臣秀吉當日本國王。

使節團剛出北京城外。

沈惟敬向李宗城說：「侯爺，我得先行一步，前往釜山等候。」

李宗城乃一貪財好色之徒，只因為是李太后皇親，方才封侯，狐疑地問：「沈大人這是為何？」沈惟敬露出詭異地笑容說：「侯爺，此去日本路途遙遠，總要有人在前頭先安排，不然到時候接待不周，沒吃沒樂的，豈不是很煞風景？」李宗城呵呵一笑便點頭同意。而小西如安則陪著李宗城一行。

沈惟敬快馬加鞭，衝到了釜山找到了小西行長。

沈惟敬說：「大明國的策封使要來了，你那邊準備得怎樣？」小西行長陪笑臉，似乎表示有點歉意說：「恐怕還不能那麼急，太閤周邊的人還要安排一下才可行。」

沈惟敬急煞臉說：「這什麼話？中國皇帝我都搞定了，你那個日本國王還沒上轎？」小西行長苦臉說：「這要有技術，你那邊只要陪好話猛磕頭就可以，我這邊則是要在猴子的嘴巴裡面摳棗，很難鬆口，弄不好還會被猴子咬傷啊！」沈惟敬瞪大眼睛說道：「再難的猴子也得搞定！不然大明使節一到，發現真相，你我都沒好果子吃！」

可真是硬扯猢猻充當黃臉小兒，小西行長陪豐臣秀吉糾纏中國的問題好幾年，確實是在猴子的嘴巴摳棗，好幾次都被咬傷，頗為忌憚。他苦惱半天，終於想出一個緩兵之計，笑了出來說：「有了，太閤身邊的僧人我還要多打點。在打點完畢之前，讓大明策封使在對馬島多玩一陣子，吃好的、喝好的、玩好的。等一切打點完畢，太閤身邊讀唸詔書的人，安排妥當，就可以解決這個問題。另外一方面，你以大明使節身份強逼朝鮮王，派出謝罪特使，讓太閤以為朝鮮屈服，有了面子，就更不會起疑。一切就可如你們中土成語所言，瞞天過海！等生米煮成熟飯，日本成了大明的屬國，你再回北京去敲一個勘合貿易，太閤也有貿易所獲，至於從朝鮮撤兵的問題，我再找五奉行去勸說，太閤也就不會多追究，皆大歡喜何樂不為？」

一切聽似合理，沈惟敬才勉強點頭說：「一會兒跑中國、一會兒跑日本、一會兒跑朝鮮，這趟生意可真難做。」小西行長笑著說：「沈大人您辛苦，我也很辛苦，還得跟著太閤打仗呢。但是這趟生意要是成功，利潤相當驚人，您與我就等著坐收兩國貿易的大利，現在就多擔待些吧！」談到利益，兩人轉而都露出笑容。

李宗城與楊方亨等人，一路到了釜山，小西行長與石田三成，正歡天喜地迎接特使，找來藝妓吃喝陪酒，夜夜笙歌作樂快活。副使楊方亨不愛此等場面，另有人安排住所，侍奉招待。忽然半路殺出一個程咬金。加藤清正趁夜晚帶一群武士，闖入李宗城的住所。

李宗城大驚，衣服官帽都還沒穿好，身旁陪睡的日本藝妓，也衣衫不整逃竄而去。

李宗城當場就被抓，驚恐萬分，但眼見逃不掉，瞪大眼說：「你是何人？竟然敢闖入本使下榻住所，不知道我代表天朝皇帝嗎？」

加藤清正全副武裝，坐在一小板凳上，身旁也許多帶甲武士，此時帶來一個熟知大明官方語言，也懂日語的朝鮮官吏，引為翻譯，他是被日軍俘虜者。

聽過李宗城所言後，加藤清正如日本戰場上報名相殺一樣，先讓翻譯喊出名號，讓敵人牢記自己，說：「你聽清楚，我乃太閤大人手下大將，主計頭加藤清正。」沒想到聽過翻譯解說後，李宗城一邊穿戴好衣物，一邊冷冷地回答：「我不管你是誰，我也不需要認識你這種小人物，我是大明朝廷策封使，代表天朝皇帝冊封你的主子豐臣平秀吉。」

加藤清正聽了翻譯，頗為惱怒，抽出武士刀怒目說：「誰要你的冊封？要不是小西行長從中搞鬼，我早就打到你們大明國的京城，迎接太閤去當你們的皇帝！你給我聽好了，我們太閤要的條件，一樣都不能少！不然我就劈了你！」

李宗城見到武士刀，大驚失色，這可不是開玩笑的。趕緊轉彎說：「本使乃大明國的皇親國戚，代表皇帝，擁有談判全權。你們平秀吉若不要冊封，那到底要什麼，請壯士從實告知！不然我如何答應？」不斷強調自己代表皇帝，一方面抬高自己身份，讓對方有所顧忌，一方面藉此表示自己有權力滿足對方要求，緩和場面。

加藤清正說：「看來小西那一家騙子，是沒有告訴你了！」於是差人拿出一張紙，上頭寫著豐臣秀吉提出的七項條件。李宗城見了大驚失色，這根本與小西如安所說截然不同。也不知道誰真誰假，於是道：「這確實跟沈惟敬說的，完全不同。好，這樣吧！我願意替你轉交文件給大明皇帝，並且撮合這件事情。」

加藤清正於是才放了李宗城一馬，正要撤兵離去，小西行長也帶了大隊人馬衝過來，同時還帶著副使楊方亨。小西見到加藤大怒，雙方又爆發口角，甚至雙方家臣武士都抽出佩刀，要大幹一場。

李宗城地位雖高，但是養尊處優慣了，看到倭人兇悍，刀光劍影，馬上屁滾尿流，好在石田三成、增田長盛也帶人馬前來，以豐臣秀吉迎接特使的命令，強逼兩邊人馬撤走。並且對李宗城畢恭畢敬，不斷賠禮道歉，替中國使節另外安排住所。李宗城發現情勢不對，雖然小西行長、石田三成與增田長盛三人不斷陪禮道歉，堅決表示沒有所謂七項條件這一回事，但李宗城仍把加藤所說，丟給楊方亨，要求先回北京再說。

他怒道：「豐臣秀吉的這七項條件，這到底怎麼一回事？跟在京城時候的說法完全不同！我看得先回去，搞清楚狀況才成，不然我們怎麼死的都不知道！」

楊方亨說：「侯爺！這可能是倭人內部派系爭執，有人要從中搗亂議和。若我們連平秀吉的臉都沒見到，就退回北京，聖上必然以為我們懼怕而瀆職，把議和失敗的責任怪在我們身上。依卑職之見，只要見到那個平秀吉之後，一切不就真相大白？哪怕見了他的面，他開出七十項條件，我們也可以說這是倭人狡詐變卦，把罪責全推給這個平秀吉，到時候，聖上也就不會怪罪我等。」

李宗城認為自己後台很硬，才不管這些，於是說：「這我可不管，才來到釜山就碰到這種事，要是去日本，真相就是如此，那還有命活嗎？」楊方亨說：「但若沒結果就回北京，皇上怪罪下來，豈不是給太后難看？侯爺可得考慮，之後在太后面前的地位啊！至於安全問題，我們可以責令那些比較友好的倭人負責。」在多人勸阻下，他才勉強繼續這差事。

基於李宗城提出安全的要求，小西行長派女婿宗義智，把李宗城等人帶到對馬島安置，再思考如何瞞天過海。沒想到李宗城發現這一批日本人，與加藤那一批不同，招待如此尊重懇切，巴結如此殷勤，下流的色性便復發！竟然利用日本女人崇拜好奇天朝上邦的心理，調戲了他的侍女不提，還調戲了宗義智的老婆，即小西行長的女兒。氣得宗義智把他轟出去。只是礙於他代表中國皇帝，不能破壞議和大局，才沒殺他。但李宗城發現對方已經翻臉，安全的要求恐怕生變，於是連夜乘船逃回國內。但是楊方亨與沈惟敬在官場上，沒有李宗城的強硬後台，不敢逃跑，厚臉皮繼續待在對馬島。

好在宗義智，對這些人仍然客氣，但也忍不住抱怨李宗城的淫行劣跡，楊方亨只得派人上奏皇帝，狀告李宗城調戲日本婦女，瀆職不前之事。萬曆皇帝氣得將李宗城革職查辦，改命楊方亨為正使，沈惟敬為副使，繼續前往日本。

正是彌天大謊的騙局中，鬧劇必然接二連三上演，小動作與小報告也必然特別多。中國人這邊有人告狀，日本人這邊也有人告狀。正在楊方亨告狀的同時，小西行長跑到豐臣秀吉面前，狀告加藤清正破壞和談，所以嚇跑了一個明朝使節，豐臣秀吉果然大怒，下令訓斥加藤，並且不准他來晉見。

趁著中日兩國折騰這一年多時間，沈惟敬怕朝鮮國王拆穿騙局。急忙又跑去朝鮮，先宣讀中國皇帝冊封豐臣秀吉的詔書，告知朝鮮王要配合。

中朝邊境義州城。

朝鮮王李昖聽得懂漢語，跪聽中國皇帝冊封日本的詔書，方才起身。然而李昖靠著中國的力量免於亡國，已經得了便宜，但現在卻要來賣乖。

李昖先前聽說了豐臣秀吉開的議和條件，要割讓朝鮮國土才能議和，而今中國又答應冊封日本，擔心這次和談會犧牲他的半壁江山。急忙挑撥說：「倭寇異常狡詐，先前要下邦帶路進攻天朝，下邦謹守藩屬分寸，拒絕了豐臣秀吉，他們便出兵攻打，上使也知，倭寇到現在都還沒撤退，甚至進攻我晉州城。天朝應當出兵嚴懲日本，不當封賜。而今天朝出兵相助，打敗倭寇，豐臣秀吉自然佯作求封之態，實則包藏狼子野心，上使必須明鑑啊！」

沈惟敬坐在代表皇帝的特使上座，冷冷地說：「不管豐臣秀吉包藏的是野心還是什麼心，最重要的是吾皇要省心。是省心！明白嗎？」說到此還敲著桌子，加強語氣。

然後接著說：「吾皇既然已經同意日本朝貢受封，事情就成了定局，爾等朝鮮既然為我中國之屬邦，那就要好好配合！況且冊封事情了結，日本自然會歸還朝鮮國土。本使命你派出使節參加，若是破壞了和談，戰事復起，惹怒了吾皇。爾等朝鮮，有實力打敗日本，自己收復失土乎？」

李昖一聽，這說中了要害，要是朝鮮自己有實力打敗日本，何必跟中國攬和什麼？但李昖仍然想破壞和談，希望中國動員大軍攻打日本，儘早替朝鮮收復失土，答道：「萬一這是豐臣秀吉的緩兵之計，受封之後再次翻臉，我朝鮮就會再次危機，小王希望上使明察。」

沈惟敬當然知道豐臣秀吉的本意，但已經跟小西行長合作，就不需要跟李昖多說些什麼，不耐煩地搖頭說：「好啦！好啦！若豐臣秀吉耍詐，我天朝皇帝自會再次動員，不勞殿下操心。爾等盡快派出觀察使，不然兩國和談破局，這一切責任就在朝鮮！」李昖自己的國家要靠別人保護，自然沒底氣，只好低頭道：「謹遵上使吩咐……」

李昖在拼命對中國磕頭，支持中國冊封日本之餘，仍懷小人之心來度君子之腹。對於和談非常憤怒。認為若日本順利成為中國屬國，朝鮮就不重要了。況且豐臣秀吉要朝鮮割讓南四道，而今冊封成真，中國極有可能犧牲朝鮮領土，還要朝鮮也對日本磕頭，於是計劃搗亂中國對日本的冊封。但是國際之間實力至上，只有暗中耍弄手段……

先派了一個位階非常低，沒有談判實權的州判，隨沈惟敬去觀禮，若冊封真要朝鮮割讓國土給日本，他李昖就可以此切割，對日本宣布割地之事不予承認，用以激怒豐臣秀吉。同時私下密令朝鮮各地的將領，對日軍全面開戰。

小西如安在北京罵朝鮮下流屬邦，會搗亂和談的污衊之語，本來只是用以誆哄石星相信日本是真心稱臣的，但而今朝鮮王李昖，自己對號入座。

尤其嚴令先前打勝仗的朝鮮水師統領李舜臣出擊，務必要搗亂中國對日本的和談。但李舜臣顧全大局，認為這會破壞和談大局，造成戰亂再起，從而拒絕接受命令，李昖一怒之下將他撤換。可惜換上來的將領，沒有李舜臣的本事，被日本水軍打得落花流水，連吃敗仗，幾乎把朝鮮的水師弄得全軍覆沒，變成更沒有談判籌碼。

京都二條城。

勸修寺隱真來這會見靜光和尚，此時和尚身邊還多了一個商人，就是島井宗室。本來勸修寺還怕洩露機密，直到靜光說島井已經是自己人，才敢說出實情。

勸修寺說：「法師，一切如您所料，大明國朝野上下，除了沈惟敬之外，都以為日本已經沒了天皇。不管將來局勢如何，天皇都可以從暗中出擊。」靜光微笑著點頭說：「如此甚好，新上東門院甚為欣慰。明朝冊封使節來了嗎？太閤那邊何種準備？」

勸修寺說：「對馬島的幸之助飛鴿來報，冊封使早已經上船，近日就會從堺港上岸。至於太閤大人，還不知道使者是來冊封的，全聽小西等人之言，以為條件得到滿足，日本將成為天朝，正全力整修地震災後的伏見城。預計先讓明使節從堺港水路來大坂，炫耀大坂城之宏偉，逆大淀川而上，經過宇治川，讓他們知道日本的山川壯麗、物產豐隆，大坂與伏見的豪華殿宇，讓明朝使節因此震懾於下，欽羨日本。聽說還專程大量動員，把有礙觀瞻的淀城拆除，多設商販與往來人群，擺上大量的金銀財貨。大坂與伏見的百姓，也都必須動員起來，在明使來的期間，全面節慶鼓舞，武士不得抽任何稅賦，讓明使見識日本子民的安定與富饒，從而有所畏懼。」

靜光聽了哈哈大笑，竟然延續將近半刻，島井與勸修寺都問何故。

靜光說：「這讓拙僧想起，常陸國的一個商坊商人，對堺港的商人，炫耀他們的商坊有多繁華，有多富裕，集合的各地貨物有多豐饒。從而要堺港的商人因此懾服，按照他的價格來買賣。」

談到商人，今井就說話：「法師是把太閤比作常陸國商人，大明使節比作堺港的商人？」靜光點頭說：「這並非瞧不起日本，而是分析實情。拙僧十八歲的時候，曾跟著一位大明國的寧波商販，去過大明國好幾個地方，北京、南京、蘇州、杭州、寧波。途中見過萬里長城，也曾從大運河從北而南一路到寧波出海回日本。沒去看過大明國北方，還真不知，什麼是萬里雄關，氣勢磅礴。沒去過江南，還真不知到什麼是富裕繁榮，錦繡美豔。太閤要拿日本之所短，去炫耀大明國所長，而不是用日本所長，勝過大明所短。不是可笑嗎？跟他先前閉眼不看外面世界，招待沈惟敬等人泛舟，要小聰明企圖影響大局，頗有相似之處。」

今井嘆氣道：「我看太閤受辱震怒，很難避免又與大明一場惡戰。」

靜光雙手合十說：「阿彌佗佛，願佛祖阻止兵戈。但倘若太閤執迷不悟，堅持與大明國再戰，那麼豐臣氏的根基也就空了，日本又將有一場動盪。」

勸修寺說：「法師！這可怎麼辦？日本百姓要安寧啊！」靜光說：「放心吧！已故的織田右大臣，已經將穩定天下的基礎打好，就算有所動盪，也是黎明前的黑暗，日本的太平不遠了。」

小西行長與沈惟敬自行籌備了一些廉價的商品，謊稱是朝鮮與大明共同備妥的。豐臣秀吉雖被隱瞞，似乎也打聽出，根本沒有大明公主前來。但仍認為，就算大明沒有全部同意，至少也有部分同意。朝鮮使節已經先到伏見城，但朝鮮根本無足輕重，且是談判中該被宰割的對象，只要大明使節同意割讓朝鮮南四道，那麼他就可以順利將之併入版圖。

為了防止他們與大明官員串謀，從中搗亂，豐臣秀吉於是緊抓李昖搗亂和談的企圖，大發雷霆罵道：「日本與大明國談判簽約，何等重要大事，朝鮮竟然只派州判來此！根本就是來搗亂的！朝鮮無禮至極！我不見這種使節！立刻把他們趕出日本！」眾人只好把朝鮮使節哄打上船，責令離去。

不過對於大明國使節，就耐心在伏見城等待。德川家康等五大老，也都被召來聚會，迎接明使。小西行長自知，豐臣秀吉這次迎接明使，耗費比上次迎接沈惟敬還要盛大，甚至都大興土木，拆遷城池，動員百姓財貨了。

若發現和談條件全部落空，一定會惱羞成怒，宰了他小西行長。自然火燒屁股，急得到處找空子鑽，砸下重金，收買豐臣秀吉身邊的所有人，知道西笑承兌懂漢語，趕緊送上金製的法器，以及大明國買來的宋版佛經，希望他在唸讀詔書的時候，改為同意割讓朝鮮四道給日本。之後若豐臣秀吉要求履約發生困難，他再把違約搗亂的責任，全推給朝鮮人便可。

不過西笑承兌害怕被追究，不敢跟著小西行長扯爛污，終於在大家的面前，照實地把詔書唸出來：「奉天承運，皇帝制曰：聖仁廣運，凡天覆地載，莫不尊親帝命。溥將暨海隅日出，罔不率俾。昔我皇祖，誕育多方。龜紐龍章，遠賜扶桑之域；貞珉大篆，榮施鎮國之山。嗣以海波之揚，偶致風占之隔。當茲盛際，咨爾豐臣平秀吉，崛起海邦，知尊中國。西馳一介之使，欣慕來同。北叩萬里之關，肯求內附。情既堅於恭順，恩可靳於柔懷。茲特封爾為日本國王，賜之誥命。於戲龍賁芝函，襲冠裳於海表，風行卉服，固藩衛於天朝，爾其念臣職之當修。恪循要束，感皇恩之已渥。無替款誠，祗服綸言，永尊聲教。欽哉！」

豐臣秀吉聽完，竟然七項條件，一項答應的都沒有，立即大怒，急如潑猴，抓起詔書往地上扔，在旁的西笑承兌，緊張地趕緊拾起詔書。豐臣秀吉指著楊方亨大罵：「什麼知尊中國？什麼叩關萬里請求內附？什麼日本國王？我若要當日本國王，自取便是，何必要你們這些長鬍子虜寇冊封？難道你們不知日本早就有天皇嗎？」轉而看西笑承兌說：「快翻譯給他聽！」成兌翻譯之後，楊方亨此時才知道，竟然李宗城才是對的，自己被沈惟敬騙了。沈惟敬與小西行長當場愣住，辛苦這麼久，還是穿梆。在一旁的德川家康怕豐臣秀吉失去理智，殺了使節，引來明朝更多的軍隊，日本就會有災難，趕緊說：「快把這失禮的使節轟出去。」

轉眼看了小西行長，更是怒火中燒，本想當中日兩國合併之後的皇帝，竟然東拉西扯，變成什麼日本國王？還得稱臣納貢。原先的企圖完全破滅。

侍從還沒動，豐臣秀吉抽出刀，對準小西行長說：「你敢騙我！我要殺了你！」小西行長趕緊下跪說：「大人息怒！」西笑承兌收了小西賄賂，卻沒幫上忙，也有些恐懼小西若有不測，他的家臣，會私下對自己報復，趕緊上前勸阻說：「大人且慢，貧僧認為小西大人可能不知情。」

豐臣秀吉疑問：「不知情？」西笑承兌說：「這是大明國皇帝給大人的國書，小西大人可能不知情啊！況且石田大人他們，不也參予議和？若是知情，也早該稟告。」小西行長趕緊道：「是啊！我不知道大明皇帝竟然如此失禮！」豐臣秀吉怒道：「你父親小西如安去過北京，你自己本人跟大明使節接觸一年多，交往甚密，難道看不出他們的基本態度？還把我秀吉當笨蛋耍？」

小西行長聽了張口結舌，西笑承兌說：「貧僧認為，這幕後必有隱情，若大人一時衝動，可能就永遠不知道內情了。」

豐臣秀吉也怕逼急了，他家臣投敵生變，才收刀說：「好！暫時饒你狗命！快把失禮的明使給我轟出去！」於是沈惟敬與楊方亨，只好灰溜溜離開。然後豐臣轉而對眾人大喊說：「我要出兵！跟大明國決一死戰！要讓大明國史冊記載我秀吉的厲害！」

伏見城天守閣。

豐臣秀吉滿面怒容，派西笑承兌把小西行長找來，單獨與他面談，在場只有三人。豐臣坐在主座，西笑在一旁，小西平伏於木製地板上。

豐臣秀吉把萬曆皇帝冊封日本國王的詔書，丟在小西行長面前，然後怒目問：「我不知道你是發什麼瘋，竟然敢這樣對待我秀吉。當年強大的關東名門北條氏，我都可以將之連根剷除，你小西竟然膽大妄為到這樣耍弄我。我倒想知道，誰是你的後台？」

小西行長渾身顫抖，平伏地說：「屬下萬萬不敢開罪大人，而是有難言的苦衷。」追問道：「什麼苦衷？要是今天解釋不出來，你休想離開伏見城！」小西更是不敢抬頭，發現要是再隱瞞，自己就可能沒命，所幸把事情說出來，把責任推得一乾二淨便是，於是抖著說：「這一切是主上的意思，要我保護皇室傳承，讓大明誤以為日本天皇已死，並誘導大人對中國稱臣，屬下不敢不聽皇令啊！」於是再把他自己與小西如安等人，得到皇家指點，去北京所說的一切，與沈惟敬共同密謀的過程，都供出來。

豐臣秀吉大驚失色，瞪大眼追問：「你敢胡說！拉扯天皇？」小西急忙磕頭道：「在下萬萬不敢妄言！原因是皇室認為，大人入唐計畫，毫無勝算，要預防局面失控，大明因此進攻日本國土，所以佈局了一切，要大人如足利家與大內家之故事，對中國稱臣入貢，那麼不管局面如何變化，皇室絕對安全。屬下也是莫可奈何，被逼令而行，才去與沈惟敬合作，絕不是不從大人的意志。請求大人給屬下去前線作戰，戴罪立功！」豐臣秀吉聽了氣得發抖，才知道自己受騙，背後有複雜因素，事涉天皇，不敢發作，點頭說：「知道了，下去吧！」小西退出天守閣。

豐臣秀吉轉面問西笑承兌：「你認為小西說的是實話嗎？」西笑承兌神情嚴肅，點頭說：「拙僧認為，他說的是實情。」豐臣秀吉陰沉著臉問：「天皇為何要這麼做？」西笑承兌低頭說：「拙僧不敢亂猜。」豐臣秀吉大喝道：「我就要你猜！」

西笑承兌震動了一下，看到他怒目睜眉，只好低頭說：「是的，那在下就失禮……不過先說明，這只是拙僧自己的猜測。」豐臣秀吉「嗯」了一聲。

西笑承兌說：「拙僧認為，天皇陛下把大局看得更清楚，如小西剛才所言，天皇先在大明國皇帝面前，秀出自己已死的迷障。若萬一大明軍隊打到日本，進攻朝鮮的事情，就不關天皇的事，天皇就可藉此『死而復生』，跳出來與大明國合作。屆時隨便編一個流亡避難的故事，說自己沒有被信長殺死，把大人這位信長後繼者，打成共同敵人。基於相互語言不通與日本國情不同，只要控制翻譯管道，很多事情可以半真半假唬弄過去。大明軍隊若登陸，必然遭到抵抗，自然不會追究這麼多，只要發現日本各地諸侯與百姓，還認為他是天皇，就會願意跟他合作。那麼只要天皇暫時移除皇號，對大明稱臣，危機就渡過，還是可以繼續在日本臣民面前當天皇，仿朝鮮或大明的其他屬邦之例。等風頭過去，準備妥善，就軟硬兼施，或戰或和，動員日本臣民把大明勢力擊退，恢復皇號。兩國關係一切就回到原點，只是大人的豐臣家，不復存在而已。天皇在變局之前，能活而先死，自然能在變局之後，可以死而復活……」

活而先死，死後復活，這種高段的政治法術，已經遠遠超過豐臣秀吉所知，只見豐臣秀吉眉頭緊鎖，臉上青筋跳動，眼皮抽蓄，彷彿中了降咒術法，但又強忍而不敢發作。原來在他面前沉默微笑，深居幽宮，粉白怪誕，忝居上位，對一切都不清晰也不表一態的雕像，竟然對局勢透澈的程度，遠遠高過於，從底層爬上位，在戰場混世打滾多年的他。這他非常難以接受。

西笑承兌接著道：「而且天皇讓小西行長與沈惟敬，製造假的和談，還有另外一層意義。就是讓戰局陷入談談打打的僵持局面，如此兩方都會利用這時間，抓緊防備。無論大明皇帝還是大人您，都無法佔有壓倒優勢。如此，天皇就絕對安全……」終於打斷他說道：「好了！你也下去吧！我要靜一靜，思考思考！」西笑只好退下。

西笑承兌這話說到了重點，所以豐臣秀吉雖惱怒，卻不敢發作，只好沉默無語，靜靜沉思。豐臣秀吉頗為後悔自己的疏忽，自己早該料到，皇家對『入唐』這等改變日本國體的大事，不可能沒有自己的意見，更不可能對他的計畫袖手旁觀，只是表面上不說而已。

當年自己的主公織田信長被朝廷猜忌，曾用各種手段，引誘他秀吉參與謀反。充分看準了，他秀吉與明智光秀，非屬織田宿舊武士而受重用，最有可能配合皇室。

當時他秀吉雖然沒有直接動手，但是也把這秘密隱藏，不告訴信長。並積極囤積物資備戰，密切注意織田家內部的動靜。直到朝廷不斷施壓引誘，才使他羽柴秀吉有限度地配合，在征伐毛利的前線，請信長親自來此親征。明著是不想要功高蓋主，實際上是替明智光秀製造兵變的機會。也就是秀吉將信長引入天皇眼前，進入京都這個甕，好讓光秀動刀宰掉。

也因此明智光秀發動本能寺之變時，自己才可以在極短的時間內，從征伐毛利的前線突然回軍，消滅明智光秀，並架空織田氏政權，除掉織田內部反對他的人。這樣大家止會記得動刀的明智光秀，不會記得請君入甕的羽柴秀吉。在這角度上，他跟明智光秀一樣，幫了皇家，除掉織田家。

雖然自己早知道公家有密謀，但密謀竟然能得勝，一下把信長的天下弄垮，讓他頗感吃驚，才知自己與之前的戰國武士，都太低估天皇的力量。除此之外，坐上關白的位置後，才發現日本國內氣氛詭異，屬下各大名對之若即若離，若叛若服，好像有一股力量在後面操作，盯住他的江山。這種感覺，先前織田信長也是有的，所以才不斷想提征服唐土。

豐臣秀吉自以為高明，先協助天皇，以其力量消滅了織田信長，然後再用信長的入唐計畫，最後扳倒天皇。但最後還是發現，自己被天皇盯得死死，連謀劃大明國都慢了一步。自己所遇到中國皇帝的使節，竟然也算是日本天皇的敕使，兩皇一敕要他稱臣，可真是皇道蕩蕩，陰陽相濟，無所不包。

更麻煩的是，他發現自己眼下已經危機四伏，且火燒兩頭。在中國史冊上丟了臉，豐臣家實力又大損，這就不必提了。接下來若不大打一仗，會被日本各大名與朝鮮人看不起，但是若大打一仗，則前有中國皇帝出兵阻擋，後有日本天皇猛扯後腿，且不知道自己手下還有哪些大名會像小西行長一樣，跟朝廷暗通款曲。看來自己這隻孫猴子，是逃不出天皇這尊如來佛的手掌心了。

這家族經過一千多年，多少豪強梟雄的凌逼，多少奸佞惡臣的計算，仍然一一擊退對手，永遠不倒。自然不會看不穿，你豐臣秀吉入唐計畫的真正目的。而先前對皇家有威脅的豪強，沒有一個有好下場，自己現在惹了天皇的禁忌，將會有什麼下場呢？豐臣秀吉想到此，不由得汗毛豎起，陷入恐懼。

手上的摺扇掉落於地，走上前去撿起萬曆皇帝的詔書，不斷發抖，喃喃自語說：「足利義滿，足利義滿……我終於知道你當年踩到了什麼陷阱……」然後苦著臉，長嘆無力，一陣氣沮。

只好一方面保留明朝的冊封詔書，不敢毀棄。若極端狀況真的發生，自己也能藉此受封詔書保護自己。另一方面集中主力增援朝鮮，只要把時間拖過去，搶到朝鮮南部四道，重新劃分各大名的領土，這場戰爭就不至於招致眾怒。皇家密謀這件事情，再思考看看，該怎樣馬虎過去。麻煩的還不只豐臣秀吉，沈惟敬離開日本後，惶惶不可終日，不敢回國，但還在賭豐臣秀吉不敢再戰朝鮮，便派其他人假造豐臣秀吉的謝恩表，送上朝廷。結果內容全然沒有提到，釜山如何歸還？朝鮮日軍何時撤退？日本與朝鮮之後該如何善後？且照理說來，上謝恩表應該是要豐臣秀吉的特使。但來人卻不是日本人。加之楊方亨回去密報，直接就把豐臣秀吉翻臉，沈惟敬偽造的行為抖出來。

北京。

發現被騙而大怒的也不只豐臣秀吉一人，萬曆皇帝朱翊鈞見到禮部奏報，才知道自己之前全部被騙，盯著這奏書大喝一聲，皺眉怒目，不知是哭還是笑，抖著道：「有人反啦！張鯨！」

掌印太監張鯨趕緊跪下道：「奴才在！」

朱翊鈞道：「馬上傳旨！朝鮮駐軍立刻捉拿沈惟敬！石星打入刑部大牢問罪！」張鯨趕緊道：「奴才遵旨。」又突然想起了之前看到的森六郎、小松與新平三郎等人。接著大喊道：「還有！」張鯨趕緊匍伏回頭。「傳旨錦衣衛北鎮撫司，出動所有密探，把沈惟敬帶來的三個倭人，都給我抓起來審問！別讓他們給跑囉！」張鯨趕緊磕頭遵旨而退。

為了面子問題，中日兩國再次各自動員，在朝鮮大打出手。反倒遂了朝鮮王的意。

新平三郎早在議和騙局穿梆之前，就已經捲走中國皇帝所有賞賜，逃回日本去，享受中日兩國皇家給的財富，錦衣衛已經抓不到人。只剩下蝸居在沈惟敬北京住處的森六郎與小松，當場被錦衣衛帶走，關押在北鎮撫司衙門。兩個孩子見到異國的特務官員凶神惡煞，甚至動用刑具，語言又不通，當場癱軟在地上，哭哭啼啼。

秉筆太監陳矩親自審問，但是一時找不到懂日語者。森六郎與小松，從天堂摔入地獄，相擁哭泣，忽然一老僧來北鎮撫司，自稱懂漢日兩語，願意前來翻譯。陳矩此人雖然是太監，說話陰陽怪氣，但為人尚知大體，便將三人一同提審。

陳矩問：「你是何人，能懂倭人語言？可知這是什麼地方？」老僧雙手合十用漢語說：「貧僧法號幻海，東瀛人，來中土大明苦行多年。這裡是大明國官員，人人懼怕的錦衣衛北鎮撫司衙門。」

陳矩問：「哪你又為何知道，這裡在審判兩個東瀛人？」

幻海說：「一年前曾聽過一位施主，跟貧僧提起過。說東瀛的天皇遺孤來北京投奔天朝皇上。貧僧在東瀛時曾與皇家有過俗緣，在聽市井百姓們說，兩個東瀛人被抓去，故特來關切。」陳矩說：「若你所說的是實情，那便甚好，倘若謊言應當如何？」幻海說：「出家人不打誑語，倘若貧僧說謊，就聽憑大人處置。」陳矩說：「好吧！你所說，咱家姑妄聽之，既然你跟東瀛皇室有緣，那這兩個人你認識不認識？」

幻海轉而看了森六郎與小松兩人，幻海用日語對森六郎說：「小施主可還認得貧僧？」森六郎搖頭。幻海說：「貧僧法號幻海，也是日本人。你們就當作認識貧僧，否則貧僧很難救兩位出去。」森六郎從而號啕大哭，原來這就是自己三歲時候見過的和尚，茶人千利休也常提起他。於是擁抱上去，小松也跟著擁上去。

陳矩見了，感覺森六郎確實曾經與幻海相識，敲案道：「東瀛和尚，我問你，他們兩人到底是不是日本的皇室遺孤？日本天皇到底是怎麼回事？」

幻海點頭說：「他們確實是皇室遺孤，十年前曾經見過他們，所以剛見面，他們兩人還沒認得貧僧。剛才提到當年情況時，他們頓然想起。日本皇室當年被兵亂所滅……」然後下跪對陳矩磕頭道：「貧僧請求大人，釋放這兩個不知情的孩子。」

陳矩看剛才三人相識相擁的情境，到也頗近人情事理，於是說：「釋放不釋放，咱家還得請示皇上。我先問你，日本皇室到底是怎樣被推翻的？沈惟敬又為何利用他們說謊？豐臣秀吉掌握日本大權，又是怎麼一回事？」

於是幻海說了，當年織田信長與豐臣秀吉崛起的故事，尤其把豐臣秀吉貧賤出身照實說了一遍，但談到皇室，就摻入半真半假的情況，聽上去都頗為合理，又說森六郎與小松只求苟活，不敢再牽扯日本皇家身分。最後一段讓陳矩不得不信，他道：「……除此之外，大人難道看不出來，這一切也是豐臣秀吉的詐術？」

陳矩瞪眼問：「此言何解？」

幻海道：「萬曆二十年開戰之後，天朝大軍投入戰爭，日本軍隊陷入不利狀態，最終退到朝鮮南端求援。對豐臣秀吉而言，此時只能故作乞憐，佯弱請求冊封，使用緩兵之計，讓天朝大軍先撤回國內，等他準備好之後，再次出兵佔領朝鮮。以此搶一個先手，來扭轉當時不利的局面，沈惟敬不過是他的棋子而已。望天朝皇上，不要墮入他的詭計之中而不自知。」

陳矩聽完之後，狠著臉，點點頭說：「緩兵計……豐臣秀吉的詐術……知道了，他跳樑小丑的把戲，斷然不會得逞！咱家自會恭請皇上聖斷。」

紫禁城御花園。

秉筆太監陳矩向皇帝報告之後，請求釋放森六郎與小松兩人……

朱翊鈞已經被多種訊息攪亂，搞不清楚日本到底是什麼情形，於是拍桌怒道：「緩兵計？你所說的可是實情？可別又有辱天朝國體！難道你要跟石星與沈惟敬一樣？」

陳矩雖識大體，但在這深宮之中，不帶著幾分機靈就難以生存，趕緊跪著裝要哭說：「主子聖明，奴才是去了根的人，就有一千萬個膽，也不可能像沈惟敬一樣，欺瞞主子。這兩個日本孩子確實是無辜……」朱翊鈞眼珠子仍左右晃動，疑心難滅，便說：「朕知道爾等忠心！但是從日本進犯朝鮮開始，朕就感覺，有人暗中造了一個彌天大謊，真正的目的，就是要騙朕！到底是誰？會讓沈惟敬敢欺君！石星傻呼呼跟著被耍？究竟是誰？指使他們把豐臣秀吉開出的條件，全部隱瞞不報？害得朝廷鬧了這麼大的一個笑話！」

朱翊鈞萬萬想不到，欺騙他的，是另外一個也自稱『朕』的人！

陳矩說：「這必然是那個叫豐臣平秀吉的東瀛人，利用沈惟敬在使詐。主子試想，出兵朝鮮的是他，打了敗仗說要和談的是他，毀約又發兵的還是他，不是他在使詐用計還能有誰？那兩個日本孩子，且不論到底是不是日本皇族遺孤，肯定也是被他利用來迷惑主子的棋子。倘若他們真的是日本皇族遺孤，而主子降旨處罰，就又中了借刀殺人之計。千萬不要被平秀吉這一個東瀛鳥人，影響到主子的天威啊……」說了痛哭流涕不斷磕頭。

朱翊鈞信太監不信大臣，於是露出了笑容說：「可以啦！朕知道了，就依你吧！傳朕旨意，放了那兩個東瀛小孩！」

陳矩磕頭道：「奴才代這兩個孩子，叩謝天恩！」

當然，日本天皇周仁這一招看似多重矛盾，實則必有一處潰決。派人前往中國佈局，就如斷了線的風箏難以操控，施展招數必然要如老子所云：大巧若拙。用多方矛盾資訊來迷惑中國皇帝朱翊鈞。森六郎與小松能罩住謊當然最好，倘若罩不住謊，被朱翊鈞發現他們的真實身分，朱翊鈞在無法親自到日本查證的情況下，也只會對豐臣秀吉起疑。他的計策照樣成功。而朝鮮的戰局，就會因此時間拖沓，談談打打，進入爛泥僵局，不會有任何一方搶奪壓倒優勢。如此一來，豐臣秀吉不可能攻入北京稱皇，大明朝的軍隊打到日本的機會，也微乎其微。

最後幻海、小松與森六郎都被陳矩釋放，在中土定居。而沈惟敬被駐紮朝鮮的明軍抓到，綁赴北京斬首，石星則病死於獄中。石星已經是小心翼翼，考證嚴謹，自然不可能會想到，沈惟敬會牽扯日本那麼深層的勢力，會造出這般彌天大謊，而萬曆皇帝又是一個昏君，真頗為冤枉。

當沈惟敬被綁赴刑場時，幻海、小松與森六郎正在旁觀刑，見到小松與森六郎還念及舊情，含淚相送，哭喊沈大叔。沈惟敬才赫然想到，自己跟這兩小孩一樣被日本皇室利用了，而且用完即丟，只有死前哈哈大笑。

第五章　遇強即屈入唐皇圖勞無功　借花獻佛德川家康已入甕

中國明朝萬曆二十五年。被天皇暗算，陷入失望又恐慌的豐臣秀吉，使出全力要大戰一場。除了多次上奏天皇周仁，語氣強硬，要求他準備遷都，讓皇家知道他意志不可動搖之外，同時派遣加藤清正、小早川秀秋、黑田長政、真田幸村等等十餘名日本戰國名將全部出動，甚至當年幫助豐臣秀吉打天下的頂級軍師黑田如水，也派來指揮全軍調度，陸軍十四萬人，海軍兩萬人，共十六萬人，可謂將日本能動員的精兵強將全部傾巢而出。萬曆皇帝消極怠惰，連經略等級的將領都沒有出動，剛開始只派遣總兵麻貴、揚元等三萬人先期到達，總督邢玠四萬人隨後，與朝鮮水陸兩軍會合，共約九萬大軍。雙方再次大戰。

初戰日軍佔有人數優勢，且先下手佔領諸多城池，庸將楊鎬吃了大敗仗，明軍處於不利地位。朝鮮重新派水軍名將李舜臣出戰，與邢玠派出的明朝水軍合作，眾船齊發，再度擊敗日本水軍，切斷日軍補給線，從而緩解了陸上進攻力度。明朝陸軍遂發動反攻，連破日軍的進犯，日軍只能轉入防守，明朝軍隊節節逼近蔚山，日軍遂展開蔚山防禦戰……

日本慶長三年新春，京都二條城。

島井宗室來向靜光報告蒐集的情報。

「從大明回來的堺港商人那裡得知，大明朝廷認為那場議和騙術，是太閤的詭計，目的是要再次搶一個戰機先手，先緩兵而後扭轉頹勢。」

靜光微笑著說：「會這樣想甚好，那他們對日本皇室情形可知道？」

島井宗室搖頭說：「不甚清楚。不過他們所說，大明官方似乎還以為，皇室已經不復存在。」

靜光不禁哈哈一笑，點頭說：「善哉，老子說的好：『知者不言，言者不知。塞其兌，閉其門，挫其銳，解其分，和其光，同其塵，是謂玄同。故不可得而親，不可得而疏，不可得而利，不可得而害，不可得而貴，不可得而賤。故為天下貴。』」

島井感覺這和尚滿腦子權術，根本不像是出家人，也聽不懂他到底在說什麼。轉而說：「還有一事，聽說太閤已經身體不適，新春竟然沒有去見天皇。」

靜光輕聲地說：「恐怕是變局將至……朝鮮戰局如何？」

島井宗室負責朝鮮戰局的後勤，大致理解其戰況，說：「雙方互有勝負，不過整體來說，日本在防衛戰鬪上，還頗有戰果，只是在後續的支援，不可能跟大明國來比。所以大明國軍隊在蔚山的進攻作戰屢次失敗，似乎有意打長久戰，剛開始只派遣很少的軍隊，逐步增加兵力，持續加大進攻力度，讓我方越打越困難。若戰爭拖越長，對日本越不利……為了少數人的野心，要死這麼多人，造成那麼多悲慘故事，實在……」即時收斂，不敢說太多。

靜光說：「對太閤而言，踏上唐土，是鵬飛萬里之志。只是他不知道大局強弱之理，以前在日本從未敗績，就以為日本之外也是如此。倘若居士不希望，生靈塗炭不可收拾，也有一法可解。」

島井問：「何法？」答道：「戰局誠如你所言，大明國地大人多，可以慢慢跟日本長久消耗戰鬭，若雙方堅持拖耗下去，時間拖延越久，對日本越不利。就算日木打了幾場勝仗，重新攻破平壤，逼近大明國邊境，大明國為保自身領土，必將派遣更多軍隊，仗只會越打越大，拖耗的程度也就越深，對日本百姓負擔就越重。如此，戰場上的勝利，反而是戰局上的失敗。倘若今天能夠顛倒過來，日本在戰場上有一些不至於崩潰的失敗，讓太閤萌發撤軍之心，遲早不退也得退。日本雖然在此戰失敗，失了面子，但是退回與世隔絕的島嶼，贏得了重新休養的時間！這才是日本可以勝過大明國之處！也就是以日本之長，勝大明之短。」

島井微笑著搖頭說：「法師雖然說得有理，但戰場上的事情，恐怕不是我等能作主，甚至朝廷也無法作主。」

靜光呵呵一笑說：「老子說：『大道氾兮，其可左右。又曰：以其不自大，故能成其大。』沒有任何事情是大道不能作主的。小西行長戴罪立功，效命於帳前，但是內心必然不服，打起仗來必投機任事。石田三成等文治派奉行，與加藤清正等武功派將領，在戰場上也不能相互謀合。石田三成的事情，居士就不用操心，他們自會相爭，阻礙那群不知大局的武夫，而小西行長與你皆通商道，居士倒可以從這下手。」

島井問：「要如何下手？」

靜光說：「老子說：『天下難事必作於易，天下大事必作於細。』又曰：『人之不善，何棄之有？』居士負責朝鮮戰局的後勤供應，只要依托戰局理由，厚此薄彼，讓小西行長等人能做他想要做的事情，加藤清正等人難做他想做的事情，然後一切放空於老子所云的『無為』。局面就自會往居士所想的方向演變。」

島井宗室渾身冷汗，這和尚滿腦子高竿權術，把局面弄得如此透徹，整死人完全不留痕跡，著然可怕。但為了讓日本能休養生息，從拖耗國力的戰爭之中解脫出來，拯救更多的日本百姓，島井宗室決定依他所言而行。

果然小西行長得到較多的資源，四處打投機仗，遇敵人就求援，遇防守任務就退怯，蔚山防守丟給加藤清正去解決。逐漸擴大了兩派武將的矛盾分歧。從而日本各將領即使奮力作戰，好幾次打敗明朝軍隊進攻，也無法組織攻勢，只能按照豐臣秀吉防衛作戰的底本，加強工事防禦蔚山一線，全部進入被動的守勢，只能等著明朝軍隊來打。

豐臣秀吉已經看出，後面有周仁天皇暗中搞鬼，前面有萬曆皇帝出兵強勢阻擋，朝鮮戰場已經難有進展，連大明國的邊都摸不到，更遑論攻入北京定鼎中原。從而有退兵的打算。但若不搶奪土地就退兵，當初的領土劃分成了泡影，手下大名出現離心，豐臣家的江山就將會動搖，征伐朝鮮已經事成騎虎。

迫不得已，繼續強力徵招軍隊，準備在慶長四年大規模增援，把全部力量都押上去，以奪取朝鮮南四道為戰略目標。但在慶長三年夏天，就病死於伏見城。原本就已經厭戰的日本各大名，眼見日本大半國土民不聊生，自知拖耗不起這樣的長久消耗戰，已經決定撤退。兩派武將在分歧之中，各自撤回日本國內。而明朝軍隊見日軍撤退，光復朝鮮全境之後，便在萬曆二十七年四月，班師回朝。

萬曆皇帝朱翊鈞在午門接受獻俘，並且下詔把俘虜的日軍將領斬首示眾。而後頒布『平倭詔』詔告天下，說明戰爭原由。

『奉天承運皇帝詔曰：朕纘承洪緒，統理兆人，海澨山陬，皆我赤子，苟非元惡，普欲包荒。屬者東夷小丑平秀吉，猥以下隸，敢發難端，竊據商封，役屬諸島。遂興薦食之志，窺我內附之邦，伊歧對馬之間，鯨鯢四起，樂浪玄菟之境，鋒鏑交加，君臣逋亡，人民離散，馳章告急，請兵往援。朕念朝鮮，世稱恭順，適遭困厄，豈宜坐視，若使弱者不扶，誰其懷德，強者逃罰，誰其畏威。況東方為肩臂之藩，則此賊亦門庭之寇，遏沮定亂，在予一人。於是少命偏師，第加薄伐。平壤一戰，已褫驕魂，而賊負固，多端陽順陰逆，求本伺影，故作乞憐。冊使未還，凶威復扇。朕洞知狡狀，獨斷於心。乃發郡國羽林之材，無吝金錢勇爵之賞，必盡弁服，用澄海波。仰賴天地鴻庥，宗社陰鷲，神降之罰，賊殞其魁，而王師水陸並驅，正奇互用，爰分四路，並協一心，焚其芻糧，薄其巢穴。外援悉斷，內計無之。於是同惡就殲，群酋宵遁，舳艫付於烈火，海水沸騰，戈甲積於高山，氛浸淨掃，雖百年僑居之寇，舉一旦蕩滌靡遺。鴻雁來歸，箕子之提封如故，熊羆振旅，漢家之德威播聞，除所獲首功，封為京觀，仍檻致平正秀等六十一人，棄屍稿街，傳首天下，永垂凶逆之鑒戒，大泄神人之憤心。於戲，我國家仁恩浩蕩，恭順者無困不援；義武奮揚，跳梁者雖強必戳。茲用布告天下，昭示四夷，明予非得已之心，識予不敢赦之意。毋越厥志而干顯罰，各守分義以享太平。凡我文武內外大小臣工，尚宜潔自愛民，奉公體國，以消萌孽，以導禎祥。更念彤力殫財，為日已久，嘉與休息，正惟此時，諸因東征加派錢糧，一切盡令所司除豁，務為存撫，勿事煩苛，咨爾多方，宜悉朕意。』

被釋放的森六郎與小松，此時與幻海還居於大明國陪都南京，知道戰爭結束了。幻海含著笑容圓寂而去，小松嫁給了南京城內的商人，森六郎也娶了當地女子為妻，各自在中國落地生根，相互以姐弟相稱。

京都比叡山郊外。

死後謚號後陽成天皇的周仁，與靜光和尚，在郊外擺設茶會，來了不少京都精於茶

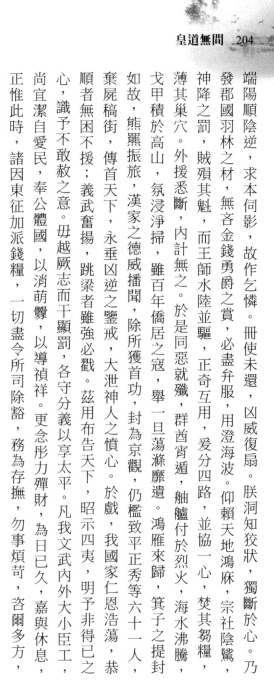

道者。在新搭建的別館上飲茶，周仁天皇與靜光獨處。

靜光拿出，中國皇帝朱翊鈞的平倭詔複寫本，給周仁天皇看。

周仁識得漢文，日本天皇的詔書文體也都是漢語文言，所以不用翻譯一覽便明，甚至一眼看出當中關鍵辭彙。拿著朱翊鈞的詔書，從頭念到尾，最後喃喃自語道：「咨爾多方，宜悉朕意……咨爾多方，宜悉朕意……你我同樣是自稱朕的人，最能體悉你朕意的，當然也莫過於我這個朕。」

又呵呵一笑說：「明皇這詔書寫得真好！好一個『東夷小丑平秀吉』！從這個『平倭詔』的字裡行間，可以看出明皇內心，對豐臣秀吉的怒火。且同時也告訴了朕，明皇不會進攻日本，從今天開始朕可以不用裝了，更不必擔心日本之外的危機。這東夷小丑平秀吉，還真把日本當成是他的，無視朕的意志，橫挑強鄰，多次上書逼迫皇家作遷都準備，給朕惹禍。若他真成功打入北京，那麼皇帝之位不就得讓他來坐？他若當了皇帝，朕怎麼辦？好在有大師的運籌，才讓朕能心安。」

靜光微笑著說：「是的陛下，在漫長的皇位傳承中，又渡過了一次危機。當年大明國永樂皇帝派艦隊下出洋遠航，順道以船堅砲利拜訪日本，皇祖讓足利義滿，對明皇稱臣入貢，受封日本國國王，避開了鄭和稱霸海洋的風頭，也是同樣道理，面貌不同而已。這都是要預防萬一大明軍隊登陸，而日本軍隊抵抗失敗。皇家就可以藉此重新出面，與大明軍隊結合，把織田、豐臣一派打為敵人，然後假以朝鮮王的模式，與大明軍隊虛以委蛇，或戰或和，最後將之趕走，繼續在日本稱皇而不滅。正如老子所言，『聖人後其身而身先，外其身而身存』，機關秘術之『內外互寰，九轉生死』所演繹於此。所以無論戰爭勝敗，皇家都肯定安全無虞，豐臣秀吉也必然失敗！但戰爭局勢的演變方向，還是在最安全的狀況下落幕，似乎該籌謀下一階段的複雜局面。」

周仁問：「這且先不急，朕反倒想問法師。在禿鼠第二次出征朝鮮時，法師就已經看出，豐臣家根基已空，該是要收拾的時候了。那麼大明國的根基經過此戰後，可有動搖？」

靜光說：「大明國根基，不會因為這場戰爭動搖，若是動搖，也不會是這個原因。」又問：「何以見得？」靜光說：「大明國在其英宗皇帝時，曾五十萬大軍敗給韃靼全軍覆沒，皇帝都被俘虜。又長年與蒙古各族纏鬥，再築萬里長城，損耗何止與太閤交戰的十倍？然而大明國都沒有垮。根基動搖與否，在其自身而不在外敵。所以大明國根基若動搖，其原因也必然出在大明國皇帝自己的身上，而不在太閤這一點微弱之力。中國與我日本不同，日本可能因為外界因素覆亡一個掌權者，但中國王朝的覆滅都在於他們當權者自身的腐朽因素。」

周仁又問：「那麼下一階段的局勢，危機會在何處？」答道：「豐臣家所屬各大名，原本都以為可以瓜分廣大領土，結果苦戰七年死傷慘重，連大明國的邊都沒摸著，朝鮮的一杯殘羹皆吃不到，必然心生不滿，相互怨恨。而豐臣家根基尚淺，若各大名不團結擁護，則必然被自己人所動搖，被他人所吞噬。收拾豐臣氏當由此處著手。」周仁問：「誰會吞噬？」答道：「就在號稱五大老，最有實力的五個大名中。而當中內府德川家康，實力最強，為人城府也最深，最能忍耐。貧僧估計是他。」

周仁說：「豐臣秀吉雖然給朕惹了大明國的亂子，逼朕非得收拾掉他的江山。但他出身卑微，反而對皇室特別尊崇。知道我皇道蕩蕩，所以對朕也最為恭順，供應的財貨頗為豐富。若將來給德川家康執掌日本實權，能繼續尊崇皇室？」

靜光說：「沒有任何實權者，願意真心尊崇皇室！況且中土歷史對日本影響很大，學習中土，改朝換代鼎革維新之說，在日本儒學當中屢有所聞。易經革卦，天地革而四時成，湯武革命，順乎天應乎人。況且孟子有云：民為貴，社稷次之，君為輕。鼎革維新的說法，在中土已經深入人心。織田信長削平大名專權的基礎已經奠定，不太可能重回戰國紛擾。而往後若內府取代了豐臣家，他肯定與太閤的行為截然不同，不會積極往日本之外發展，除了兩人秉性有差之外，也是前車殷鑑之故。這人才是皇家在下一階段最頭痛者。」

周仁問：「分析一下，織田、豐臣、德川這三人，秉性差距為何？」

靜光說：「陛下為君，他們為臣。我且以君臣相對之說來論。織田信長可謂逆臣，桀傲不遜，恃力自重，從歧阜起家，就已經透出鼎革取代之心。而後又對先皇諸多逼迫，雖然出錢扶持皇家，不過是為了打倒其他大名，利用皇家而已。等天下一統之後，必生不臣篡逆之心。故當年先皇不為織田的支應所惑，置天地乾坤芯，原由在此。這情況在中土歷史中，可比曹操、宇文泰。而豐臣秀吉可謂亂臣，貌似恭順，建立功勳，營造太平，尊重皇家，實則給皇家製造亂局，潛伏禍端，當年他對織田信長也是貌似恭順，暗中卻參與天地乾坤芯之局，躲在明智光秀背後，最後顛覆織田根基，原由在此。這在中土歷史，可比王莽、楊堅。而今內府大人，尚未執掌大局，貧僧還不敢多說。但他若成了氣候，貧僧認為他會像中土歷史上的一個人。」問：「誰？」答道：「司馬懿。此為強臣是也！」

又問：「何謂強臣？」答道：「強臣者，在於他能示弱，有弱方能稱強。能收斂隱藏自己，忍耐等待時機，累積數世家族之權威，使天下人屈服於他，讓子孫代替自己意志，最終篡皇位自立。這乃老子所云：勝人者力，自勝者強。強在此處。織田信長與豐臣秀吉跟他相比，威脅差得多了。」

這句話讓天皇周仁頗為驚駭，喝了一口茶，輕聲問：「若真如此，那他比當年的平清盛、源賴朝、足利義滿三人如何？」

靜光說：「恐怕不亞於那三人。當年三人前後覬覦皇統，或凌逼或威脅或以血統混亂皇室，都有明顯的蛛絲馬跡可循，皇祖們可以見招拆招。但此人情形就可能不同，能在織田與豐臣最強勢時，低聲下氣而不露聲色，逐漸累積實力，根基扎實。況且他還能吸取前面數人的經驗，我等當謹慎對付。」

牽涉皇統危機，這周仁可忍耐不住，趕緊問：「那我們得加緊佈局，未雨綢繆。」靜光搖頭說：「陛下且先別急，孫子說：知己知彼，百戰不殆。如何佈局得先看清德川家康的手腳。他要覬覦皇統，必先打倒豐臣勢力。以目前局勢來說，面對德川勢力，豐臣氏是皇家的馬前卒，他若吃掉這馬前卒必然顯露手腳，那麼才好佈局。」

周仁皺眉頭道：「若等他消滅了豐臣氏，就等於平定了日本。屆時我們皇家得單獨面對他，是不是太晚了？若他的威脅比織田、豐臣更大，我們又豈能留他？」靜光搖頭說：「陛下若不以個人虛名為尚，而以皇統傳承為量，則必有制服強臣之法。況且此等強臣，才是最穩定的時間替身！皇家不能除掉他。」周仁問：「此話怎講？」

靜光答道：「織田與豐臣從平地崛起，所向崩潰，野心十足，若覬覦皇統，手段必然激烈。如此日本的江山就會陷入動盪，雖然我皇家要除掉這些武士，易如反掌，但長久下去日本子民也必有承受不住戰爭動亂的一天。而德川家康自幼被人控制，知道天高地厚，不敢狂妄胡為！若得到全日本的實權，萌發野心，行事必定溫吞緩和，有跡可循，請陛下相信拙僧，人的勢力再大也大不過天道，正可謂：『以道制術，無往不利』，他就算萌發對皇位的野心，也不可能突破皇家機關。制伏德川後，日本必能太平，皇家方能在更穩定的局勢中，長久傳承。」

周仁點頭說：「好吧！法師先前皆無失策，朕相信法師。」

豐臣秀吉死後，手下大名果然分為兩派，相互惡鬥，給德川家康有機可趁，從而有不臣之舉。終於兩派人馬衝突，打了起來。石田三成糾集了反德川家康勢力，以及豐臣家文治派大名，結成西軍，攻破了伏見城，節節向東進發。德川家康則集結了，反石田三成的豐臣家武治派大名為東軍，攻破岐阜城，往西進發。

日本慶長五年九月，關原。

東西軍在此排兵佈陣，此處距離豐臣秀吉當年墨股築城，受織田信長賞識而崛起之處，不到十里，但卻是瓦解豐臣家的一場戰役。正是起於斯，敗於斯。

西軍將領各是毛利秀元、石田三成、安國寺惠瓊、島津義弘、小早川秀秋、小西行長、大谷吉繼、長宗我部盛親、宇喜多秀家等約十萬人馬。東軍則為福島正則、藤堂高虎、黑田長政、細川忠興等大名與德川軍本陣，約八萬人馬。

一開戰，莽撞的福島正則就率隊，衝向最強的宇喜多秀家，兩邊廝殺。黑田長政軍，進攻石田三成所部，槍聲不絕。西軍內部一盤散沙，大多抱著投機作戰之心，不若東軍團結堅強。原本剛開始佔優勢而節節逼近的西軍，在小早川秀秋，被軟硬兼施下倒戈後，戰局出現變化。小早川秀秋軍進攻大谷吉繼軍，大谷軍以寡擊眾奮力反擊，小早川節節敗退。然而這一倒戈，已經讓戰場天平往東軍傾斜。

倒戈的還不止小早川秀秋，骨牌效應影響了朽木元綱等四隊，也跟著倒戈，配合藤堂高虎一同救援敗退的小早川，大谷吉繼兵敗自殺。倒戈的部隊繼續席捲宇喜多軍，石田三成也遭到最後一輪進攻，大敗潰走。打投機仗的小西行長，也抵擋不住小早川與東軍的聯合進攻，跟著敗逃。

眼看著西軍即將崩潰，原本作壁上觀的島津義弘，忽然對東軍發動突擊，一路擊破好幾陣，直奔德川家康本陣。德川本陣數名大將率軍截殺，島津部隊人數本就不多，一場混戰後，最終慘敗。眼見毛利不肯出戰的安國寺惠瓊，也跟著化妝逃亡。

最有力量的毛利秀元，竟然與東軍達成協議，不肯出戰。關原會戰以西軍人敗結束。東軍趁勢進攻，西軍的主謀者石田三成的居城，佐和山城。最後石田一族走投無路，女人怕被玷污殘害，紛紛跳崖自殺，城內成了慘絕人寰的地獄……

石田三成、安國寺惠瓊、小西行長都被抓了，在大坂城遊街之後，一併斬首示眾。行刑之前，小西行長想到了，當初在跟他同夥的中國人沈惟敬，聽福建商人說，他在北京以欺君之罪被斬首，原以為自己僥倖為日本大名，所以躲了過去，而今又回歸了與他相同的命運。才想到自己跟沈惟敬一樣，沒有逃脫被利用的命運，同樣是用完即丟。

周仁以天皇身分，派敕使褒獎德川家康，雖然得到了榮耀，思慮深遠的德川家康，卻感覺有一股無形的壓力逼近，這壓力彷彿是另一股真正的敵人，才正整裝出發。

德川家康整軍準備回江戶，經過富士山下停留。與旅居日本的海盜集團頭目李旦，兩人在欣賞富士山景，談論大明國的局勢。同時招來了一名叫做天海的怪僧。天海來了之後，李旦告退。他便與天海密談。

兩人先聊了各大名的動向，天海看到德川家康愁眉不展，似有心事，便問：「內府大人打了勝仗，怎麼還悶悶不樂？」

軍營四周雖圍著帳幔，然而頂為露天，可以看到富士山景。德川家康看著富士山，倒了桌上的茶水，轉話題說：「這是剛才那位大明國的獨立海軍頭領，帶來的福建茶葉，用日本泉水所泡。法師喝喝看，大明國的茶道，與我們日本茶道有何不同？」

天海先看了看茶色，喝了之後，點頭說：「色如琥珀，味清淡芬芳，入喉之後回甘沁鼻。與我日本保留中國古代的茶道法，研磨茶葉，一同喝入，味重而甘美相比，頗有不同之處。」德川家康說：「評鑑得不錯。我煩惱的事情，跟你的答案有點關係。法師倒可以猜一猜。」天海思索片刻，說：「莫非，大人在憂慮，已故的太閤造成日本與大明、朝鮮兩國的裂痕，在將來該如何修補？」

德川家康搖頭說：「不對，大明國看日本，除了用宗主國與屬國的華夷體制觀念之外，沒有任何討論的餘地，他們向來都看不起我們這些外邦夷狄，所以談不上修補。至於朝鮮，衰弱無能，不足掛齒的大明藩屬，修補關係也不用太急。請法師再猜。」

天海思索良久，忽然說：「莫非大人怕豐臣家，勾結大明國，介入日本內部事務？」

德川家康哈哈笑說：「也不對。倘若大明皇帝是雄才大略的漢武帝或唐太宗，那我倒真要害怕，而且是怕得晝夜難眠。但是剛才李旦告訴我，大明國這兩百年，昏君輩出，都不是雄才大略的君主，在朝鮮打勝了太閤，在西北平定了叛亂，就沾沾自喜，不再上朝，朝廷腐敗而沒有遠略，不會對日本有野心。況且豐臣家在大明皇帝看來，不過島夷而已，不會答應援助。所以再猜。」

天海搖頭說：「拙僧實在猜不出了。」德川家康嘆口氣說：「大師助我良多，就不妨透露一二。我擔心的是主上。」天海不解，問：「大人已經獲勝，朝廷也派了敕使褒獎，相信經過此戰，朝廷更加仰賴大人扶持，有何擔心？」德川家康說：「我只略提一二，剩下的請法師自己禪悟，有緣我們才進一步討論。已故的信長公與太閤，都有機會長久擁有日本的天下。但是都因為種種細節因素的累積，中道夭折。你認為這些全然都是命運巧合？對比以往中土豪杰逐鹿中原的歷史，你就可以看出問題何在。」

天海雙手合十說：「感謝大人提醒，拙僧將細細體會後，再來拜訪大人。」說罷離去。為了協調關原會戰後，各大名的領地重新分封，德川家康來到大坂城，作新一輪的政治部署。此時他已經決定，要取代豐臣家而職掌日本大權。

大坂城德川家康居所。

此時拜訪德川家康的日本各地豪強，紛紛聚攏於此處，門前車水馬龍，形同市集。等到他想見的見，該賞的賞，一人獨處之時，天海才來拜訪。

德川家康問：「這段時間，法師有想通，上次富士山下我們討論的問題嗎？」天海答道：「拙僧連續禪坐七天，已然澈悟大人所言。」德川家康微笑著問：「願聞其詳。」天海說：「上次在富士山下，大人以中土茶道與日本茶道相比，以喻日本天下大勢與中土天下大勢演變的不同。才知道大人擔心主上，不是沒有道理。中土皇室自三皇五帝開始，夏禹、商湯、周文王以來四千多年，一朝一代鼎革不息。而日本卻遵奉一天皇血脈長達一千多年，毫無任何改變，這是中土任何朝代都辦不到的事情。即便是南蠻泰西諸國，恐怕也未有所聞。日本長久以來，皆受中土文化思想洗禮，唯獨這一點走了一個岔路，其中必有原由。大人所擔心的根源在此。」

天海停頓了一下，眼睛看了德川一眼，似乎在問是否有錯。德川家康微微點頭，輕聲說：「法師果然智慧，還有呢？」天海接著說：「並非日本豪強沒有野心，也並非日本子民都願意永遠臣服，而是……這拙僧真的想不透……請大人見諒。」顯得有些結巴。

德川家康說：「法師能想到這一層，已經是不簡單。大多人都認為，日本人民恭順無反骨，遵奉天皇，臣子也都知所本份。但大師與我都熟知日本歷史，其實根本不是這麼一回事，日本人也是人，與外邦人有一樣的本性。但是遠者如妖僧道鏡、平將門、平清盛、源賴朝、足利尊氏、足利義滿等人，都有實力也有野心，甚至有用血脈方式逐步替換，皆以敗告終。近者如已故信長公，已故的太閤，所發生的種種細節的事情，都讓我匪夷所思。每當事情到關鍵時刻，都會有莫名其妙的事情發生。」

這是在暗示皇家才是最大的權謀家。天海雙手合十，不敢多語。

德川家康輕聲反問：「法師以為，是中土鼎革維新正確？還是我日本天皇血脈永不變革正確？」這一問雖然輕聲細語，但內容卻雷霆萬鈞。如今日本最有實力的人問了這個問題，天海回答不得不慎重。

天海深呼吸一口氣說：「這貧僧不敢妄論。」德川家康笑著說：「法師別顧忌，這番討論只出你口，只入我耳，不會告知他人。」天海才緩緩地說：「貧僧聽許多日本儒學學者所云，鼎革維新才是正道。如此天子方能抑制豪強，給民以太平。當天子沒有實力時，就當替換。所以中土歷史上，除了異族入侵之外，朝代更迭的戰亂時期，越到現今越加短暫。可以說，只要沒有外力介入，中土百姓已經看透了改朝換代的真相，可以隨意擁立有實力能統一中土的君主，將權力更迭的戰火，壓制到最低。從而中土百姓可以有十代人，不識戰爭。日本從古至今，就比較難辦到。至於南蠻泰西諸國，能有十年沒發生戰爭，就已是不錯。」

德川家康微笑著說：「法師見識深邃，所聞廣博。這也是我在關原之戰後，不斷思索的問題。如何抑制豪強野心，給日本百姓，長久的太平與安樂，遠離兵燹。除了這個，其餘均屬次要，包括豐臣家以及……皇家。」說到最後，聲音顯得低沉。

天海雙手合十說：「大人胸襟廣闊，已故的信長公與太閤，也是此願。」

沒想到德川家康哈哈一笑說：「信長公與太閤？他們兩人差遠啦！」天海瞪大眼頗為一驚。本以為德川家康過去都屈服於此二人之下，平時在其他人面前也都稱讚二人，應當對二人有尊崇之意，原來他打從心中，看不起這兩人。

見到天海訝異的神情，德川家康直接了當地說：「若沒有本能寺之變，你知道信長公統一日本之後，將要做什麼嗎？」天海搖頭。德川家康接著道：「他會跟太閤一樣，先進兵朝鮮，而後入主大明。當年他跟我閒聊中國數千年歷史時，表現出來的雄心壯志，還遠超過太閤！日本武家政權確立之後，『入唐』就是信長下一個要做的事。」天海聽了搖搖頭嘆氣，雖然沒有與信長相處過，但是對於他的野望，也常有耳聞。德川家康接著說：「那你認為，信長進兵朝鮮的結果，與太閤進兵朝鮮的結果。會有什麼不同？」

天海思索了一下，輕聲地說：「兩人謀略智能相當，但是信長公更加雄韜偉略，也較為沉著。進攻朝鮮與大明，結果會比太閤好，甚至有入主中國的可能。」

德川家康冷冷地說：「法師此言差矣！若是信長來主導此事，日本將遭受更大的危難！」

天海問：「敢問大人，為何會這麼說？」德川家康說：「一個客觀的事實，即便信長或秀吉都無法改變的，就是中土大明國與日本國的先天差異。大明國國土與人口超過日本十倍，資源超過日本更多，先天的文化底蘊，是中土影響日本而不是日本影響中土。在中土周圍的各國中，除了朝鮮之外，日本的漢文化又為最深。大明國當年，土木堡五十萬大軍覆沒於蒙古部落，皇帝被抓，北京被圍，也在源源不絕的援軍反擊下，擊退了蒙古。若大明國沒有自己的腐敗與動盪，別說日本，即便周邊所有國家聯合，也無法動搖大明國。」

天海微微點頭說：「大人高見。」

德川家康接著道：「況信長為人又比秀吉驕橫。秀吉為人尚稱圓滑，且為了面子，傾豐臣家所有，而與大明爭個魚死網破。信長掌握全日本，必然動員更大，戰爭必然打得更激烈，明朝皇帝必然從內地，調遣更多的軍隊到朝鮮。甚至遼東的女真部族都有可能參戰。若信長來主導此事，恐怕我德川家康，也得派赴朝鮮死戰到底。日本子民，將會負擔更多的戰爭後果。況且信長亦有取代天皇之意，你認為外挑大國強鄰，內破日本舊制，他的危險性會比秀吉低嗎？」

天海點頭說：「誠如大人所言。」

德川家康說：「不過話也說回來，對外策略我不認同信長，甚至厭惡他的殘忍好殺！但鼎革維新，以長久保護日本子民不受戰亂之苦，這我認同他。只是……」在此打住不語。

天海遂問：「大人在關原戰後，掌天下大權，鼎革維新又有何難？」

德川家康搖搖頭說：「現在看似大局已定，實際上還早得很。畢竟取得神器，與取得天下大權，在中土是同一件事，但在日本卻是截然不同的兩件事情。遠的不說，就信長與秀吉二人而言，當初威勢強大令天下膽寒，而竟崩潰於一夕一戰，瓦解於意外之中，我認為他們之所以會倒，背後必然有原由，跟皇室脫不了干係。」

天海說：「這貧僧到可以給一個建議，當年中土最有權術的司馬懿，隱匿自身的意圖，等到了第三代才取而代之。何故？在於累積家族威勢，穩固自身的根基，行廢立主上之威，最終引誘對手犯錯，以尋找最佳時機。雖行為於陰流，但一統三國，結束百姓受戰火之苦，這也是可取之處。而中土儒學，鼎革維新，民貴君輕之說，雖然被中土各朝代帝王刻意扭曲，但這種思想已經深入人心，無法改變！以一朝換一代，或打或篡或滅皆可，在中土歷史上已經司空見慣。若日本能漸次以儒學之說，改變百姓的認知慣性，取而代之並不難。」

德川家康微微點頭，喃喃道：「廢立主上……天下百姓的認知慣性……沒錯。」此時他已經決定，為了讓日本百姓長久太平安樂，而遠離戰火，要跟這幕後的謀略者一較高低。

基於豐臣家還沒滅亡，伊達家伺機而動，又記取織田信長三職推後覆滅的教訓。慶長九年，德川家康接受朝廷冊封，出任征夷大將軍，創立幕府。慶長十一年，讓位給兒子德川秀忠，自己隱居，眾人稱之為「大御所」。但是家臣們都知道，一切事情大將軍說了還不算數，要經過大御所說了才算數。

最初，豐臣秀吉有意讓周仁天皇之位，傳承給天皇長子良仁。而豐臣家已經沒有影響力，後陽成天皇遂廢了他繼承權，有意傳給弟弟智仁親王……

德川家康得到消息，認為機會來了，決定展開第一次逼宮。

駿府城，大御所隱居處。

駐守在京都的家臣，來此報告一切情形後，德川家康遣退所有人，只讓天海留下。剛才家臣所回報的事情，天海也聽得一清二楚。

德川家康問：「法師，他們似乎開始動作了，傳位給弟弟而不傳給兒子，違反常情常理，你認為這是什麼意思？」天海說：「凡違背常情之事者，必有難言的隱情。誰都知道，智仁親王曾經是已故太閤的養子，與豐臣家甚為親密。這恐怕是要平衡大御所您的權勢，好讓已經病息奄奄的豐臣家，緩過一口氣。」德川家康似乎不以為然，搖頭說：「天下大勢已經明顯，德川家根基已然穩固。光為了給豐臣家一口氣，而願意傳弟不傳子？」

天海說：「對傳承千餘年的皇統而言，傳弟或是傳子，差別不大。但若是天下大勢完全傾斜於一方，對皇統才是危險的。貧僧考核了我日本過去的皇統傳承，許多代都以皇位傳承的方式，為策略的運用，目的在迷惑掌握大權的臣下。而今大御所大人掌握了天下，皇位傳承就立刻出現吊詭情況，必然也是如此。」

德川家康微微點頭說：「確實如此。若為策略運用，平衡天下局勢，肯傳弟不傳子，他們的陰謀也未免太深層了。法師認為該如何應對？」

天海說：「貧僧認為，目前天下大名，尚有許多野心家，意圖以豐臣家過去的影響力，藉口太閤的恩惠，伺機組成反德川勢力，再擾亂天下安寧。若此時皇家再給豐臣氏一口氣，給予支援，那無疑給天下有野心的大名，更加足底氣，去支持豐臣家的政權。所以貧僧建議大御所，一定要反對，不能讓親近豐臣家的智仁親王擁有繼承權。」

這一點說中了德川家康的下懷，遂決定干預皇位傳承。

京都，新上東門院住所。

周仁怒氣沖沖到了母親的住所，告知了大御所干預皇位傳承的事情。不過說也奇怪，遣退左右侍從之後，周仁的怒氣就全然消失，母子二人輕鬆地閒聊。

國母看了德川家康的奏書之後，笑著說：「這麼說來，第一步已經完成，可見靜光法師的計謀還是高人一等。」周仁也笑著說：「是啊！皇家機關秘術第一百零八招，『遇強即屈，借花獻佛』。只是這樣有點對不起良仁。」

國母說：「良仁與政仁都是陛下的皇子，誰繼位對皇統傳承而言，都沒有差別。至少經過這一轉變，在大御所還在世的時間內，皇家不會有危機。只是大御所死後，政仁必須要有繼續擔當皇統傳承的能力。我這做奶奶的，有義務把皇家的智慧繼續傳承給他。」

周仁點頭說：「母親大人所言正是，不過靜光法師這一回，也許會把朕也逼入死角。」國母問：「這話從何說起？」周仁說：「大御所的奏書，隱藏了對朕的不滿。暗示朕在保護豐臣家，而遺忘天下百姓的安寧。倘若大御所要除掉豐臣氏，必然會先對朕動手。」

國母驚訝地說：「這點靜光法師沒有說清楚嗎？」周仁搖頭說：「奏書還沒有給他看。不過這罷了，皇位遲早要傳承下去，朕就算退位為上皇，也不會影響皇統傳承。況且當上皇實施院政，才是新天地。老子說，有無相生，長短相較，高下相傾。在天皇虛位，將軍實權的狀況下，跳出去實施上皇院政，這位置又將會是實權，所有想擠進幕府而不得的失意武士，所有不滿德川家康的諸藩，所有被排擠在權力邊緣心生怨懟者，所有投機者，都會聚集在上皇院政的旗下，與院政暗通款曲，皇權又從無而生有。老祖宗留下的『迷蹤經』，演繹的皇家機關秘術，是以家族永久利益出發，朕一定會遵循的。」

國母點頭說：「我兒能以家族利益出發，撇掉個人虛榮，我這做母親的也可以欣慰了。借花獻佛轉過之後，本身只是順序改變而精神不變！如同莊子所說，朝三暮四猴子們大怒，而朝四暮三猴子們喜悅。人與猴子的差別並不大，我皇家之所以能在日本自古往後傳承不息，就是抓準人與猴子的共通處。老子與莊子都是一語道破人生數千年，真是聖人！而今德川家康現在就是陷入『朝三暮四』還是『朝四暮三』的選擇陷阱中！接下來陛下要與政仁之間，做出一番不和的戲碼，這樣借出來的花，大御所這個惡佛才會接納，也轉緩和良仁與智仁的不滿。」

周仁說：「是的母親大人，老莊思想，始終是我皇家謀略的核心根基。聖人之道途，如中土名家哲言：一尺之竿，日取其半，萬世不竭。『謎踪經』也是由道家哲學為本，演繹皇家機關秘術。至少這段時間，朕還得跟大御所繼續周旋下去。不過請母親大人示下，我等今日佈的『遇強即屈，借花獻佛』，皇祖輩的哪一位好像用過……」

國母笑著說：「可見皇兒你還是沒用心，這當然是用過啦！當年第四十五代聖武天皇，面對外戚藤原氏的壓力，利用建造大佛，凝聚信眾，然後退位為上皇出家，把虛位讓給有藤原血統的女兒，讓藤原氏自以為獲勝，其實染指皇位傳承的意圖，進了死胡同，最後真的藉了女兒孝謙天皇之手，消滅了藤原仲麻呂的叛亂，徹底杜絕類似中土漢朝，外戚王莽篡權的故事！還有當年第八十八代皇祖，後嵯峨天皇，鑒於幕府執權北條家族，同時放逐後鳥羽、順德、土御門三位上皇，還廢黜仲恭天皇，另立後高倉院血脈，聲勢震動了全日本，『上皇們』院政制衡實權的力量已經減弱，武家實力派不出三十年必篡皇位。所以從四条天皇接過位置之後，就立刻佈局第一百零八招『遇強即屈，借花獻佛』，先讓皇族宗尊親王，騙取被架空的幕府將軍之位，唬弄武家，搶奪制高點，而後連著退位，分化出後深草天皇的持明院統，龜山天皇的大覺寺統，交叉傳位，相互衝突。如此一群武家，就在持明院與大覺寺兩統之間，來回徬徨於『朝三暮四或朝四暮三』的陷阱裡面，讓他們相互分化立場，互相敵視，瓦解武家的團結性。上皇院政的法力，因此恢復。我皇統傳承的子孫，方能找到擊敗武家篡奪的施力點！而今我們對付德川家，也要早點佈局，不然這德川家康比以往的武家還要陰鷙深沉，沒那麼好應付！」

富士山下，大御所住處。

品著茶，看著庭園流水，還能望到夏天的富士山景。身為大御所的德川家康已經好幾次上書，指出天皇的不是，主要是顧忌周仁與豐臣家關係密切，極可能動員了很多暗中力量，保護了豐臣家的延續，用以制約德川幕府。服部半藏與天海一同來到此處，回報了真田幸村與伊達政宗的動向。伊達政宗與西洋勾結密切，進口了大量的槍枝與火砲，而真田幸村則在九度山隱藏，與大坂城的豐臣家往來密切。

德川家康說：「伊達政宗……小人物一個。讓我想起中土漢朝的淮南王，久圖造反而不敢行，自守之賊而已！不然當年關原前夕，他早就該排除萬難而出擊，現在能反什麼？至於蟄伏在九度山的真田幸村……」忽然又想起一件事，開口問：「半藏，之前不是派人告訴他，只要他歸附幕府麾下，可以拔擢他為十五萬石以上的大名？他做何反應？」

服部半藏搖頭說：「他沒有回應，據其他管道得知，他似乎對此興趣不大。」天海說：「連十五萬石的大名都不受，可見他有其他的執著。」德川家康說：「這隨他去，他也不是最主要威脅。」忽然話鋒一轉：「政仁親王的繼承權已經確定，主上的反應如何？」天海答道：「陛下似乎與殿下相處不太愉快，父子頗有不和。」德川家康陰沉著臉說：「這由不得他，既然他不愉快，那就讓他退位，提早讓政仁繼位。為了天下蒼生的安寧，就算是主上，也必須有所收斂！」

天海與服部半藏雖然都是心腹，但是要天皇也得收斂，此話也讓兩人頗為一怔。不過大御所做事情，向來穩健，既然這麼說，兩人自然聽從。

於是上奏書，先以激烈的言辭，指責朝廷的女官，竟然與朝廷公卿私通。朝廷的規矩已經鬆弛，必須要加以懲戒，最後要天皇陛下必須修身自省。並且計畫在這之後，若天皇還不退位，立即動用武力壓迫，要清君側。

不過周仁似乎很識趣，雖然以幕府過份干預朝廷為由，表達不滿，但是很快就讓位給政仁，是為後世稱的，後水尾天皇。德川家康頗為疑惑，原本以為周仁是要保護豐臣家，與幕府對抗，但這一退位也太快了，而且完全命中自己的下懷。

駿府城天守閣。

德川家康望遠凝視，始終不解。等到天海來晉見，才說：「這上皇也未免太識趣了，實在匪夷所思。」天海說：「我聽一個大明國來的和尚說，這是『遇強即屈，借花獻佛』。由誰來傳承，對皇家而言都沒有區別，但卻躲過了大人的威勢，從而原本在豐臣家前當擋箭牌的角色，退為在豐臣家幕後操控。甚至貧僧懷疑，他們本來就想讓政仁來當天皇。」

德川家康正色說：「不管他跳在前還是躲在後，遲早也得正面對決！等豐臣氏瓦解，天下太平，武家的規矩也都安定，幕府的威勢深植民間，朱子儒學慢慢地在日本萌芽。鼎革維新之說在日本運轉，那麼也就是……」接下來的話語，德川家康沒有說出口，但是天海已經點頭。

豐臣家為了讓天下人懷念豐臣秀吉的恩德，重修方廣寺大佛。而在鐘上刻了『國家安康，君臣豐樂』八字，引起軒然大波，大御所認為，這就是把自己家康的名字分屍拆解，求得豐臣家的安樂。沒想到寬厚的德川家康，竟然玩弄起明太祖朱元璋的文字獄。所幸他的文字獄只對政敵，而不是用來對付知識份子。而檯面下下的意思，就是要豐臣秀賴離開大坂城，移封到其他地方，臣屬於德川幕府之下，如同當年豐臣秀吉移封德川家康一般。但是豐臣秀賴與其母親，卻都拒絕了……

日本慶長十九年冬天。

大御所德川家康與大將軍德川秀忠，領大軍進逼大坂城。此時真田幸村投效大坂方，與德川家康對抗到底。

大坂城真田苑。

一名和尚法號見空，他父親是中土漢人，即雲岫居士，此時雲岫居士夫妻都已經去世。當年雲岫居士兩個兒子，都出家為僧，一為見空，二為見性。見性和尚還俗從商，已經去大明國尋根去了。而見空和尚為靜光法師的高徒，師徒兩人都滿腦權謀與兵法。見空在靜光法師的介紹下，當了真田幸村的軍師，在紀州九度山策謀大局。因為見空法師的牽線，真田幸村得到了皇家秘笈的一部分，讓真田幸村驚訝的是，當年中土韓信大將軍的兵法書，竟然在日本重現。雖然不知道真偽，但是在見空法師的傳授之下，他的確眼見大開，自認為得到兵學真義。

真田幸村遣退左右，私下對見空說：「大坂城防衛雖然嚴密，但是士兵大多為浪人所組成，根本不是德川一方的對手。這場仗，恐怕凶多吉少。要是之前答應幕府提議，接受十五萬石冊封，現在就不會這麼窘困。」

見空說：「大人忘了當年韓信大將軍的失誤嗎？就是接受了漢高祖冊封楚王，從而受制於漢高祖。原本軍事上可以爭長，成了政治上爭短，最後為漢高祖所擒。能撇掉眼前的小利，才能爭奪往後的大利。政治為大御所所長，軍事為大人所長，避敵所長是兵法首要。」雖然真田只是事後抱怨，但是見空對人性洞悉透澈，往往反悔就是從抱怨先開始，所以要讓他連抱怨都不可以有。

真田幸村感到很有道理，點點頭。

正當真田幸村，憂慮大坂城內人心惶惶，大有持兩端者時。忽然德川陣營處發射巨砲，炸到了大坂城內。真田幸村趕緊求見豐臣秀賴，只見秀賴與他母親兩人都已被嚇破膽，全身顫抖。

豐臣秀賴即問：「真田左衛門佐……你認為這仗還打得下去嗎？」

原本執意主戰的真田幸村，此時也略有動搖，大坂城軍糧已經成了問題，養不起十萬大軍。更何況這十萬人是臨時拼湊，已然被包圍，戰心不固。而德川陣營，卻可以不斷地招集天下大名的軍隊前來增援。雖說韓信以三萬鬆散的士卒，攻破二十萬野戰軍，平定趙地，但自己當下也已然拿不出具體方法，讓自己變身成為韓信。

真田幸村緩緩回答道：「大人勿憂，我們已經正研討對策。但是接受議和絕不可行，德川家康善於用此軟化對手，最後一口併吞。」

豐臣秀賴的母親淀君，大聲地吼說：「這我們也知道！但是你看這情形，德川軍不用攻城，就可以用炮火炸爛大坂！真田大人倒是說清楚，對此有什麼對策可以擊退德川家康！」淀夫人痛哭失聲，哀怨自己命運與母親相同，她母親從織田家嫁到淺井家，最後被娘家的部隊圍攻。而秀賴的妻子千姬為德川家嫁過來的，才真是與淀夫人母親的命運相同，也同時哭了出來。

真田幸村一時答不上話，緩緩說：「我只知作戰，至於和戰大事，全憑大人作主……」還沒等秀賴說話，淀夫人就說：「那立刻招開評定，趕快討論議和的事情！」

於是招集了豐臣氏的家臣，討論一切細節之後，與德川家康達成協議。大坂城填平護城河，縮小城防規模，德川軍撤退，不動豐臣家的領地，也不追究此次幫助豐臣家的人。原本真田幸村想要趁議和完成，突襲德川家康本陣，但因為內部種種阻礙而作罷。最終議和達成，德川軍暫時撤退。

第二年新春，朝廷的敕使與院使，都派人來祝賀。而且豐臣秀賴也表示了，有意願接受移封。德川家康此時從朝廷使者的言辭，看出了新任天皇竟然也對於豐臣家免去災禍而開心。才發覺自己真的中了，周仁天皇借花獻佛，退居後線的計策。心中不禁一股無名火衝上心頭。暗暗自語：「怪了……怪了……」

此時他想到了足利義滿，當年足利義滿借鏡了平清盛與源賴朝失敗的教訓，不敢直接衝進『皇家機關陣』，面對皇家陣勢，十分小心翼翼。為何權勢滔天的足利義滿會如此小心？

沿著線索繼續往前追溯，到武家崛起的年代，平清盛因為率先露出野心，從而被算計，平家衰落，源賴朝獲勝而成立幕府。源賴朝勝利後實施公武分體，表面上鎌倉幕府架空了皇室，將逐步取代之。但是從第二代開始，幕府自己竟然反而被北條氏架空，源家傳到了第三代將軍源實朝，甚至被堂兄弟源公曉等殺害，源公曉等也被處死，源家絕後。讓源賴朝妹妹的曾孫，三歲的小娃兒繼位第四代將軍，將軍連血脈都遭到更替。等到了第六代將軍竟然由天皇之子，宗尊親王來當將軍。本來要替代皇室，反而被皇室所兼併。雖然將軍是皇室控制，但北條氏等武家仍然架空將軍，掌握幕府實權。後醍醐天皇以建武新政欲搶回公家權威，雖然因足利尊氏反叛而失敗，皇室還因而分裂為兩個，但掌握兵權的武士，卻因此永遠離皇位很遠。

皇家表面上分裂為兩個，但是南朝的皇室與北朝的軍閥勾結，北朝的皇室與南朝的軍閥勾結。以致一個幕府，也分成兩派軍閥。兩邊的軍閥都不敢驟然推翻，自己擁護的皇室，只能兩邊軍閥自己先打了再說。最後讓將軍也分裂為兩個，一下北朝的失意者跑去支持南朝，南朝的不滿者跑去支持北朝，一下又跑回來交換支持，沒完沒了變成爛泥局面。奠定公家能以武家制服武家的基礎，讓武家能篡位的路徑徹底斷絕。

好不容易到了室町幕府第三代將軍足利義滿，統一並強化將軍權力，也統一南北朝兩個皇室分立，困擾幕府的局面。對外先對大明國永樂皇帝稱臣入貢，以日本國王自居，取得國際的外援，並以中國易姓革命之說，先行滲入輿論。對第一百代天皇，後小松天皇，展開輿論攻勢，以野馬台詩預言日本天皇，一百代就當更替，號為『百王說』。同時控制天下兵權，出巡儀仗與天皇相同，座次也與天皇相同。諭令一律為太上皇等級的『院宣』，或日本國王御教書，迎接天皇時以太上皇的禮儀迎接。但眼見時機成熟，他還是不敢輕舉妄動，先讓自己的兒子足利義嗣，成為天皇的養子，然後一步一步逼迫皇室，讓足利義嗣繼位為天皇。而足利義滿之妻為『准母』，足利義嗣為『若宮』。如王莽篡漢的手段一般，以此試探天下人心。結果反應都不錯，讓足利義滿甚為滿意。

如此從國內到國外，從朝廷內到朝廷外，都已經站到足利家族這一邊，天皇只剩下孤家寡人。令當時的公卿都不得不承認，足利義嗣已經是下一任天皇的繼承人。可以說，只剩下最後一步，日本就要改朝換代，神武天皇的血脈皇統也就斷絕，百王之說將成事實。可奇怪的是，足利義滿在足利義嗣元服的三天後，就突然死亡，暗殺之說盛囂塵上。足利義嗣的繼承皇位之權馬上變卦，甚至足利義滿的太上皇封號，都令後代將軍自願拿掉！室町幕府的權威節節下滑，天下諸侯反過來架空幕府，要除掉將軍。反而竟然是皇家跳出來保護幕府。這沒有長期計畫性與系統性的陰謀，絕對不會有這種大翻轉。

德川家康反覆思索，鎌倉幕府與室町幕府的失敗，喃喃自語說：「前車之鑑啊……」以致於身旁的家臣，還以為德川家康所說的前車之鑑，是豐臣秀吉。紛紛附和，豐臣家族的不是，德川幕府統治下，將天下和平，百姓安寧的馬屁話。甚至已經不少武將，以為自己揣測出上意，要求立刻出兵把豐臣家滅掉。

大坂城真田苑。

見空和尚來見了真田幸村，此時真田幸村正苦惱，原本一場驚天動地讓自己成為日本韓信的戰爭，竟然和平收尾。真田幸村好亂樂禍的本性，已經被見空看穿，於是先反其道而行，大談天下和平的好處。直到真田幸村說出了：「法師所云也是，如今德川家康已經掌握了天下，關原之戰時我沒力量加入，已然錯過時機。而今天下名分已定，秀賴都接受移封，天下大名都在德川號令之下。罷了，哪裡是我的歸宿？」

忽然見空和尚又話鋒一轉，說：「大人此言差矣！其實說天下名分已定還太早！」真田幸村瞪大眼，似乎看到一線署光，說：「法師此言何解？」

見空說：「談到天下名分，是將軍大還是天皇大？」

真田幸村天資聰穎，一聽馬上理解，天皇才是天下名份的歸屬，倘若天皇站在大坂城這一邊，那麼就有餘裕可以號令天下大名，重新與德川家康分庭抗禮。

轉而低聲問：「法師的意思是，可以把皇家捲入？」見空閉眼默認。

真田幸村追問：「可是依我所見，皇家向來投機自保，以強者為是，弱者為非，豐臣家如今明顯弱勢，皇家豈會站在豐臣這一邊？」

見空說：「錯了！皇家也是有是非立場的，我承認大人所見，皇家要自保。但不是強者為是，弱者為非。而是『近者為是，遠者為非』。大人兵力雖弱，但逼近皇家眼前，德川兵力雖強，但遠在天邊。皇家自然會站在大人這一邊說話！當年本能寺之變後，明智光秀上京，皇家不就支持過他嗎？之後豐臣秀吉回來打敗了明智光秀，才又回頭支持秀吉。」

真田幸村已然醒悟，輕聲說：「這是曹操的挾天子以令諸侯！然後令天下大名不滿德川者，藉機站在我們這一邊！於一役扭轉天下大勢？但是這與皇家總得有默契才能行得通啊！」見空說：「貧僧的師父靜光法師，為當今上皇的謀士。當初上皇被德川家康逼退，不得不讓位給不肖皇子。而當今主上也已經悔悟，知道德川家康就是第二個足利義滿，有篡奪皇家的野心。主動與貧僧的師父接洽，表示願意支持大坂，只看大坂方如何運作。」

真田幸村笑道：「我明白了！這不是挾天子令諸侯，而是受敕令討賊！」見空雙手合十說：「阿彌陀佛！大人聰穎過人，貧僧就不再多言。這是上皇與主上寫給大人的密旨，請大人過目之後焚之，不要給德川的奸細發現。」

真田幸村拿信一看，果有皇家字跡氣派，甚至上面有簽名並蓋有皇家璽印。尤其以『朕之忠臣，真田左衛門佐』云云，讓真田幸村甚為感動，於是遂有入京都皇宮的謀略。不過真田幸村機警聰明，不會真的把這詔書焚毀，這可是他最後要拿來號召天下的東西，遂藉口刻意保存了這詔書。

原本德川家康只要豐臣秀賴同意移封，就息兵罷戰，不願意再次戰爭。所以即便大將軍德川秀忠與眾家臣一致要求斬草除根，也不予批准。然而當板倉重昌報告，大坂城已經有進攻二條城，包圍皇宮，以挾天子令諸侯的計畫時，德川家康果然大為震驚。竟然內心恐懼的皇家，也要跳進戰爭，這可以讓他剛建立的德川幕府，毀於一夕，正如織田與豐臣一般。

趕緊命令秀忠與所有家臣退下，只獨留板倉重昌問：「你這消息誰給的？」板倉重昌說：「來自於大坂的勘之助，他潛伏在真田幸村身旁已經很多年，派了一個小廝，把計畫的信件偷了出來，交給了屬下。」然後送上附件。

信件是真田昌幸村寄給京都某位商販，請他代為轉交某位公卿的，令人拿出真田幸村當初與自己的通信原本，比對字跡，也確實有像真田幸村的手筆，德川家康才大為吃驚，緩緩地說：「皇家也要捲入？咄咄怪事了……」然後長嘆一聲。

板倉重昌措辭激烈地說：「大人！而今已經沒有退路，倘若他們得逞，難保不是第二次本能寺之變，將會影響到全日本的未來啊！所以一定要出兵！」

德川家康點頭說：「我知道了！你先退下！容我好生想想！」

次日，找來天海密謀。

德川家康屢屢認為這沒有道理，既然同意了移封，又為何有圖略京都的計畫？真田幸村雖然善兵能戰，還沒有這種控制京都的能力與見識。

天海說：「相信是被逼急了，所以有此荒謬之圖。」

德川家康小聲地說：「真田幸村就算有這計劃，但法師與我都知道，皇家不是省油的燈。去年的大坂之陣，他們機會比現在更好，卻沒有做出這種瘋狂計畫，今年機會已失，移封的事情也在談了，怎麼會有這種舉動？」

天海說：「貧僧認為這也沒什麼奇怪，就是豐臣家底下的人不受控制，想要趁機會掀起波瀾，實踐自己的野心。當今主上已經親近幕府，斷然不會跟大坂方面謀合這種事情！」

德川家康久經人間曲折離奇之事，尤其以織田家與豐臣家的下場為最，總認為這件事情不單純。既然天海沒感覺到，也就不好再說，遂問：「那麼法師認為，我是該進兵大坂徹底解決隱患，還是防守京都，等秀賴移封之後，斷絕野心份子的非分之想？」

天海雙手合十說：「阿彌陀佛，斬草不除根，春風吹又生。為了天下百姓永遠無後患，神佛也會贊成大人出兵的。」德川家康嘆氣道：「也罷！解決豐臣家之後，就可以單獨面對皇室，不會有這些光怪陸離的問題了！」

於是再次出兵。先派部隊進入京都，確保這裡的安全，隨後各大名與德川本部會合，逐漸往大坂城逼近。大坂夏之陣終於開打。

堺港此時一經一片火海，兩軍開始激戰。京都的人心惶惶，認為大坂城已經派出奸細，也要把京都商圈燒光，而確實也抓了許多要縱火的奸細，立刻遭到全民的唾罵並處決。

大坂城已經沒有護城河與各項工事，所以全面主動出擊，而主動往奈良京都出發的隊伍，是由一群軍紀敗壞的浪人組成，一路打一路燒殺姦淫，沿途百姓又如堺港百姓一般，陷入災禍當中。德川軍前鋒拼死反擊，總算把這一支殘暴的隊伍打回大坂城。而德川軍旗下，水野勝成軍、本多忠政軍、伊達政宗軍、松平忠輝軍，逼近大坂城下。

豐臣秀賴再次招集手下議事。主要為真田幸村、福島正守、大谷吉久等人。大家都知道，大坂城已經沒有防守能力，都一籌莫展。而大家問到真田幸村時，他才指著地圖說：「大坂城不能當作戰之地，否則必敗！勝敗之地已經不在大坂，在道明寺！此處乃三條重要道路的匯衝，地勢險要，可以依山傍水打得敵人措手不及……」他總想讓自己成為韓信，能背水列陣，團結烏合之眾的鳥獸之心，但是勇猛雖有過之，謀劃卻尚有不及。關鍵在這已經知道是必敗之戰，卻仍然要找一些勝利的因素來說道，此時他自己也有東施效顰之感。

不過不管如何，真田幸村拿著皇家給的密旨，分配好各將領的任務之後，自己也帶隊衝出大坂城。兩軍再次激戰。大坂豐臣軍的後藤基次隊伍，在小松山與德川手下的丹羽軍混戰同時，木村重成與長曾我部盛親軍，也與德川手下的藤堂高虎軍開始交戰。木村軍節節獲勝，甚至把號稱德川赤備軍的井伊直孝部隊打敗，但最後在德川軍源源不絕的增援下，後藤、長曾我部與木村三隊，都大敗告終。

真田幸村率三千兵馬衝到了道明寺，後援的毛利勝永等人也已經出發。前鋒後藤軍雖然已經潰敗，但是他不愧為韓信兵法後人，因勢制宜，戰術調度得當，先以火槍隊一片掃射，掃倒了追殺過來的德川軍，前鋒的敗退變成了誘敵，接著拍馬執刀領軍衝殺，德川軍反而大敗退走。又擊敗了伊達政宗派來支援德川軍勢的前衛部隊後，馬上撤兵再次等待戰機。他把自己化身成為響尾蛇，面對兇猛勢大的猛鷹，捲曲身體掩蓋弱點，以最尖銳的毒牙等待戰機。而伊達政宗包藏禍心，也不希望大坂城那麼快崩塌，想以此拖延到他寄望，遠在歐洲的基督教大軍，來一同裡應外合，拖垮德川家天下，於是下令不准追擊。可惜伊達的希望，早了兩百多年。

傷亡慘重的藤堂軍，與包藏陰謀的伊達軍，都不能再戰，德川家康只能親率大軍逼近天王寺。前鋒率先進攻真田幸村，響尾蛇已經休養數日，謀略已定，再次強悍出擊，先以毛利勝永的四千火槍手，迎擊兩萬衝殺來的德川軍隊，並且擺出了八個真田幸村的分身，打出自己的旗號，衝向四面八方，並且廣泛製造淺野軍倒戈投奔大坂的流言。另外在側面的伏兵，假扮倒戈的軍隊，從側面殺出，一時德川前鋒大軍陣腳大亂。本多忠朝大敗陣亡，前田利常也大敗潰退，小笠原秀政父子也兵敗被殺，德川軍各將領紛紛後退。

響尾蛇戰術生效，還真有當年韓信背水列陣，岳飛偃城破金的勢頭。真田軍以寡勝眾，越戰越勇，德川家康旗本部的各將領也不得不戴甲衝出，迎戰逼近而來的真田軍。而大將軍德川秀忠派出的酒井軍與土井軍也大敗潰走，身邊的武士也捲入與真田軍的戰鬥。德川家康本陣，接二連三大亂，不得不向後撤退，德川父子身邊幾乎沒了護衛，已經有兵敗切腹的準備，而這正是伊達政宗所欲見者。

真田幸村想到韓信兵法的最經典，背水之陣，便以這鼓勵大家，果然一戰大勝。當年韓信自身背水作戰，密派五千精兵奇道攻破趙軍本陣，割換旗幟，精髓在於分身軍隊還能被控制自如，能戰能守！但此時被派為分身軍的毛利勝永軍，已經殺紅了眼，失去控制，拼命向各方來敵進攻，分散了突擊德川本陣的力量，已經大大折損了背水作戰的效力。井伊軍與藤堂軍前來拼死護衛德川家康，真田軍不得不且戰且退，重新蓄養在次衝鋒的力量。

可惜各地德川軍紛紛來援，德川家康父子周圍重新集結戰陣。正是一盛二衰三竭，真田軍再次往返衝殺，已經失去頭一次突擊的效果，最後與毛利軍一同大敗。真田幸村知道大勢已去，四面都包來了德川兵馬，拿出手上的天皇密信，想到見空和尚所云一切，方哈哈大笑，才知道自己只是被利用的工具，而且用完即丟。當敵兵一刀刺入自己的身軀時，笑聲仍不止，慘笑到了斷氣的一刻。

真田兵敗，大坂城隨即陷入戰火，大火隨著廝殺聲一同竄出，豐臣秀吉奠基統一日本之處，已然將成為灰燼。千姬為德川秀忠之女，即家康孫女，在烽火中前往德川陣營，替豐臣秀賴母子乞求存活，然而豐臣秀賴母子，已然在大火與混亂中喪生。

豐臣家滅亡，日本的大局已定，然而德川家康的心結才開始糾纏……

有人把真田死前手上的密旨交給德川家康，德川家康趕緊遣退眾人，找來天海和尚商議。

德川家康把密旨交給他說：「這份密旨已經充分證明，現在的主上跟前任的主上一樣，都對德川家有敵意。我準備以此為證據，再把他逼退，然後狠狠地整肅皇家，讓他們權威喪盡，你以為如何？」天海看完密旨後，搖搖頭說：「大人且慢，此舉恐怕不妥。貧僧認為該把這密旨燒掉，當作沒有這回事。」

德川家康問：「這是為何？」

天海說：「大人也知道，皇家陰流謀劃天下，已經很多年，必然是家族性作怪，而不是誰當天皇的問題。即便今天再換其他人接任天皇，這種怪事也不會停止，反讓天下人誤會，大人具有篡位野心。況且這密旨當中，還有一層機關，陰險之極！請大人仔細再過目。」

德川家康拿來重新瀏覽，天海指著上面的璽印說：「拜大人恩賜，天皇詔書貧僧曾經閱覽多次，仔細鑑別端倪過。而這密旨的天皇璽綬印記上，所慣用的紅墨不同，璽綬印記也有一些缺角，不仔細查看分辨不出來……另外，天皇詔書慣用中國漢語文言，這裡頭夾雜許多我日本的方言用法，完全沒有皇家的氣派。」

德川家康方省悟說：「陰險！若我以此為證據，逼迫皇家，那麼皇家就可以後發制人，指出這些地方，說詔書有假！公諸給天下大名知道！到時候把罪責，都推到我身上！說我假造詔書，陰謀顛覆皇家？要天下所有人來主持公道？最後讓反德川者有了口實？」

天海點頭說：「正是！『假作真時真亦假，真作假來假亦真』，天下而今方定，大人萬萬不能墮入這毒計之中。不然這一切戰爭，都是替別人打了，必然重蹈織田家與豐臣家的後路。」

德川家康用力把密旨摔到地上，狠狠地說：「厲害！計中之計！惡毒！才讓真田幸村差點置我於死地，而今又差點讓我自己敗掉德川家基業！真是好險！好險唉！」

天海說：「大人！皇家這是『以勢制力』，對他們使強沒有用，得『以勢對勢』大人才有勝算。所以至少大人這一代，不能再逼迫皇家，得如司馬懿一般，先奠定基礎，培養德川家領導天下的威勢，讓子孫去對付他們。」

德川家康點點頭說：「就如法師所言！」於是親手燒掉密旨，當作一切都沒發生過。

德川家康又問：「我還有一件事，家臣們都建議，豐臣氏已經滅亡，德川幕府的天下已經大局已定。江戶城地處偏遠，德川家應當遷移居城。這意見早在關原之戰後，就有人提出。但我借鑑信長公與秀吉兩人故事，敵人未除，就築城自大，引來皇家猜忌，當時拒絕了。而今豐臣已亡，而我們又要對付皇家，遷移靠近京都，就近控制，你以為如何？」

天海搖頭說：「恐怕還不能。皇家的厲害，大人不是不知。既然我們要『以勢對勢』，那就不當還沒動作，就讓對方警覺。江戶是當初太閤強逼大人遷移的，大人又藉此雌伏韜光，最後得到天下。但而今最大的敵人才出現，更不該離開江戶，當以此麻痹對手，表達無篡奪野心。而等待之後雄飛的時機！大人先前在信長與秀吉之下，不也如此嗎？」

德川家康微微點頭。

第六章　遠望皇圖篡權逼宮接連敗　借屍還魂德川幕府成芻狗

日本元和二年四月中旬，駿府城。

此時天海和尚已經過世，德川家康也已經重病不起，察覺皇家城府的人只剩德川家康一人。大將軍秀忠前來晉見大御所家康，家康此時已經病息奄奄，知道死期將近。趁著自己迴光返照的時間，趕緊把德川秀忠找來，遣退其他所有人，並把過去與天海所談所想都告訴了他，並留給他一封遺書。

德川秀忠神情嚴肅，收了遺書，謹記著德川家康的每一言，等他說完，已經看出父親油盡燈枯，含淚平伏著說：「謹記父親大人的每一句話。」

德川家康說完之後，頓感全身鬆軟，人生最後一件罣礙的事情已經交出去，然後最後說：「該說的都說了，後面的我就不會再開口，等待死亡到來。最後你要記得一句話，當作我人生最後說的一句話……天下人人都是神佛之子，活著不是要互相殘殺，而是互相提攜。如中土儒生所言，天下為公！天下是天下人的天下，不是一人一姓之天下……

聽進去了嗎？」

德川秀忠痛哭失聲，平伏聽訓說：「孩兒聽進去了，終身謹記在心。」

說罷，在戰亂殺戮中過了一生，最後大澈大悟，修成正果的德川家康，安祥地喃喃自語說：「願日本百姓，從今而後都不再受戰爭之苦……」於是昏睡過去，真的再也不能言語了。德川秀忠大聲痛哭，外頭的眾人紛紛進屋，德川家康已經過世了，定謚號為東照大權現。

德川秀忠事後看了遺書，發現這遺書有兩份，其中一份不能宣讀，是傳授了他將來怎樣打倒皇家，讓日本能真正改朝換代，實踐天下為公。這遺書中交代了一本著作，叫做德川秘笈，這讓德川秀忠研讀了多年，才將一切事情也告知了兒子德川家光。在這期間，德川秀忠曾經試探性地『逼宮』，以隱藏後面的殺招。對於天皇寵愛的女官有後，將會繼承天皇之位，表達強烈不滿，並強迫天皇迎娶他女兒德川和子入宮，然後指定要德川血緣者，才能繼承天皇之位。

如此一來，天皇的輩份就降級，成了他的女婿。但天皇全部都答應。

日本寬永四年，西曆一六二七年，江戶城，秀忠與家光兩人密談。德川秀忠此時已經將大將軍位置讓給家光，自己成為大御所。這是學習當年的信長退位，秀吉退位，與家康退位，實施二元政治。他們此舉都是針對皇家的院政攝政所佈局者，依樣畫葫蘆，玩退位架空，製造曖昧模糊，以暗中遙控政治。只可惜這些人沒有掌握到當中的有與無，相對操弄的精髓，在皇家面前玩這種把戲，只是東施效顰，小巫大巫……

秀忠說：「你的祖父，東照大權現，去世之前交代的事情，到現在還迷惑在我的心中。到底我們德川家該不該當篡權者，我到現在還沒底。」

家光雄心勃勃平伏地說：「父親大人，祖父的遺願子孫有義務完成。況且祖父在遺書中已經說得很明白，『以勢攻勢』用中土當年司馬懿之術，實踐日本的改朝換代。而今我德川家職掌天下大權已經多年，累積家族威勢的第一步已經達成……」

還沒等他說完，秀忠就嘆氣打斷他的話：「事實沒那麼簡單！知道足利義滿吧？當年的威勢豈在我們之下？況且謀劃之深，佈局之細，說如同王莽篡漢的步驟也不為過。最後不也命喪在權術機關當中？這一點你的祖父也看得很清楚！」

家光說：「足利義滿算什麼？豈能跟我們德川家比？皇家不被替代，則整個日本永遠在一姓一氏控制之下！祖父大人有說，天下非一姓一氏之天下，天下為公的理想，一定要在日本實踐！」

德川秀忠哈哈笑說：「非一姓一氏？哈哈哈……」然後又瞪大眼指著窗外說「這狡猾的家族，偏偏就沒有姓氏！也不知道他們這家族，是哪裡生出來的，把姓氏都去掉？我甚至懷疑他們根本就不是日本人！或者該說，他們就是姓日本！日本就得永遠得姓他們！也不知道是誰？幫他們設置了這些機關，讓這家族有了這麼大的造化？修練成千年妖精，百變不倒，任何強梁也玩不贏他們！何止藤原仲麻侶、平清盛、源頼朝、足利義滿？任何在京都稱兵逼宮的豪強，或是替皇家惹亂子的梟雄，都沒有好下場。應仁之亂的諸公，一直到大內、三好、松永……織田信長、豐臣秀吉……，但是這家族永遠沒有把柄被抓！簡直所向無敵！罷了！」

停了一會兒，仍悻悻然，接著說：「我讀你祖父大人的德川秘笈，而後獨自思索了多年，直到昨天我才想通，源賴朝弄出公武分體制，以及之後承久之亂，北條氏流放後鳥羽上皇，確立了武士天下，這一段歷史細節。表面上是武家架空了皇室，但實際上皇室反而因此抽身跳到局外，讓武家諸公之間自己去爭權奪利，那麼皇家就可以縱橫髀闔，讓你們之間互相架空。無論亂世治世，都有更廣闊的運籌空間，讓你家打我家，讓爾等一朝換一代，起起落落，但他家永遠坐天下。你現在知道，為何說事情沒那麼簡單了吧？」

德川家光強硬地說：「我德川家基礎穩固，向心力強，與以往的武家不同！」

德川秀忠皺眉道：「哪裡有不同？還不都一樣叫做武家？你知道日本學習中國多年，中國已經有兩千年的中央集權體制，為何日本還停留在諸侯分封的體制嗎？就是這一家妖精的傑作！他們當初對付武家興起，已經發現中央失去了實權，怎樣掙扎也阻擋不了武家豪強的興起，就乾脆自己也把中央集權架空打散，把自己皇統分化。如此一來，任何武家也無法學中土的曹操，牢牢把持中央，號令天下，最後篡奪皇位。只能陷入武家之間，相互你爭我奪一些小利，永遠的爛泥局面，一直到封建體制完成，才算罷休。甚至……後醍醐天皇，還故意鬧『建武新政』的大騙局！」說到此還氣喘吁吁。

接著道：「除此之外，還抓準武家不願意給公家控制的心理，公家只要維繫中央體制的虛假名號，武家想要自主就得攏絡屬下，以分封體制對抗。一旦分封了屬下大名，那麼公家就可以操作『下剋上』的戲碼！遠的就不說，用明智光秀與豐臣秀吉，去弄死織田信長的天下。再用小西行長與你的祖父，去弄死豐臣秀吉的天下。那麼天下就永遠是天皇的！我們德川家手下不也一大堆諸侯大名？不可能人人都對自己的地位滿足！你敢說哪一個沒有野心？給皇家操弄？一旦我們要對皇家舉刀，這些諸侯下屬就會對我們舉刀！」

這說到了重點，讓德川家光皺眉苦臉，有些氣沮，全身顫抖。

德川家光仍然不服氣，咬牙強著音嗓：「現在能給他們運籌的大名，頂多就是伊達政宗！我們就拉著他下水，讓他陪我們衝殺，這樣看他們還能用誰來制約我們。聽說最近他們為了向天下人抱怨，幕府對待朝廷吝嗇，要解決財政困難，找來了大德寺與妙心寺一群和尚，給予紫衣袈裟，以換取寺院的錢財支援，還大書特書給天下人知道。這很明顯要公家、寺家兩者聯合，對抗我們武家。不如我們就以此為由，拉伊達政宗一起來，給他們難堪，逼他們做出動作，我們見縫插針！」

德川秀忠搖頭說：「別只看著眼前……唉……你的祖父說司馬懿的策略，恐怕中土的司馬懿再世，也不見得鬥得贏這一家妖精！以柔勝剛向來都是他們所長，我怕這次也是誘餌……會不會是陰謀啊？」

德川家光見父親疑惑不定，畢竟父親鑑識比自己要廣得多，思索良久後，也不禁懷疑地說：「是啊！這會不會是陰謀啊？」

同時間，京都皇宮。

天皇政仁、新上東門院與年已九十的靜光法師，三人密談，哈哈大笑，不過四下無人，沒人能聽見。

新上東門院雖然已經是老太太，牙齒沒剩下幾顆，但笑聲仍然鏗鏘有力，看著窗外，擺動著手呵呵笑著說：「不要懷疑，這當然是有陰謀啊！你德川祖孫三人還想學什麼司馬懿？就算司馬懿再世，碰到我日本皇家也只能乖乖稱臣。我兒後陽成才崩御沒多少年，就想欺負孤兒寡母？沒那麼容易！過不了我老太太這一關！」

靜光法師也是同堂皇親，熟知皇家秘辛，哈哈笑說：「是的，這是皇家機關秘術第一百一十三招，『誘虎發威，借屍還魂』。德川家族最猛的威力，也不過就前三代，把他們開頭的氣勢洩掉，建立剪不斷理還亂的相互關連，之後繼位的那些，沒見過戰爭的紈絝子弟，也就從猛虎變成乖貓，乖乖供我皇族來消費，成為老子所云的『芻狗』。」

政仁也哈哈笑說：「當年中土的曹家，就怕司馬家逼宮，可現在朕迫不及待，要等他德川家來逼宮，只要這一逼，德川的能耐也就限住了。不過德川家還是比足利家厲害一些，看穿第一百一十二招『真亦假來，假亦真』。當年藤原仲麻呂，輸在第三十一招『狡兔三窟，引蛇入甕』。平清盛敗在第七十一招『以弱相時，據基反之』。足利尊氏掛在第八十招『無間脫殼，兩王一氣』，足利義滿在第八十七招『將固奪之，必固與之』就玩完了。織田信長死在第九十三招『九子連環鎖，天地乾坤芯』。豐臣秀吉垮在第九十六招『內外互寰，九轉生死』。皇祖皇宗已經演繹秘術到五百七十二招，你德川慢慢來闖吧！哈哈哈……」

靜光法師喘了一口氣，還哈哈笑道：「據情報來源說，德川家康留了一封遺書給現在的大御所，指出在駿府城家康故居，有一本『德川秘笈』，專攻策略陽謀陰術，現在這位大御所研究了這麼多年，好像也沒什麼長進……哈哈……」政仁笑著說：「當然很難有長進啦，德川秘笈碰到皇家機關秘術，不過是小黃魚遇到大白鯊，施展不開啦……哈哈哈……」

三人邊說邊笑，笑聲繼續迴盪，好不容易逐漸停止。

新上東門院說：「不過德川秘笈，畢竟可以讓德川家後代累積智慧，我們也不能掉以輕心。這次政仁孫兒，你就準備來一次大變身，最後用第一百一十八招徹底把德川幕府篡奪的氣勢弄垮。」政仁點頭示意。

德川父子雖然滿腹懷疑，但仗恃兵權在握，且天下大名歸附，在小心翼翼之下，德川秀忠父子，繼當年德川家康之後，還是動手再次逼宮了。

先行通告全國，要依幕府制定的僧侶出世法度，兩寺僧侶的紫衣敕許無效。並且連續上奏，措詞激烈，直指天皇的不是，要皇家的威信盡喪。政仁表面不滿，實際上內心胸有成竹，立刻剃度為僧，成為法皇，先行啟動宗教人脈，佈建在全日本各諸侯身邊。

江戶城，德川秀忠父子兩人密會。

德川家光頗為得意，笑著說：「利用這次事件。第一步，把他激怒的目的達成了一半。接下來就是等他犯錯，然後逼他退位，行廢立主上之威。讓具有德川血統的兒子來繼位，最後再令新主上收養德川繼承者當養子，繼承將軍與繼承天皇是同一人，逐步讓位給出來，最後就是我德川家當天皇。父親大人，其實看上去也不怎麼難對付！」

德川秀忠靠著扶椅，皺眉說：「他們真有那麼容易被激怒？」

德川家光怕父親懷疑自己的策略，急忙平伏，大聲道：「父親大人！我德川家實力雄厚，根本不必怕他們要什麼詭詐，大不了開軍隊過去包圍皇宮，那麼他們不屈服也不行。」

德川秀忠皺眉搖頭說：「武力逼迫勝於一切，這以前的豪強也都想過，但是對方沒有犯錯，沒有口實，就貿然行動。首先外樣大名與諸藩，就會對幕府開始質疑，從而野心家趁機崛起。這可違背了東照大權現的遺願啊！」德川家光平伏地說：「父親大人毋憂，我有一計，可以徹底激怒對手，那他就非犯錯不可了！到時我們使用武力，諸藩大名也就不會說話。」於是靠近秀忠耳旁，如此如此，這般這般。

寬永六年，這兩年來幕府死咬著紫衣事件窮追猛打，已經讓政仁剃光頭了，這次德川家光派出了自己的乳母春日局，無官無職就直接面見天皇，並且當面指責天皇的不是。

京都皇宮。春日局已經跟天皇吵鬧起來，如同菜市場爭執的小販。

春日局憑藉大將軍給的威勢，雖然平伏在榻榻米上，但是措辭十分激烈：「陛下！我可是大將軍派來的特使啊！代表將軍！您不可以用這態度對我說話！」

政仁手上摺扇指著春日局說：「妳這不知好歹的女人，妳說什麼？妳才搞清楚是在跟誰說話！」

春日局主動跪坐而起，表現滿臉地不屑，已經不再稱他為陛下，怒目說：「你才要搞清楚，是在跟誰說話！你是將軍家的女婿，我是將軍的奶媽，將軍都對我十分尊重，論輩分我還是你的長輩。要不是有幕府，這皇位根本也輪不到你來坐。現在倒拿雞毛當令箭，囂張起來啦！」春日局越罵越起勁，甚至一手扠腰一手指著天皇，變成茶壺型。

政仁旁邊的侍從都大驚失色。

政仁終於忍不住大叫：「住口！潑婦！滾出去！朕不想要看到妳！」

春日局於是站起來，繼續茶壺型說：「好啊！這可是你說的，我就把你的話原原本本告訴大將軍，看他怎麼教訓你！哼！」說罷抖起和服，扭著屁股離開皇宮。

旁邊的侍從見天皇受辱，匍匐在地哭著說：「請陛下降旨，讓我殺了這女人！太無禮了！」政仁冷冷地說：「殺了她容易，但是你能殺得了大將軍嗎？就算能殺大將軍，還有大御所呢？難道你沒看出來，她是被刻意派來激怒朕的？」侍從頓然無語。

政仁站起來，冷冷笑著說：「老子說，吾之所以有患，在吾有身。吾既無身，吾有何患？看上去受辱的是皇家，但是中計的卻不是我們……」說罷回後宮去。

江戶城。

德川秀忠與德川家光父子，哈哈大笑，兩人笑聲迴盪在天守閣。

德川秀忠哈哈說：「好！這是司馬昭激怒曹髦，接下來就等他當曹髦，犯了大錯之後，廢了他！繼任的天皇，收養我的孫子當養子，將軍繼承者就是天皇繼承者，最後繼位為天皇，幕府將軍在外頭護持下去，誰也阻擋不了，之後天皇位置就是我德川家的。哈哈。」說罷大笑。

德川家光也笑著說：「父親大人總算也相信孩兒了，以後德川後代當了天皇，對我們追贈諡號，孩兒認為該用漢風的帝號比較優美。」德川秀忠點點頭用摺扇指著德川家光說：「好，還要建祖廟，追贈廟號，什麼孝武皇帝，孝昭皇帝都不錯……哈哈哈……」

兩父子都不由得志得意滿，但是事實不如他們所料，政仁忽然讓位，讓給自己與德川和子不到七歲的女兒興子，來當天皇，是為女皇，震驚了全日本！接著自己退位為上皇，跳出來實施『院政』攝政，繼續總攬皇宮內務。果然如周仁退位一樣，一大批心懷異志的諸侯，擠不進幕府權力核心的邊緣武士，社會各階層失意投機者，被幕府排斥在外的野武士，像飛鳥投林一般全部跑到上皇院政的麾下，政仁原本居於虛位，逐漸變成實權！政仁立刻啟動事先佈好的樁腳，在社會各層面，製造逼宮奪位的輿論，不到三個月，全日本滿城風雨。

各大名上表給幕府，請求寬待皇家的表書，如雪花般飄來，甚至德川家的譜代大名也不乏有人上表……

江戶城。

大御所德川秀忠，滿臉鐵青，聽家臣唸各大名的上書。

「……大御所殿下，陛下有此舉措，恐與紫衣事件有關。大將軍的舉措令眾人驚訝，如此對待皇室恐怕天下不服……」

德川秀忠怒目打斷說：「別唸了！換下一封！」

家臣趕緊丟掉，換下一張說：「這是上野守大人上表，大御所殿下尊鑑……陛下無預警讓位給皇女，恐怕是天下將以雌代雄，正是易經所言陰陽顛倒，天下將亂之兆，望大御所能教誨將軍……」

德川秀忠臉紅脖子粗，連續十個大名都是這論調，讓他氣憤不已，拿著扇子敲打榻榻米地板怒道：「好啦！換下一封！」

家臣汗流滿面，拿了下一封說：「這是修理亮大人上書……大將軍雖功德蓋世，實亦為繼承東照大權現之基業。大權現生前且尊崇皇室，將軍大人又豈可違逆大權現之遺範……」德川秀忠閉眼忍氣，咬牙狠狠地說：「好啦！這些偽君子、假善人的屁表書全部都別唸了，獨眼龍有沒有上表？」家臣面帶恐懼地點頭說：「有的。」德川秀忠大聲喊道：「只唸他的！」

家臣打開表文唸道：「這是伊達權中納言上表……屬下惶恐不敢苟同，大將軍此舉逆反常倫，以下剋上，逼宮皇家，此為天下將有大亂之狀，日本將有鼎沉之憂，大御所應當即時制止將軍，以彰……」

德川秀忠聽了臉上青筋跳動，嘴角抽蓄，渾身氣得發抖，面容如同當年的豐臣秀吉被擺道一樣，像是中了法術。氣得把摺扇折彎，丟到地板上大喝：「都別唸啦！這隻老狐狸！」然後站了起來，所有家臣全都平伏。德川秀忠走出房外，對小廝們說：「叫大將軍來！」

德川父子，遣退左右，兩人再度密談。

家光平伏地說：「父親大人！孩兒事先也請示過的，不是孩兒的錯，是這一群偽君子可恥！偽善！」

秀忠皺眉搖頭說：「我沒有怪你！是誰也沒料到，他會那麼快主動讓位，而且不是讓給兒子，是讓給女兒，你的外甥女！狡猾至極！堵了幕府的威力，挑起天下大名的偽善！狡猾啊！可惡！這些人不可能支持我德川家當皇帝了！」

家光陰沉著臉說：「外甥女也可以收養義子……繼承……」

秀忠打斷說：「你懂什麼？皇家規矩已經多年，全天下人都知道，女皇的子女沒有繼承權，就算是她的親生兒子都不能繼承皇位，收養我的孫子又有何用？我們想要的德川血統的天皇，是個沒有陽具，沒有傳種能力的女皇！遲早她也得把位置讓回給政仁的其他兒子，這還是緩兵之計，讓我們無法動作！」氣呼呼接著說：「才如此這般，日本各大名就已經騷動，若是我們繼續破壞這皇家典範，強逼我的孫子能夠繼承天皇，還搞足利義滿那一套，全日本不炸鍋才怪！那麼足利家族的下場，就會出現在德川家族身上！難道幕府的穩定就不要了？除了足利氏，更早的藤原仲麻呂，死不信邪，也是在這種狀況下，硬要搞什麼紫微中台，逼近皇位，擺弄女皇，最後被天下人圍攻到死。這狡猾的家族，已經拿出當年對付藤原的招數，對我們佈局了，你明白嗎？」

家光雙手握拳，皺眉苦臉說：「我就是不信！他只是傳位給女兒，就會引起這麼大的風暴！竟然讓祖父大人的計畫失敗？」

秀忠長嘆一口氣，喘著說：「這是中土人說的『金蟬脫殼』，對他們而言，傳位給女兒算什麼？」咳了兩聲，接著道：「你自己去翻一翻，這個鬼家族的歷史，還有他們的傳承世系圖！每次遇到皇族可能的危機，不止父親傳位給女兒，還會丈夫傳給妻子，兒子傳位給媽媽，姑姑傳位給侄兒，姐姐傳給弟弟，被逼到最絕，還會甚至還會分成兩支皇統，交叉傳遞。這個皇位，就像是一個球，在他們家族之間，不分男女老幼，傳來傳去，最後又繞回給神武天皇一系的父子血脈，培本固原，永不外洩。最可惡的是，每一次傳位，就多出一個上皇，大玩院政分身，四處招兵買馬，萬一皇位生變，每一個院政都可以傳。這簡直……」

秀忠緊閉眼睛，五官用力擠成一堆，氣道：「簡直就是中土唐人說的：『混元天地，乾坤挪移』！這是易經太極生兩儀，兩儀生四象，四象生八卦！從外面，你永遠抓不到本尊……」

家光為之洩氣，全身鬆軟，搖搖頭輕聲說：「難道我們只能放棄？」

秀忠平心靜定地說：「這倒也未必，他們皇家世代傳承，我們德川幕府也世代傳承。我是沒多少年了，只要你有心謀略，遲早可以打垮他們。現在他不是要搞什麼院政嗎？我們雖不反對院政，但也要限制院政！先慢慢讓院政的制度窒息掉！就如德川秘笈所云，剷除根本，先從剪斷枝葉開始！」

此時皇家秘密事務，已經由上皇的院政來主持，國母新上東門院不再過問。而靜光法師也在去年圓寂，他找來了靜光的徒弟見空，以及一位叫松島真義的茶人，來當左右參謀。

三人在密室，又是哈哈大笑。

已經身為上皇的政仁說：「這一招『誘虎發威，借屍還魂』，引來天下大名的輿論騷動，已經將德川家篡位的野心衝垮了一半，朕挫敗了他們的計謀！至少他們得乖上三十年。倘若還不乖，那就要出現第二個藤原仲麻呂，到最後『大佛一開眼』，全天下圍攻藤原仲麻呂，在日本敢意圖逼宮篡位者，就是這種下場。我看他們德川家，肯定也知道這當中的厲害！」

松島真義才升任首席參謀，不敢笑太大聲，只呵呵一笑說：「上皇陛下這一招太高了，跳脫出來，在外面招兵買馬，嚇得德川幕府不敢亂動。不過另外一半也不當保留。要讓德川家徹底安分，甘願當皇統傳承的芻狗為止。」

政仁點點頭，還笑著臉看著見空說：「見空大師不要客氣，進了皇家密室，就是皇家的一份子。大可說說下一步怎樣制服德川家。」見空笑著說：「師父圓寂之前曾教導，要徹底壓制德川家，得聯合使用好幾招秘術。主軸在第兩百八十二招『寄名枝葉，變季歸根』！陛下現在既然也同時當了法皇，之後當今女皇陛下穩定十來年後，也當退位回歸血脈傳承主軸，以非德川血統者來繼承，然後計畫連著退位。形成『三上皇一天皇』，或最少也要『兩上皇一天皇』的準備態勢，利用上皇院政，把觸角重新伸入日本各階層，從各階層陰暗的角落伺機出擊，最終走向皇家機關秘術，第三百零八招『皇道蕩蕩，無象轉生』，逐漸把德川家的權威根基腐蝕掉，並控制它在一定能存活的區間，為我皇統傳承之芻狗。這就像是一種多蟻后的蟻穴，工作的螞蟻是不可能造反的。」

政仁頻頻點頭說：「好！太好了！靜光法師不愧是朕的遠房堂叔！可惜圓寂離去。那麼演繹皇家機關秘術的任務，朕交給見空法師來主辦，隨時給朕過目。」

見空笑著點頭說：「謹遵上皇院宣。」

政仁問見空說：「這院政制衡，就是皇統對付篡位者的前哨，皇祖皇宗們，很早就依照古老的迷蹤經佈局使用，屢試不爽。即便被武家削弱，但只要不斷反覆再施院政，就一定能在這當中找到對付逼宮篡位者的方法！見空大師您父親是中土唐人，您從小熟讀中土哲學，而古老的迷蹤經也是來自中土的聖人所制，朕想請問，這院政佈局系統之所以屢試不爽的原因？」

見空笑著說：「上皇陛下也知，日本皇家之迷蹤經，來自於中土老莊道家哲學之演繹。陛下應該讀過，莊子齊物論裡，罔兩眾問景吧？」政仁點點頭，但皺眉頭說：「讀過，但朕不懂當中的深意，這跟『寄名枝葉，變季歸根』有何關係？」

見空說：「這其實是陰陽家所云，無極生太極，太極生兩儀，兩儀生四象，四象生八卦的變易道理所延伸。罔兩者，就是影子的影子。當罔兩問影子，為何沒有自主中心節操，總是跟著主體在跑？影子的回答，隱藏了一個深意，他有一個主宰叫做人的主體，而這個主宰，本身也是被無形的思想所主宰的，而這思想也是面目模糊的面貌。所以他與他的主宰，同樣都不是自己在動作。世間道的本質，一切都是不知其所以然！一切也是知其所以然！當中所謂的罔兩，不是具體事物，而是由於他面目模糊卻堅持提問。透過罔兩的提問，主從結構的二元關係一再被檢視，而罔兩之問，也使得新的主從位置，以及游移含蓄的定義，層出不窮。對映在這院政體制上，當天皇本身不被自己所主宰，而被底下的人主宰時，天皇就是個影子，可以生成『眾罔兩』，也就是上皇院政，產生諸多面目模糊的事物，反過來追問主體結構！最後會發現，影子的主宰，本身也會被模糊不清的事物所主宰。那麼不知其所以然，就會跟知其所以然一樣！跳上了上皇院政，就會回歸權力的本質，最後跟影子的主宰的主宰一樣，面目不清混成一起！如此，掌握實權的主體，在此陰陽有無的捭闔下，永遠會被面目不清的主從問題所困擾，永遠無法取代影子成為唯一的主體。」

政仁點頭說：「朕知矣……上皇院政，不止是皇權分身，主旨還在於，不斷將虛位皇權，反覆充實，牽制擁有實權者！若擁有實權者對皇位越有野心，那麼眾人對他篡位的質疑，自然越曖昧不明，他自己也跟著越曖昧不明。那麼院政的力量，順著這個人性曖昧不明之處，就會越強大！」

見空雙手合十笑著說：「陛下終於明白，莊子『罔兩問景』的真正含義了！」

一下法皇一下女皇一下上皇，甚至變身成為將軍的外甥女，這一手確實讓德川父子的計畫喘不過氣，無法再逼宮。

女皇之後諡號為明正天皇，在位十餘年，德川秀忠也已經去世，才是十九妙齡女子的時候，就讓位給弟弟紹仁。後代稱之為後光明天皇，紹仁母親為藤原光子，沒有德川血統，一切又回到德川家逼宮前的情勢。

至此繞了一圈又跑回原點，成了鬼打牆，德川家白費力氣。

而政仁仍在院政，況且院政之中，就有將軍的外甥女共同在運作，形成了『兩上皇一天皇』。雖然幕府壓制院政不可太氾濫，但是也不得不承認院政。於是政仁就秘密授予非德川血統不少女院的稱號，大玩女院制度，封其家屬官爵，院政藉此不斷分身分節出去，同樣把人脈觸角滲透到日本社會的方方面面，政治主動權跑回了天皇手上。

德川家光欲搬入京都坐朝廷的企圖，不斷被挫敗。

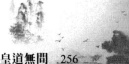

日本寬永九年年底，江戶城。

此時德川秀忠已死，德川家光發現退位為大御所的二元政治，根本是東施效顰，對付不了皇家，所以已經不打算再退位當大御所，另尋謀朝篡位的他法。

「這也不對！啊！」

將軍房間內不斷傳來憤怒的狂吼之聲，德川家光一人在房內發作。左右小廝都平伏在廊外，不敢離去又不敢靠近。小廝們都相互私下竊竊私語說「大將軍真孝順，大御所去世快一年了，還這麼悲痛。」「是啊，將軍已經悲慟得語無倫次了……」「在將軍平復之前，可別上前去，不然被將軍一刀砍死都不知道。」

其實他並不是因為德川秀忠之死而如此，是他這些年的招數接二連三破功，苦思的良謀計策全部失效，易姓革命的希望，如當年足利義滿一樣，面臨破滅，還赫然發現幕府大將軍的位置，表面上呼風喚雨，掌握大權，天皇不會置一言反對，但實際上被團團包圍。只要有任何不軌的企圖，立刻會有他無法想像的事情發生，從而慘痛回報，但箇中暗虧受傷，只有大將軍自己知道。他幾乎可以預言德川幕府未來的子孫，最終會跟日本前面兩個幕府與諸多豪強一樣，被皇家消費到結束，用完即丟！他一定要找出方法來謀朝篡位，不然永無希望！

德川家光頭髮散亂，氣沮無神，面容憔悴，衣著不整，榻榻米地板上散落一大片紙張與書籍。手抖著抓起毛筆，把揉成一團的廢紙張開，又在上頭寫了幾個字，然後抓起

『孟德新書』翻閱，找曹操的計策，看了之後用力扔到牆上，大喊：「這也不對！這招使用過！沒用！沒用啊！」

爬過了幾步，抓起另外一本書，是日本的吾妻鏡，翻了幾頁，氣得撕成兩半，怒道：「這也不對！沒有用唉！」又爬了幾步，抓著孫子兵法，口中唸唸有詞：「人能以上智為間，必成大功……哪裡找上智啊？孫子兵法怎麼沒有寫清楚啊！哪裡找上智者啊？」幾乎哭了出來，拼命翻書頁，大喝一聲又把這本書丟掉。

如此狂閱群書，尋找下一步該怎麼佈局篡位步驟，終於在成堆的書中，找到了朱熹寫的周易本義，裡面有朝代之政權，如五行相生更迭，鼎革維新之說！

德川家光瞪大眼睛，如夜叉圓目，明亮又兇惡，呵呵大笑，然後咬著指甲：「呵呵阿！哈哈唉！就是這個！就是這個！朝代相迭！五行相生相剋……鼎革維新，一朝替一代！呵呵呵！終於找到了……」

然後縱聲狂笑：「就是五行相生，朝代相迭！我有十萬鬼神兵，移駕京都坐朝廷！哈哈哈哈！」他已經兩天一夜沒走出這房門，於是用力踢開和式門，跳到庭園裡面又叫又跳，所有小厮都嚇得在周邊亂竄，不敢靠近。

繼續縱聲狂笑，如同瘋子：「五行相生相剋，鼎革維新，天地無極！神通廣大！太上老君急急如律令！我有十萬鬼神兵！移駕京都坐朝廷！哈哈哈！」

周圍的小厮大多沒有漢學底子，不知道所謂五行相生鼎革維新之義，但聽得懂『移駕京都坐朝廷』，都以為大將軍要去京都朝廷拜見天皇，緊張得四處奔跑，所有家臣趕來跪下。

「大將軍冷靜！」「快叫夫人來！」

最後將軍夫人潑了他一桶冷水，好不容易才讓德川家光冷靜了下來……

德川家光多少夜晚反覆思索，他至今才想通，為何當年的織田信長為何要三職推，秘密制定入唐計劃？又為何豐臣秀吉對皇家尊崇到極點，但私下堅持接手信長的入唐計畫？

德川家光深知，入唐計畫確實是一步可以扳倒天皇的狠棋，但德川家現在有條件入唐嗎？織田信長計畫入唐，天皇根本沒給他機會，就策動叛亂把他殺了，織田家就分崩離析，走向滅亡。豐臣秀吉利用恭順的外表當掩護，確實衝到了執行入唐計畫的機會，但結果如何？天皇一樣可以不發一言，把他收拾，最後豐臣家徹底滅亡。

入唐是不可能了，但若把唐人的東西引進日本，想辦法改變日本狀況，或許可能。

德川家光於是準備賭上最後一搏。

之後，德川家光引進中國的朱子學與儒學經典，在茶會與各種場合，不斷推薦大家學朱子理學，尤其強調當中，世道時運，五行相生更迭的部分，中土每一朝代都有一五行之德，可以因此互相輪替，企圖製造鼎革維新的輿論。但走到這一步，代表即將黔驢技窮。皇家對此當然也有對策，可以挫敗德川家光垂死掙扎的計謀，皇家也同時提倡朱子學，以茲對抗，但是天皇對朱子學有另外一種解釋，強調忠君而不是鼎革維新，先行搶佔學術市場的制高點，大談忠君愛國天下正統，德川家的最後一招策略『鼎革維新』，於是破功。

且先按下日本皇室的事情後表。

中國清朝順治元年，也是明朝最後一年，崇禎十七年，西曆一六四四年。

在長期的廠衛荼毒，文字獄恐怖，太監專權，皇帝昏暴的統治下，少數民族與漢族百姓都揭竿而起，跳出來打倒明朝皇帝。

李自成本為米脂縣逃亡殺人而投軍的小民，之後朝廷欠他軍餉，憤而聚眾殺了參將與縣令，揭竿造反。經過多年奮戰，終於打到了北京城。派出去迎戰的明朝將領，早已跟李自成暗通款曲，監軍太監杜勳與大學士李建泰，先後率軍向李自成投降。守城門的將領，紛紛投降，受重用的大太監曹化淳開城門降敵，一時北京城門俱開，李自成軍衝入城內。

李自成已經登上了城牆，遠望皇城，想著接下來要輪自己披黃袍當皇帝了，不由得興奮異常，大喊道：「崇禎！納命來！」底下的闖軍，也都在叫嚷著，要崇禎皇帝的項上人頭。

皇宮。

太監王廉哭著進來對崇禎皇帝朱由檢喊道：「主子！不好啦！主子，賊軍進城啦！」

朱由檢早知大勢已去，手握御酒狂飲，流淚說：「苦我民爾！」如今才知百姓重要，也已經太遲。緩口氣後問：「守城的將領呢？怎麼沒有來跟朕稟報？還有曹化淳呢？」王廉哭著說：「別提啦主子！他們全都降賊啦！咱們快移駕離開京師吧！不然就來不及啦！」朱由檢大喝一聲：「移駕？還能移駕去哪？就算逃到南京，闖賊也不會放過朕，難道你要朕學隋煬帝？」身邊的周皇后，年幼的三個兒子太子、永王、定王，女兒長平公主、昭仁公主，還有諸多太監宮女，聽了紛紛哭泣。

太監張殷上前道：「事已至此，主子還是投降吧！」一聽到投降，朱由檢大怒，抽出配劍將之刺死。大喝：「朕是天子！豈有降賊之理？誰再勸降，就如此奴！」

眾人更是相擁哭泣。朱由檢不願意投降，又不願意走，也無法抵擋李自成軍，那就只剩一條路。拿起配劍抵住周皇后道：「皇后！賊軍將至，爾必被汙辱，爾乃一國之母，知道該怎麼做！」

周皇后知道無第二條路可選，淚流滿面道：「臣妾先走一步。」於是挺胸衝上前，寶劍刺穿胸膛，立刻崩逝。眾人一陣驚慌，皇子皇女撲上前去痛哭。大喊：「母后！」

朱由檢大喝：「都別哭，而今只有死節！」於是配劍砍殺袁妃與長平公主，兩女倒地血流如注，但朱由檢畢竟不忍殺害骨肉，沒有砍中要害。秉筆太監王承恩，哭著抱住朱由檢的手，大喊：「主子！不可啊！不可啊！」

朱由檢大喝放手，但王承恩死活不肯放。

哭著答道：「奴才認為，把皇子們送到周奎還有田弘遇家，隱姓埋名躲藏，還有一線生機，讓主子的血脈不至斷絕！萬萬不可啊！」

朱由檢手中寶劍掉落，披頭散髮，淚流滿面說：「快去辦吧！」

命人送走眷屬後。朱由檢手持最先進的三眼輪轉火槍，與數十名太監騎馬出東華門。城牆已經被李自成軍攻佔，見到數騎奔來，弓箭手亂箭射來，前面開道的數名太監中箭慘叫，掉落馬下。朱由檢手持火槍射擊，打死兩名弓箭手，掉落城牆下。弓箭更如飛蝗般射來。

王承恩大叫：「主子！快撤！去成國公家！」朱由檢趕緊騎馬回奔，眾太監後馬繼續隨行。

到了成國公朱純臣府外，王承恩大喊：「成國公！陛下駕到！」但是喊了許久，仍未有人應門，眾太監不斷敲門，只聽見裡內朱純臣喊道：「末代無路的皇帝，還不如老百姓呢！快走吧！我不可能收留爾等，不然賊軍殺來，必降罪於我！」

王承恩大罵朱純臣無恥，朱由檢慘笑，說道：「不勉強他！朕走便是！」於是眾人又奔向安定門，守軍都已經跑光，城門深鎖，太監們用利斧猛砍也砍不開。

朱由檢仰天大笑：「天亡我也！奸臣誤朕也！」

於是又只能奔回皇宮前殿，天已拂曉，北京城大火四起。太監王承恩遞上了一壺水，朱由檢喝了之後，聽到外頭叫擾之聲四起，知道李自成將要對皇城發動攻擊。

王承恩哭著說：「主子，那批奴才們都鑽空子跑啦！快下旨招喚群臣上朝，找人護駕離京吧！將來還有機會……」朱由檢面無血色，連多數太監都棄他而去，揮著手說：「鳴鐘……」意思是皇帝上朝，鳴鐘招喚百官。

鐘聲是傳出去了，但是等了很久，所有官員，沒有一人前來皇宮，多數都是投奔李自成軍去了。反而李自成軍在外頭，聽到鐘聲響起，知道皇帝在這，嘶喊聲越來越大，開始衝入皇宮。皇宮內所有人也趁機作鳥獸散，歷朝歷代氣數已盡，皆如此。

朱由檢哭道：「諸臣誤朕也，國君死社稷，二百七十七年之天下，一旦棄之，皆為奸臣所誤，以至於此……」於是直奔皇宮北門後的煤山，身邊只剩太監王承恩一人，於是解下腰帶掛在樹上自縊而亡。上弔死前於藍色袍服上大書「朕涼德藐躬，上干天咎，然皆諸臣誤朕。朕死無面目見祖宗，自去冠冕，以髮覆面。任賊分裂，勿傷百姓一人」，王承恩看著他斷氣，然後也跟著在一旁上弔自殺。過兩日屍體被發現，李自成軍將崇禎皇帝朱由檢與周皇后的屍棺移出宮禁，在東華門示眾，「諸臣哭拜者三十人，拜而不哭者六十人，餘皆睥睨過之。」

多數人冷眼觀看亡國之君，似乎不在意皇帝之死，且不說這種態度是對是錯。這必然是有更深的底局，更多無法直觀的因因果果，才會出現的現象。

河北豐潤，吳三桂大營，此時他還檢閱騎兵，查看火槍大炮。

外頭一名飛騎前來，吳三桂見了引他入軍帳，左右還有部將十餘名。當飛騎稟報，北京陷落，崇禎皇帝自殺，李自成攻佔京城後，吳三桂竟然露出了微笑。

他本受崇禎皇帝旨意，率軍回防京師，但又不願替崇禎與李自成廝殺，所以一路上走走停停，企圖讓李自成先進北京除掉崇禎，自己保存實力，等待往後之晉升，而今目的達到。但是在諸將面前，得表現一下忠君愛國，於是收回笑容，向南朝拜，假惺惺哭了一下，下令撤軍回山海關，派人與未來可能的新皇帝李自成談判，自己以高官顯爵，除舊佈新，迎接中國的新王朝。

山海關，吳三桂父親的家丁來報訊。

家丁先報了北京的情況：「……聽說皇上駕崩前，就是這樣走投無路，自殺後，大明江山恐怕是要亡了。」吳三桂冷冷一笑，不以為意，揮揮手冷道：「好啦！皇帝老兒的事情就不提了，大明也都要過去了。那個朱由檢早死早超生，再投胎當個平民便是！這樣反而更好！李闖現在有什麼動靜？」

家丁先愣住，然後嚴肅地說：「李闖現在忙著四處追繳餉銀！」吳三桂瞪眼繃臉說「追繳餉銀？怎麼回事？」家丁答道：「李闖欠餉銀給手下的軍隊。他自己以前就是欠餉叛變的人，所以現在非常怕底下的賊兵們欠餉。本來李闖嚴令軍紀，不准侵犯百姓，但底下的賊兵賊將，忍不住窮，進了京師就叫嚷著要賞銀。李闖不得已，抓了朝廷的百官要餉銀，不給的就酷刑打到死。聽說錦衣衛的官員，還有東廠的太監廠官，被打得最慘。還聽說，田國丈以前在皇上面前哭窮，只承認自己有一萬兩，但這李闖一追，竟然抄出四十八萬兩……」

這田國丈就是以前送他姬妾陳圓圓的恩人。吳三桂冷冷一笑地說：「錦衣衛還有廠官，平常最會擺威風打人，現在被打活該。至於田國丈，雖有些交情，但也不提他了！父親大人呢？」

家丁說：「老爺也被抓啦！不過李闖還算優待。」吳三桂盯著外頭，喘口氣說：「沒關係，我回北京歸順闖王之後，李自成自然會放了父親大人。」然後又問：「那麼夫人與家產呢？」

家丁看他不緊張，神情就轉而輕鬆，答道：「家產被抄了，不過都貼上封條。夫人與貼身丫頭都沒事，李闖沒有冒犯。」

吳三桂點點頭說：「嗯，沒關係，我回北京後，家產自然會歸還……」忽然瞪大眼又問：「對了！我的陳圓圓呢？」

家丁說：「被李闖手下部將劉宗閔搶去，當了他的愛姬……不過好在，夫人沒有事。」

吳三桂聽了瞪大眼怒目說：「你說什麼！」這聲音大得近乎暴怒。

家丁嚇一大跳，原本以為他會說，沒關係，等回北京之後就會歸還，也不過就是愛姬借人使用幾天，不算戴綠帽。但看狀況吳三桂忍不住這口氣。

吳三桂抽出配劍，割去髮髻，長髮散落一地，如同痴狂，眥目欲裂，心如刀割，大聲狂喊：「愛姬啊！」然後揮劍砍斷一旁的桌子，大喝：「李闖！我與你誓不兩立！讓你有皇帝也當不成！」家丁瞪大眼，現在才知，原來在吳三桂心裡，老爹比皇帝與朝廷還重要，妻子家產比老爹重要，愛姬又比妻子家產重要。

但若跟所屬兵將說，大家要為他的愛姬而戰，必然會引起反彈，不肯努力作戰。怎麼辦？於是下令，所屬軍隊，替崇禎皇帝披麻帶孝，要復興大明，宣布要與李自成決一死戰！吳三桂於軍中設崇禎皇帝靈位，哀矜痛哭，宣佈要精忠報國，感動諸將，顏面上哭崇禎，內心實哭自己的愛姬為人所用。當自己有需要的時候，才又把死掉的崇禎皇帝抓回來消費，要部將們替皇帝復仇。人說殺父之仇不共戴天，如今看來，奪妾之仇亦然！

故有詩云：千古雖有多情子！不如三桂真性情。太祖太宗遼東起，未能破關定中原。誰說女子是弱勢？五族共和靠紅顏。十三遺甲雖雄才，秦淮八伎意纏綿，偉略開疆是太祖，江山一統靠圓圓。

故吳梅村的長詩中有段落云：痛哭六軍皆縞素，衝冠一怒為紅顏。嘗聞傾國與傾城，翻使周郎受重名。妻子豈應關大計？英雄無奈是多情。全家白骨成灰土，一代紅妝照汗青！

吳三桂立刻修書給關外的多爾袞：

「明平西伯三海關總兵吳三桂，謹上書大清攝政王殿下，三桂初蒙先帝拔擢，以蚊負之身荷遼東總兵重任，棄寧遠而鎮山海者，正欲監守東陲而鞏固京師也。不意流寇逆天犯闕，京城人心不固，奸黨開門納款，先帝不幸，九廟灰燼，賊首僭稱尊號擄掠婦女財帛，罪惡已極，天人共憤，眾志已離，敗可立待。我國積德累仁謳思未泯，各省宗室如晉文光武之中興者，容或有之。遠近已起義兵，山左江北密如星布，三桂受國厚恩，憫斯民之罹難，欲興師以慰人心。奈京東地小，兵力未集，特泣血求助。今無故而遭國難，北朝應惻然念之，夫除暴翦惡大順也，拯顛扶危大義也，出民水火大仁也，興滅繼絕大名也，取威定霸大功也。流寇所聚金帛子女不可勝數，義兵一至皆為王有，又大利也。王以蓋世英雄值此摧枯拉朽之會，誠難再得之時也。乞念亡國孤臣忠義之言，速選精兵直入中協，西協，三桂自率所部合兵以抵都門，滅流寇於宮廷，示大義於中國，則我朝之報北朝者，豈惟財帛？將裂地以酬，不敢食言。」

關外盛京。

話說這多爾袞閱畢吳三桂來信後，找來八旗旗主與滿漢大臣共同商議，眾人看後，皆知吳三桂文書中，所言仁德大義救國報君之言，都是廢話，沒人想理睬。財帛子女則還僅次要，是一些八旗旗主各軍將領所想。裂土以酬勉強切中一點點目的，是一些鑑識淺薄的王公貴族所思。這多爾袞最所欲者，是要趁此機會大舉入關，定鼎中原，主宰整個中國。但少有人能附和，遂以此問兩位重要的漢臣，范文程與洪承疇。

范文程說：「王爺先前曾率軍繞道入關，兵鋒最遠打到濟南府，雖獲不少金銀財寶，但最終還是得退回關外。此番明朝已亡，吳三桂開關請兵，定可得中原而定天下矣。」

多爾袞微笑說：「用兵是必然，但吳三桂來信事出突然，關內情勢尚未明深淺，此次出兵，具體該如何動靜，尚不明確，這得倚仗先生費心。」

洪承疇道：「此去中原，與前次入塞不同，有吳三桂等漢將兵馬為內應，而中原局勢，闖王才破北京不久，仍存殘明勢力，局面混亂。只要王爺申喻將士，勿屠人民，勿淫婦女，勿掠財物，勿焚民舍，有違令則照軍法從事，定斬不饒，則中原人民必當望風歸順，棄亂從整。中原一定，都城一遷，人心一變，則江南邊塞等地，皆當勢如破竹。屆時敢有抵抗者，雖強亦必滅之。萬里江山唾手可得，大清盛世就在眼前，王爺明鑑。」說到此，對之作揖。

說到遷都，滿臣各有意見，但多爾袞摸著長鬍子，哈哈大笑道：「兩位先生一語，已定江山，其餘意見不需考慮了！」

於是多爾袞強勢主導，發八旗勁旅主力，輕重弓馬突騎先行，步兵火炮於中，輜重官員於後，浩浩蕩蕩向山海關奔殺而來。多爾袞強兵雖發，吳三桂日夜盼望清兵到來，不料清兵尚未至，李闖兵已先到。

吳三桂當即率軍開關出戰，兩軍大戰於山海關外，吳三桂親自指揮左衝又突，殺聲震天，山搖地動，從日出戰到黃昏。但李闖的大順軍數量眾多，關寧鐵騎已不敵農民軍，不得不突圍而出，撤回關內，清點人數，已傷亡近半。不得不大哭，眾軍士也跟著大哭。但吳三桂的哭，並非哭軍士，更非哭崇禎之仇，實哭愛姬陳圓圓恐怕奪不回來。

李自成當然不會給吳三桂喘氣，重新整軍之後，立刻南北兩路攻打關隘，滿山遍野的農民軍隊，已經讓關寧鐵騎，嚇得不敢再戰。吳三桂大為驚恐，只能用山海關火炮齊發，但仍阻擋不了大順軍的進逼。正在恐慌躊躇之中，忽然關北飛騎來報，大清多羅豫郡王多鐸，武英郡王阿濟格，已經帶前鋒兵馬趕到。吳三桂轉悲為喜，親率精銳鐵騎五百人，在炮火的掩護下，衝開一條血路直達清營。

吳三桂見了多爾袞，立刻下拜，多爾袞會說漢語，跟范文程、洪承疇都以漢語溝通，不需翻譯直接可以跟吳三桂言語，急忙扶起他道：「將軍請起，我等正是替大明復仇而來！」吳三桂稱謝，然後急道：「國仇家恨刻不容緩，請王爺立刻發兵救援。」

在一旁還有一個年方三十出頭的貌美年輕女子，身穿滿人貴婦服裝，單眼皮，圓潤臉，清秀佳人，她正是孝莊皇太后。為蒙古人，博爾濟吉特氏，皇太極的妃子，其兒子福臨正是才登基不久的順治皇帝。這蒙古女子不只身分高貴，才識還相當出眾，可謂中國史上的奇女子之一。她之所以隨軍出征，就是怕多爾袞仗功自立，她得在前面親手掌握局面，以免福臨大統之位有變。

多爾袞介紹了她的身份後，吳三桂當即對她下跪行禮。

禮畢入帳中商議軍勢。

多爾袞要吊一下他的胃口，答道：「我軍從盛京星夜兼程趕來，有些疲憊，當休息三日才可動兵。」吳三桂一聽可急了，忙道：「王爺！我等忠君愛國，復仇心切，請體諒我等拳拳之情。立刻助我才是。」

這多爾袞可不是省油的燈，見他還在扯謊虛言，若不給點厲害，讓吳三桂吐出點實情，將來必輕視大清，難以控制，微微一笑說：「先前闖賊進逼貴國京城，崇禎皇帝曾數次下旨請將軍回救京師，但將軍一路上檢校兵馬，推運火炮，慢軍緩行。當時將軍的忠君愛國之心，怎麼不若今日之急？」說到此瞪大眼看他。

吳三桂愣了一下，原來自己的底細，早被滿人摸得一清二楚，山海關的情報恐是瞞不住多爾袞。於是下拜道：「吳某有罪。但而今闖賊南北兩路攻關，若山海關落入賊手，則貴我兩軍定難獲勝！關內人民望大軍如雲霓，若繞關潛行，多費時日，必大失民望。王爺要勝當趁現在，一鼓作氣則可破京師敗闖賊，先前承諾的黃河以北領土，都在王爺的掌控之下！」

吳三桂也摸清了多爾袞的內心，反正大明之亡並非吳三桂造成，不如將明朝作最後消費，轉讓一些領土給大清，從而露出一點真實的嘴臉。

這一說，多爾袞才動心，緩緩道：「闖賊兵勢如何？」

吳三桂急道：「賊兵雖多，但皆農民莊稼漢所組成，一群烏合之眾爾。三桂只有七千兵馬還能跟他們戰成平手，如今王爺來助，豈有戰不過他們的道理？」

多爾袞道：「既然如此，明日與他們決一勝負。我們兩人現在當先歃血為盟，以定主次，將來擊破闖賊，我大清入關，將軍方能自處。」吳三桂問：「是當結盟，貴我兩國為兄弟……」

話沒說完，多爾袞拼命搖頭，吳三桂只好住嘴發愣，瞪眼看之。多爾袞見他發愣，答道：「崇禎已死，大明已亡，何來兄弟之說？即便大明還有宗親餘脈，在他處登基，又豈有資格再坐江山？不如讓給闖王！」

這一說，吳三桂嚇了一大跳。但已經猜出，多爾袞想說什麼，還故意裝傻：「貴國要將疆界另外劃分，才願意動兵？」

多爾袞仍然搖頭。吳三桂頗為驚慌。

孝莊皇太后微笑著說：「這讓我來說吧！」

這孝莊皇太后是蒙古人，會滿蒙兩族語言，但還不會說漢語，於是讓一旁的洪承疇翻譯。吳三桂只感覺，這年輕的皇太后能耐非凡，不然不會跟著清軍先鋒一同前來。

於是翻譯道：「我們的意思是，大清出兵相助，不是白白替閣下作戰的，將軍先前說要裂土以酬，以黃河為界。這項承諾，豈是將軍為人臣者可說的？先拖延害死了崇禎皇帝，對大明不忠。又聽說將軍欲降大順闖王，而今又卻又與大順闖王為敵，對人者不義。將軍的忠義二字將置何處？將軍又如何自處於天下？」多爾袞與孝莊一搭一唱，這著實厲害，先抓吳三桂的要害，又忽然把賊軍改稱大順，闖賊改稱闖王，故意撥亂反正，倒打一耙，讓吳三桂沒有任何混水摸魚的機會，只能乖乖聽命。

吳三桂滿面驚恐，當即跪倒在這女人的腳下，匍匐磕頭，痛哭掉淚，苦說：「這……

請皇太后與王爺明示！吳某必定遵命。」反正自己是為了女人而降清，早將名節全跪在女人腳下，如今再多跪一個蒙古女人，任其踐踏，反而更純正了自己的本性，如此更好。

孝莊皇太后說：「哀家不知道你為何先背棄崇禎，欲歸順李自成。而今又叛李自成，轉向我大清求援請款。倘若是想學當年的石敬瑭故計，陰謀借外力，自立為兒皇，哀家勸你大可不必。先帝早已立志，要定鼎中原，一統江山！你要裂土，我等可不願意裂土！從此不存在貴國之說！」

多爾袞面無表情，接口說：「是的！」然後食指指天道：「我等與將軍結盟，此盟是君臣之盟。大明既亡，則與大清的疆界就不用再劃了，所有大明江山都歸大清！不然我等不必與大順闖王為敵，與他定疆界才算作數。若非如此，大明新皇登基，誰能認可將軍的裂土承諾？所以將軍當立刻剃髮留辮，以示歸順我大清之心，與我等一同攻略中原，平定江山！」

孝莊又接口說：「當然，我大清不會虧待將軍。哀家承諾，可以將公主許與你兒，雙方結為親家，封你王爵。但稱臣歸順，一同定略中原，這項條件，是不能含糊的！不然我八旗子弟，不會替你作戰。」

吳三桂此時方知，努爾哈赤的子輩孫輩，都是蓋世英雄，連皇太極的遺孀都是厲害的角色，能說出逐鹿中原之大略，無法忽悠詐欺，他向此女下跪，被此女踐踏，也是應當的。為了愛姬陳圓圓，一切都可答應。只好繼續對孝莊磕頭說：「吳某遵命。」於是結君臣之盟，剃髮降清。

關北的李自成大順軍，是明朝投降的兵將，在松山一戰知道清兵厲害，深知「女真兵不可滿一萬，滿一萬則天下無敵」的傳言，並非虛構。見清兵打來，立刻鼠竄逃跑。清軍於是入關。

次日早晨，山海關外，一片石。

吳三桂的關寧鐵騎，直撲李自成主力部隊。李自成擺出長蛇陣親自督戰，吳三桂自願當先鋒，一馬當先，率本部軍隊衝入敵陣。畢竟李自成軍人多勢眾，把吳三桂團團圍困，三桂軍人人血戰來回衝盪，吳三桂本人更是披甲騎馬，揮舞寶劍，往返衝殺，左右闖軍紛紛倒退，頗似當年趙子龍在長坂坡之勇。吳三桂尤其先打聽了劉宗閔部所在，全力衝擊該處，劉宗閔血戰受傷，急忙靠多人掩護，倒退逃跑。

多爾袞領眾將在東山觀戰，摸著鬍子，對眾人疑惑道：「怪了！這吳三桂並不忠於大明，也跟李闖無什怨仇，但怎麼現在作戰如此之勇？像著魔似的？」

阿濟格笑說：「漢人就是如此，只會關門內鬨。此舉不過是要向我等邀功，以利戰後封賞，哪有什麼原因？」多爾袞鑑識不凡，搖頭說：「非也！他獻關請兵，已是大功。若有封賞期望，則必定更重視性命，不會死戰。不然把命丟了，再多封賞又有何益？我看他心中必有其他執著……」於是轉面對范文程道：「戰後請先生幫我打聽打聽，他獻關請兵的本故。」

范文程微笑道：「謹遵王爺之命。」

血戰近半個時辰，吳三桂雖勇，但寡不敵眾，李自成軍反撲，吳軍大敗，已經危急。多爾袞見狀道：「不好！吳三桂要陷沒，快去救援！」

於是阿濟格、多鐸率八旗鐵騎出擊，萬馬奔騰殺入戰圈。李自成軍見到無數辮髮兵，金盔銀甲，八色龍旗，鋪蓋而來，大為驚恐，頓時大亂陣腳。雖然奮力迎戰，仍然大敗，李自成率殘軍逃跑回北京。吳三桂與滿清聯軍繼續進逼，李自成草草登基稱帝之後，繼續出逃。

吳三桂一馬當先，聽說家人已經被憤怒的李自成殺光，更是奮不顧身，率軍猛追猛打。李自成前腳才逃離北京，吳三桂後腳便入北京城！直追劉宗閔部，殺聲震天，奪回了愛姬，兩人痛哭相抱，好一對亂世佳人。多爾袞與孝莊皇太后，在事後知道，原來他是為了一個秦淮歌伎陳圓圓而立場大倒戈，因奪妾激憤而在戰場上異常勇猛，不禁哈哈大笑。

滿清攝政王多爾袞與孝莊皇太后，都執意遷都北京，於是定鼎中原格局已定。並且分派八旗勁旅，與各蒙族漢族兵團，快速分兵西進與南下，消滅了闖王李自成、擊滅歹毒的殺人魔王張獻忠，接著對腐敗黑暗的明朝殘餘勢力，作最後總攻擊。

陪都南京很快就攻下來，惟獨揚州有史可法死守，清軍傷亡慘重，攻破揚州之後，發生揚州十日嘉定三屠。接著剃髮令通行全國，漢人男子一律剃髮留辮，無論男女漢人一律改換服裝，入關時才十萬的八旗軍，一路秋風掃落葉，從北打到南方，快速地統一中國，定鼎中原。雖有不少漢人抵抗，卻影響不了大局，甚至也有不少漢人，反而剃髮易服，幫助滿清進攻，強逼自己的同胞剃髮易服。只求快速統一中國，戰亂早點結束。

正在清軍入關時，江戶城。

來了一個中國人拜訪德川家光，此人英挺瀟灑，面貌秀美，引來不少日本男女的側目。曾來日本旅居過，他正是擊敗西班牙與荷蘭艦隊，稱霸南洋的中國大海盜鄭芝龍。先前已受明朝朝廷的招安，官拜大明朝水師提督之職。因為其海戰戰功彪炳，勢力強大，擁有三千艘大小戰船，火炮無數，各族水軍二十萬人，所以德川家光特別接見。

這鄭芝龍將左右隨從置於城外，單獨一人在和式房間內等候，品著茶，看著庭園。外頭的男女侍從都好奇地看著這房內，尤其女侍們指指點點，看著這異邦來的年輕美男子，聽聞他是大明的水師提督，曾大破南蠻與紅毛人的艦隊，從而愛慕不已。實際上鄭芝龍已經四十出頭，只是外表裝束仍風流倜儻，讓人以為是二十多歲的俊男。當鄭芝龍跟她們打招呼時，引來一陣嘻笑。

忽然侍從喊：「大將軍到。」所有女侍紛紛退下。德川家光穿著整齊，從走廊趕來，鄭芝龍起身迎接。鄭芝龍懂日語，不需翻譯，德川家光先與他寒喧一番，兩人平等對座，而後切入主題。

德川家光以中國禮，行揖示意說：「鄭大人威名遠播，讓成為海洋霸主的南蠻、紅毛各國都為之慘敗，控有廣大海域。家光只不過是小國之藩主，能有幸跟大人談論大明國的大事，甚是榮幸。」芝龍以日本之禮平伏鞠躬道：「將軍大人太客氣了，在大明國百姓看來，芝龍也只不過是海盜而已，能跟將軍大人對座，榮幸的是我。而且這大明，罷了，恐怕支撐不了幾年。」

家光皺眉疑問：「何出此言？」芝龍答道：「將軍大人難道不知？一介平民的李自成聚眾造反，攻破北京，逼死了大明崇禎皇帝。才正想要自己當皇帝，忽然鎮守山海關的吳三桂，引遼東的清兵入關，大破李自成，一路所向崩潰，勢如破竹。我預估將來的江山，恐怕非大清莫屬。」

家光一聽頗為一怔，他知道中國一段時間就會改朝換代，而今讓太閤吃悶虧，讓德川有機會崛起的大明，已經要改朝換代了，而且就被不起眼的一屆平民李自成所推翻。對比德川家這麼多年來，從祖父到自己三代人，刀光劍影苦苦戰鬥，打下了江山，終於統一日本。但卻還扳不動日本的皇室，屢屢卡在皇家詐術之中，忍痛對女人堆長大的小子，甚至對自己的外甥女稱臣，不禁搖頭嘆氣。

轉而說：「中土的事情，我略有所聞，有時候還真羨慕你們中土人士……」

芝龍問：「將軍大人何出此言？」

被這一問，家光竟然忍不住含淚，趕緊轉話題說：「不提了。聽說你妻子是平戶藩的日本人，兒子也出生在平戶？」芝龍說：「正是，早些年已經把他們帶回中土，這次來是專程拜訪將軍大人，致贈禮物的。」家光笑著說：「真讓在下慚愧了。」轉問：「鄭大人您已經受封為明朝的水師提督，而今大清入關攻佔中原，勢不可擋，將來您有何打算？會與大清決戰嗎？」

芝龍微笑道：「不瞞將軍大人，在下已經打算率眾投靠大清。」

家光頗為疑惑，追問：「你擁有三千多艘戰船與眾多火炮，海外諸多島嶼城池，二十萬水陸大軍，稱霸南洋，南蠻與紅毛都十分畏懼。這麼強大的力量，何不趁此在中土逐鹿中原？不然割據一方也可，為何會想要投靠大清？」

芝龍搖頭說：「關鍵不在人數與兵力，而在天命。將軍大人應該聽說過，現在的大清朝開國主努爾哈赤，起兵時才十三副遺甲，兵不滿百，竟然打成今天這一局面，豈非天意乎？若是割據一方，遲早被中土人士視為不知天命的盜賊，被歷史所唾棄，芝龍雖不才，但是能順應大局！」

家光瞪著大眼，嚴肅地點頭，喃喃說：「兵不滿百，十三遺甲！最終打下一大片基礎，入主中國。這比我們日本的信長公還要傳奇。」轉而又問：「那麼大明國不值得挽救嗎？」

芝龍微笑著答道：「不瞞將軍大人，對我來說並不要刻意挽救誰或對抗誰，敝人也只能觀察時勢，順應天命而已。大明皇帝雖是漢人，但或殘暴不仁，或昏庸無道，我何必要抱殘守缺？」

其實是鄭芝龍聽聞耿仲明、孔有德、尚可喜、吳三桂等，一些原本明朝的偏將或總兵，降清之後都可以封王，自己是大明水師提督，曾打敗西班牙與荷蘭艦隊，等級比他們還高，投降之後應該更受重用，當然願意投清自效。豈願意跟殘明一起被剿滅？

但家光聽了哈哈一笑，似乎內心有些平衡，能一舉打敗荷蘭艦隊與西班牙艦隊的中國海上霸主鄭芝龍，竟然也只能順應天命，擁護他人為皇帝。自己扳不動天皇家族，也就沒什麼好自卑的。對於推翻日本皇室的野心，頓然減去了大半。

家光竟然哭了出來。芝龍頗為一怪，他怎麼會哭呢？

家光趕緊收拾眼淚說：「來！鄭大人，你這一席話讓我想開了！我要盡地主之誼，這幾天陪我吃陪我喝！一定要讓鄭大人開心，不然我不讓你走。」

於是兩人一同看藝妓表演，醉酒狂歡。兩人輪流唱歌，鄭芝龍會唱日本歌，家光拍手替他打節奏附唱，眼淚又不禁流下，但是面容卻非常地開心，歌聲也異常宏亮，他內心的牽掛終於放下，此刻他已經放棄了篡奪皇位的念頭。

德川家光似乎在鄭芝龍身上，找到了慰藉……

然而鄭芝龍命運卻不如家光順遂，他回國後，眼見局面不利，不打算替隆武帝匡復明朝，遂帶心腹北上降清，他擁有日本血統的兒子鄭成功不願投降，集結眾水軍，繼續在東南沿海與清軍對抗。芝龍遂被清廷扣押，剛開始清廷是要優待他，但其子成功屢屢抗清不降，芝龍不斷寫信勸降，告知若不降清，爾父將被處死，但成功堅不從命，要移孝作忠。芝龍遂先被清廷流放遠處，而後處死。

清順治十六年，鄭成功與張煌言再次會師，從水路入侵長江，勢如破竹，接連攻破鎮江、瓜洲，包圍南京。而張煌言攻克十數府縣，江東為之震動……

說南京城雖為明太祖開國奠基之地，但面對要反清復明的鄭成功大軍，卻抵抗十分激烈。城內的漢人也都已經剃髮，歸順了大清。城內居民十分緊張，雖說鄭成功治軍嚴厲，軍法如山，但他手下軍隊種族複雜，大多海盜出身。百姓們不敢相信，他鄭成功一定能約束得了。所以大多居民，都加入清軍的行列，對抗反清復明的軍隊。

南京城內。

一位七十多歲老人，帶著兒孫一同上城牆，幫忙清軍抵禦明鄭大軍進攻。剛好這一城邊是鄭成功招募的日本浪人軍隊，衝上了城牆，與清軍展開激烈地廝殺。老人的兒孫持武器，護著他退回城內。忽然一執武士刀的人擋在前面，老人情急之下用日本話大喝說：「快退下！這場戰爭不關我們日本人的事情啊！」

這日本武士頗為吃驚，竟然這老人會日本話。當下放過這些人，去找其他清軍部隊廝殺。

原來這老人就是當年的森六郎，他有諸多兒孫。小松丈夫先她去世，而小松去世之後，兒子也跟著辭世，只剩下一個孫子，托孤給一起來中土定居的義弟森六郎。兒孫們帶著森六郎躲回城內的民居，外頭的槍砲聲、兵器碰撞聲、廝殺吶喊聲仍不絕於耳。

森六郎用漢語說：「和漢！」一名年約二十出頭的年輕人，馬上在他面前。原來他叫做吳和漢，是小松的孫子。森六郎拿出一本厚厚的書冊，交給他說：「我的兒孫都不愛讀書，不識字。而你聰明過人，飽覽群書，我寫的這本書就交給你了。」吳和漢搖頭說：「叔公，這怎麼好意思。」森六郎說：「你別推辭！不然我可生氣啦！」森六郎的兒孫也都跟著勸他，吳和漢只好接受。森六郎說：「你祖母很想回日本去，你可知道？」吳和漢點頭說：「曾聽父親說過，可惜家人無法滿足她的願望。」森六郎說：「那你能否代替她完成心願？」吳和漢點頭說：「聽說日本已經太平，沒有了戰爭，反而換了中國在打仗，我回去也好！」

森六郎長喘一口氣，笑著說：「那我心願已了……當年我母親是伊賀忍者，身在日本卻想到中土來，無法達成心願，由我代她達成。義姐想要回日本家鄉，也無法達成，也能由你替她達成心願……老天也待我們不薄了……」說罷就斷氣，怎樣都搖不醒，眾人痛哭失聲。

鄭成功幾次攻城未果，都被清軍擊退，但是南京城也已經快支撐不住，可以說鄭成功若再全面進攻，則必然陷落。但清軍將領也非省油的燈，遂施展緩兵之計，表示半月內清軍若沒增援，就願意開城門投降，鄭成功接受了。結果清軍援軍快速到達，城內守軍也配合殺出，裡外夾攻，突擊鄭成功大軍，鄭家軍傷亡慘重，大敗撤退，張煌言軍也跟著敗逃。

鄭成功雖然南京慘敗，但而後收復台灣有功，只因對荷蘭人殺戮掠奪過甚，沒有平寬之心對待歐洲移民，歷史地位有褒有貶，按下不提。待清軍完全平定了閩南，令靖南王耿繼茂鎮守福建，吳和漢才前往該地，認識了一船商，打聽去日本的管道。終於皇天不負有心人，找到了去日本博多的商船，來到祖母出生的國度。

幾經辛苦，總算在日本博多暫時有一住所，且當一位福建商人的助手。趁著空閒時間，閱覽了森六郎的筆記本，知悉了幻海當年的事蹟，以及祖母和森六郎的經歷。不過吳和漢對這些祖輩們的經歷，雖有興趣卻不是來日本的主因，之所以會願意來日本，是因為中土戰亂不寧，估計大清朝還沒有完全控制局面，而聽說日本已經戰亂結束塵埃落定，來此找安寧的日子而已。

日本當時不只幕府，皇室也主動興朱子儒學，而吳和漢熟讀四書五經、歷代史籍與先秦諸子百家之言。所以吳和漢很快就被介紹到京都附近，當典籍教師，與諸多茶人、僧侶、文士學徒頗有往來。不過吳和漢仍保持著清朝髮辮，本地人一看便知來自於中土。

松島真義來到了吳和漢的京都住所，此處也為和式房屋，兩人認識也有半年，因為松島真義熟知中土漢學，兩人便對座，談起了目前中國的局勢。

松島真義說：「照這樣來看，中土又要亡於異族了。」

吳和漢搖頭說：「倒不能這麼說，滿人不能算異族。」松島真義問：「這作何解？」

答道：「中土漢族本身就是拼湊起來的。中國一詞來自於詩經，最早周室就以中國自居。當時鄙視湖廣人為荆楚，更把吳越當作南蠻之地。甚至中原之地都有被視為戎狄之所者。若以狹隘的中土中國本義來論，我居南京，豈不也是蠻族？更遑論廣州與福建一地。而遼東從唐朝始，即受中國冊封，清太祖努爾哈赤也受過明朝之官令，來北京朝拜過，滿人又怎不是中國人？若要以文化風俗為尚，現在的漢人與夏商周三代之先祖，風俗文化又豈盡相同？若要以政權傳承而論，唐朝政權來自隋，隋來自北周關隴集團，關隴集團者，鮮卑蠻族也，唐朝皇帝也有一半的鮮卑人血統。那麼中土人歌頌唐太宗貞觀之治，豈非歌頌異族統治？所以滿人為何就不能當中國之主來振興中華？」

松島真義哈哈一笑說：「先生高論，在下敬佩。這一點胸襟，反而我們日本人辦不到。」吳和漢搖頭嘆氣說：「也不見得每一個中土人士都想得通。以在下來看，大清反而會比大明還要好。」

松島真義瞪大眼問：「這又何解？」

吳和漢說：「既然異族統治之論不存在，就可以客觀比較兩者帝王孰優孰劣。明朝自太祖朱元璋開始，誅殺功臣，大興文字獄，株連甚廣，公然廷杖大臣，羞辱士人，並以錦衣衛控制臣民，甚至他還恢復了中土廢除了近兩千年的殉葬。到了成祖朱棣，雖雄才大略，但更以八股文箝制士人思想，屠殺異己，建立東廠廠獄，也奠定了太監專權的劣根。歷代明皇，除了土木堡回來後的英宗皇帝，洗心革面，重新廢除殉葬，回歸儒學仁道之外。其他更是昏君輩出。而現在的大清朝太祖，雖身為女真族，卻不失為英雄豪傑，十三副遺甲起兵復仇，忍辱負重三十餘年，終於七大恨告天起事。清太宗能兼納漢學，改女真為滿州，改金為清，宣告得到秦璽，繼承中土大統，如魏孝文帝漢化一般，所以定鼎中原，長久來說，滿漢融合更為必然之勢。跟明朝皇帝雖是漢人，卻蹂躪大漢文明的精神相比，在下寧願大清朝統治！」

此論震耳發聵，松島真義以中國禮作揖，並哈哈一笑說：「中土的事情先生看得透澈，我十分佩服。說說日本吧！先生認為日本如何？願意長期在此定居嗎？」吳和漢微微點頭說：「日本雖然是小國，為外懸東海之列島，但山明水秀，四季分明，人民樸實，比中土漢人更加單純。又現在太平無事，為我祖母的國度，在此定居正是我所願。」松島真義疑問：「你祖母也是日本人？是日本何地之人？」吳和漢答道：「正是京都人，聽父親說，是當年皇宮中的侍女。」

松島真義頗為一驚，一般日本女子若沒有特殊關係，都不可能遠赴外邦，皇宮侍女怎麼可能去中土？於是追問。吳和漢便把森六郎與小松的故事，從頭到尾說了出來。松島真義才發現，原來吳和漢跟『皇家系統』還有這一層因緣關係。以他的見識，在日本當一個五十萬石的大名都足足有餘，遂向皇室推薦，吳和漢為皇家系統，對抗幕府勢力的下線人員。

之後吳和漢入化日本裔，娶松島真義堂妹為妻，子孫皆以松島為姓。

第七章 西力東侵深度底局似蒙昧 隔世之變日本先手度維新

滿清迅速統一中國，經過順治，康熙，雍正，乾隆四個皇帝勵精圖治，開疆拓土，征伐各地，最後牧馬天山。除了滿族本身之外，蒙，回，藏，苗，傜，壯等等數十個少數民族領地，皆併入中國版圖，與漢族共同成一國度，疆域共一千四百萬平方公里，版圖超過漢唐。然而明清兩朝對西洋勢力態度一致、八股文、文字獄、閉關海禁等，皆拒絕變革。日本則是江戶時代，承平許久。日本在此議題，亦跟著中國的腳步，閉關鎖國。

日本皇室雖然統治的國家小，乃至實權都交給了幕府。外人皆以為，皇權體制相同，日本皇家無法跟中國皇家相提並論。論權力，論統治的土地，論各種資源，論文明的底蘊，確實日本皇室不能跟中國皇室相比。但實際上，不斷延續著中國道家哲學思想的日本皇室，卻有著中國皇室沒有的隱性生命力……也有著中國皇室沒有的安全地位。

某些日本有識之士，見識到世界的另外一端，西方文明早已經開始變異，吸收了包括中國文化在內的世界各族文化優點，並找回西方古希臘文明理性精神，經過文藝復興、工業革命的變易後，脫胎換骨，大肆拓展海外殖民，世界上多數的土地，落入西洋人之手，已經跟黑暗時代的西方文明，不可同日而語。

於是諸多見識過海外世界的日本人，極力主張更改日本國策，脫離模仿中國的閉關鎖國政策。此議題已經引起日本皇室的注意，但德川幕府拒絕接受。

由於英國對中國貿易逆差，令英國佔不到貿易便宜，遂大量走私鴉片毒品到中國，以此手段賺黑心錢。中國清朝道光二十年，西曆一八四零年，鴉片戰爭爆發。欽差大臣兼兩廣總督林則徐，在廣州禁煙，全力焚銷鴉片，逼令各國不得販煙。各國剛開始懾於中國的威勢，全部聽從不敢違抗，但早已殖民全球的英國人，見多識廣，知道東西方實力對比，早已不是當年的情況。為了保護英國人的黑心錢財，遂直接出兵抗拒，派艦隊示威，中國亦大舉迎戰。原本從火藥到槍砲，都是中國人所發明，而今西洋人改造再進步之後，拿來進攻中國。

英軍攻廣州，遭到林則徐派兵抵抗而失敗，只好繞海路北上破定海進逼南京。已經腐化百年之久的清朝軍隊，猝不及防，被英國軍隊打敗，道光皇帝惜金如命，小敗即止，沒有真的作戰意志，不願動員全國之力迎戰，遂與英國議和。被迫割讓香港，簽訂五口通商章程。大清國勢江河日下，中國的局面開始焦爛。

不斷注意中國局勢的日本幕府，知道這情況，大為恐慌。比自己強大得多的中國都且戰敗求和，日本必然無力抵擋。趕緊解除了禁止異國船隻來航的『無二念打退令』，容許各國船隻來經商，以免跟中國一樣遭到不測。

但是事與願違，原本歐洲強盜確實不去在乎日本，都把目標鎖定在中國，但太平洋的另一端新興國家美國卻注意到日本，這大大出乎日本人的意料之外。是真的意外？還是刻意的計畫？還是西方勢力背後有黑手操控？亦或是風水的問題？答案乃全部都是。表象是意外，深入一些是有人計畫把日本也捲入，而西方勢力背後確實有力量操控，希望改變日本的立場，以配合後續對中國的侵略。而放諸最深度第六門才知的地理要素，是風水局造成了美國是日本的冤家。而這一切答案，又有更深的底局在作怪，而這底局當下論誰都看不出來。似乎只有操控打年底局的力量才知悉。

日本嘉永六年，西曆一八五三年，黑船事件爆發，原本要到中國的美國軍艦，意外到了日本。美國軍艦到中國只是觀察刺探歐洲各國在華動向，然到日本卻是另外一個態度，既來之則搶之，所幸就對日本恫嚇威脅，提出一大堆不平等條約的要求。

德川幕府表現得比滿清皇朝還要無能，滿清尚且一戰，德川幕府只能派人到寺廟，不斷祈求神佛，讓『神風再現』，如同當年吹散元朝軍艦一般。但神風偏偏不來，黑船始終不走。無可奈何下，只能耍滑頭，搞緩兵計，藉口這些條約要交給天皇批准，第二年再回覆。

好不容易讓黑船離開日本到中國去，立刻拉著天皇、朝臣、各大名藩主甚至學者平民，要大家一起擔責任。幕府看準這人世間的問題，只要大家一起承擔責任，到最後就是大家都沒有責任。但是他沒料到，牆倒眾人推，樹倒猢猻散。當大家拿不出如何抵擋美國人的主意時，就會想到推翻幕府方法。

第二年，美國軍艦依約而來，但神風卻爽約不現。德川幕府自知，實力比大清皇朝差得多，大清皇朝尚且失敗，自己又豈能對抗這些西洋人？所以沒有打一仗就屈服，簽訂一批不平等條約。其他各國聽聞，全部援例要求訂約，德川幕府只能一一接受，眼看著日本，將逐步成為被西洋人控制的島國。中日兩國外部的壓力雖然相同，但內部氛圍卻有歧異，逐漸產生兩國命運的分歧。這命運曲折起伏，誰好誰壞？當時無人能說清。

西方人搶完日本後，又跑回來搶中國。

英法兩國，看到中國心腹之地長江流域，鬧太平天國之亂，重要的幾個省份都被太平天國攻佔，清軍窮於應付。於是強盜之心又起，趁機尋找藉口，挑起難端，冠冕堂皇地跑來趁火打劫。先要求簽訂更多不平等條約，被咸豐皇帝悍然拒絕。

便組成英法聯軍，發兵進攻北京，艦隊在大沽口與清軍展開炮戰，第一次進犯，英法艦隊被清軍打敗。咸豐皇帝大喜，以為洋夷不敢再來。群臣們紛紛上書，認為天朝聲威將要復振，將可廢除與洋夷的條約。然而強盜沒被打趴下，是不會罷手的。西曆一八五八年，英法聯軍再次攻來，大沽清軍此時慘敗，英法聯軍登陸後進逼京師。

此時，清軍主力部隊都在長江流域剿滅太平天國，連續下旨要求湘軍入京增援，但曾國藩見左宗棠打太平軍連連獲勝，怕收復南京首功被奪，所以不肯分散兵力，拖延不肯增援京師。漢人不肯動，只好找蒙古人，咸豐皇帝只得下旨，派出僧格林沁手下的蒙古騎兵隊，從蒙古高原趕來迎戰，當年能橫掃歐洲的蒙古騎兵，而今卻被歐洲人擊潰，傷亡慘重。英法聯軍趁勝攻入北京，焚毀世界最美麗的花園，圓明園。

不得不再次簽訂不平等條約。

見此局面焦爛，曾經在康熙年間，被滿清打敗的俄國羅曼諾夫王朝，見狀大好！於是在英法趁火打劫之後，也跟著趁火打劫，派兵侵占中國黑龍江以北，烏蘇里江以東廣大土地，逼迫咸豐皇帝，簽訂瑷琿條約，割讓廣大領土。面對俄國的二次趁火打劫，進逼滿清龍興之地，咸豐皇帝無能為力，只能批准黑龍江將軍特普欽的要求，下旨開放關內的漢族流民，到東北關外開墾，充實關外的國土力量，抵禦俄國再一步侵略。中國局勢看似岌岌可危！

既然在日本人眼裡，英美之間沒有什麼差別。而在美國人眼裡，中日之間也沒什麼差別。那麼美國人所幸就拿英法聯軍的情況為由，再次恫赫威脅日本，實施政治訛詐。日本眼見比自己強大的中國都戰敗，害怕京都成了第二個北京，只好簽訂了更多的不平等條約，全部滿足西洋列強要求。日本眼看著將繼續沉淪。

這花旗國，或稱美利堅合眾國，怎麼就老拿日本人開刀？明明他們的眼睛就是盯著中國來的。但歐洲強盜搶劫中國之際，他總是坐壁上觀，甚至不時對中國笑臉，但眼下月只找日本的怨氣。真正明眼者，必然在此看出，這底局之下還有底局。要破解迷局，恐怕非經天緯地，縱恆古今之才，不能識破。

隨後日本的政局開始騷動，日本皇室發現德川幕府這個『芻狗』用了兩百多年，已經沒有力氣，該是『用完即丟』的時候了，但是幕府兩百多年，政治根基盤根錯節，該怎麼丟？這得花一番功夫。朝廷內部遂出現尊皇攘夷的呼聲，公武合體議題也拋上了檯面。天皇則藉此不斷追問幕府，什麼時候可以攘夷？

長州藩與薩摩藩首先發難，脫離了幕府的控制，自行攘夷，與外國軍艦交火，公然與朝廷內部尊皇派聯合。幕府非常憤怒，宣佈討伐長州藩。而薩摩藩拒絕支援幕府。果然幕府征伐失敗，局面逐漸控制不住。孝明天皇見到幕府被藩鎮打敗，幕府有意大政奉還，實踐公武合體，但朝廷卻還沒準備好壓制藩鎮，所以有意要保護幕府，搞點平衡。正當要佈局下一個時期的皇家體制時，卻突然崩御，從而有被維新派暗殺的傳聞，日本皇族緊急啟動機關，進入應變狀態。

先迎十六歲的睦仁即位，以中國典籍易經當中：「聖人南面而聽天下，嚮明而治。」一句，改年號為明治。長州、薩摩、土佐藩逐漸結成軍事同盟，主要雖然是抵禦幕府，但也有藉此抗拒朝廷之心……

再這樣下去就得重回戰國時代，但此時世界的風頭改變，日本若重回戰國，則必然亡於西洋人之手，皇統傳承面臨內外危機。前任皇家秘密謀臣，處理不了這種複雜的變局，在皇家內部會議上被抨擊，只好提前退休。將秘密參謀的位置轉讓系統，轉而由漢學底子相當高的高僧，上亡下絕法師接替。

京都，天皇皇宮密室。

睦仁天皇與新任參謀亡絕法師單獨面談，先相談了日本現今面臨的危局。

這似出家又非出家的和尚，替皇帝出謀劃策，本型來自於忽必烈與劉秉忠，並在朱棣與姚廣孝又發揚光大。而日本因此學得很痛快。世外高人當參謀，自古經典是張良佐劉邦，然歷代頭目遭遇迷局常有，乃至於危殆，但能真正透視底局的高人如張良者，少之又少，且未必能被頭目所用。既然不能常得世外高人，當然只能自己製造，口說難以讓人置信，當然出家拋光，被動演化高段，就是一個最佳選擇。但佛家高僧，其功力，真能如來自九層妖塔高段知識份子嗎？只能用局面來證實。然而高段相比，往往不能用幾十年成敗來評鑑，得用百年以上的變化。但當下，日本皇家能過眼下這幾十年就算過關。且以小年的層次，來看他們這次破局之道。

睦仁皺眉頭說：「經過這幾次密談，皇族的長輩們，給朕富國強兵，以維保皇統不滅的任務。而朕年紀尚輕，見識尚淺，今日本又遭前所未有之變局，大師也都清楚。所謂人多口雜難論真義，所以朕只能跟大師您單獨來談。您是皇族長輩們，共同極力推薦，識得皇家機關秘術的大師級人物，您得拿出一個具體的辦法，讓日本能躲過這危局。首先是幕府領地該不該繼續維持？是否接納德川慶喜進入新政府？還有最重要的，怎樣讓日本有實力，打敗西洋人入侵？」

亡絕法師經過了一個月的靜思，並苦讀中日兩國古代經典，有了心得。

亡絕法師道：「陛下且先心平氣和，否則貧僧所云，陛下必然難以理解當中的關鍵處。」

睦仁半瞇眼，長噓一口氣，緩緩說：「法師有策略就好，皇家延續就等此策。」

沉靜了三分鐘，伴隨周邊蟲鳴鳥叫，亡絕法師輕聲地說：「貧僧先從，皇家機關秘術第九十六招『內外互寰，九轉生死』來起頭。此演繹於老子道德經：『外其身而身存，後其身而身先』。而今日本面對的危機，是從日本國外而來，但是這得從國內著手來面對，然而國內的著手，又要從國外著眼來開始。」

睦仁問：「您是說著眼歐美各國的文明體制？這不是早有計畫，派人學習嗎？」亡絕法師搖頭說：「不是歐美，而是中國。」

睦仁搖頭說：「哼！大清國自顧不暇，也無能力對付西洋入侵，從他們身上如何著眼？」

亡絕法師嘆氣，雙手合十，閉眼道：「陛下有了先入為主的相遇概想，忘記了歷代天皇祖訓，都是以中國來當唯一基準，應付外界變局的！南無阿彌陀佛！」然後不語。

發現亡絕閉口不言，雖然睦仁不知道策略，但至少還知道，失去一個重要的謀略，其後果，可能就是日本淪為殖民地，如同世界其他被西洋人侵略之處一般，皇統被西洋人消滅，自己身死西洋人之手，只好道歉：「失禮了，朕年輕氣盛，忘了皇族長輩們的告誡，請法師息怒，繼續教導朕。」

亡絕法師才睜眼開口道：「據一位荷蘭傳教士給貧僧一本歐洲史，並介紹西洋文明演變歷程所知。西洋之所以強勢，起頭就在於復古，即破除天主教與基督教壟斷知識，恢復上古希臘的人文精神，從而文藝復興。有了文藝復興，才會去求取新知，進而有所謂的工業革命，才有眼前的科學新系統可以出現，才導引現在西洋力量強大。所謂九轉生死，之所以能不死，在於運用最原始也最基礎的『道法自然』。誰都知道，面臨變局自己就要改變，但是也如老子所言，都能知，卻都不能行。其實並不在於不願行，而在於起不了變化之頭，克服不了自身的阻力，不敢毀壞，眼前現有的面貌。所以若要革新，首先復古！日本之復古，則不可能無視中國，否則精髓必然無法掌握。」

亡絕和尚已經將東亞整體局面的核心，闡述了出來，中日兩國的命運，逐漸在此分歧。

在此且先外置一論，傳教士所介紹的歐洲史，一定是歐洲史的真相嗎？而恢復上古希臘人文精神，進而文藝復興與工業革命的流程。上古希臘怎麼回事？可有先識破真實的來龍去脈？亦或含糊籠統認知？文藝復興進而工業革命，這種流程不感覺非常不自然有問題乎？不感覺這也可能是另外一種現實因果，不想被發現，而包裝另外理由？你們皇家機關不常常這樣做？啊！無所謂，反正看到了工業革命的結果。或稱所謂的結果，因為這些結果可以眼見為憑。那就肯定自己的理論能通。確實能通，但不貼近真正底局，那麼就只能眼下可行，故說先以小年視之。

其所言聽之有理，睦仁點頭表示同意。亡絕從而接著道：「有了這一層的認識，日本抓住了精髓，那麼而今西洋力量強大的勢力，就只是表象，並非真正危機。或說真正的危機就不在眼前所見。我們要的變革，就在我們過去所知的一切之中。而過去所不知的，就可以沿著這所知，讓日本承接過去。關鍵在於『內外互寰』當中，如何切分認識，真正的內外兩側，運作具體變革。」

睦仁問：「道理有了，但該如何解釋現在的具體現象，好讓朕能夠落實？」

亡絕說：「回到剛才，先從外著眼中國而論。而今中國與日本同樣面對西洋力量入侵的局面，這當中日本不如中國者，至少有五點：第一，中國皇室有實權，陛下沒有，應變上就落了被動。第二，中國中央集權，中央力量貫徹國家上下已經近兩千年，日本還有諸侯藩鎮分權，停留在封建分權時代。第三，中國國土廣大，擁有很大的縱深，且資源豐厚，日本國土狹小，沒有縱深，且幾乎沒有資源可言。面對入侵，中國可以退居內陸，拖耗時間。且很多建設，中國做一年的事情，日本至少得做十年。而更麻煩的是，日本因沒有縱深，無處可避，所以更沒有時間去拖耗。第四，中國文化底蘊深而主動，社會主導力量有知識份子階層，一旦皇帝堅持變革，用人得當，很快上軌。日本文化底蘊淺而被動，社會主導力量，都是粗野貪暴的武士居多，就算變革，還要找很多牽制他們的力量，才能穩定住局面。第五，也是最關鍵的一點，兩國若同時變革，中國變革成功，則不只外國力量不能入侵，基於國家統一，還能變得比西方勢力更強大，根本不必擔心日本變革成功。而日本就算變革成功，頂多擊退西洋人入侵，還得擔心中國變革成功，成為海權國家。以大清國過去兼併各民族，開疆拓土的實力，若注入新的生命力，日本就算變革成功也不是對手，最好的待遇就是稱臣入貢。而到了這時代，已經不能重演過去，利用足利義滿去打迷糊的策略，得真的去除皇號，改稱國王，聽命於中國皇帝，仿朝鮮之例。」

睦仁點頭說：「這麼說來，日本就算排除萬難，變革成功。還得擔心中國也成功，要是中國因變革過程中，改變了過去對日本的態度，日本就完了。我皇權名位，也就受到真正動搖？」

亡絕點頭說：「正是，著眼於中國之根本原因正是在此。而我日本皇室的存在，不在實權而在名號，最核心的運作精神，就是老子道德經第一章，『名可名，非常名』『有，名萬物之母』。如今加入了西洋科學力量的變數，中國若變革成功，力量強過西洋，我們就不可能打迷糊仗，遲早名的根基會被動搖。所以外部理論的核心，就是日本若變革成功，必須先發制人與中國一戰，速戰速決。利用這一戰當中，讓中國不得不承認，日本也可以擁有皇帝號。當年致書隋煬帝『日出處天子，致書日沒處天子無恙』，被斥失禮而不受。之後中國歷代皇朝，也都不承認日本有皇帝的事實，而今要擺明讓中國徹底接受，兩國國體平等。」

亡絕食指指天接著說：「另外一項更重要的關鍵。我日本皇統之所以長久存在，除了日本內部的掌握，亦有外部之安穩。日本內部可以老莊思想所演繹之皇家機關祕術掌握，外部之安穩則在於中國文明的特殊同化性，數千年來吸引諸多興起之民族入侵中國，掉入在其中興興落落，鮮少有人會顧及日本，中國無意間成為日本皇統最重要的保護傘。是故我日本皇室，歷代都以中國為外部安全的基準。而今局勢轉變，西洋力量從海洋東來，日本與中國同樣遭到覬覦。若日本在戰場上打敗中國，則資源豐富，領土廣大，卻戰力衰弱的中國，與資源貧乏，國土狹小，但戰力強大的日本。在西洋列強的選擇中，自然是放棄掠奪日本，而選擇掠奪中國。則中國又為日本的保護傘。此即老子所云，『長短相較、高下相傾、有無相生、音聲相和、前後相隨。』」

睦仁點頭說：「沒錯！兩千年來，中國一直是我日本皇統，防範外部變數入侵的重要部份。大家謀略中國，自然就不會覬覦日本！現在就要繼續讓中國，吸引西洋入侵，從而保護日本的安全，外側理解了。那變革的內側呢？如大師所言，日本內部分權，舊勢力盤根錯節，根本不是中央集權者。幕府與皇室又有長久合作的關係，割捨困難。至於其他藩鎮，更無法跟一大堆貪暴的武士去講理！豈有變革的可能？」

亡絕說：「陛下這問題，屬於變革之根本問題。所以當引中國的易經革卦，上六爻來解。君子豹變，小人革面，征凶；居貞，吉。象曰：君子豹變，其文蔚也；小人革面，順以從君也。這意思是說，君子因應時勢而作真正的變革，而小人在此當中，只變革外表而不會變革內心，即口惠實不致。而小人的革面，也是順應權勢壓力而為。所以讓小人革面者征，君子居中不改不二，堅定意志。」

睦仁問：「征？征誰？」

亡絕反問：「且先別急，貧僧先反問陛下，陛下認為，幕府與藩鎮諸侯，有可能真心擁護陛下的變革，以求日本強盛，擊退西洋勢力嗎？」

睦仁搖頭說：「不可能！當中會破壞他們的既得利益。所以頂多相互利用而已。牽涉權力與利益，這就沒有道理可說的！」亡絕說：「沒錯！牽涉自身權力與利益，那就無理可說，或者會說出來的都是歪理。若今天陛下面對一個不講理的人，又暫時沒力量去壓住他，那麼有什麼辦法可以對付呢？」

睦仁一時反應不過來，遲疑說：「這……大師以為該如何對付？」

亡絕回答道：「那就是讓另外一個不講理的人，去對付他。讓他們因為利益而互鬪互毆，直到勝敗出現的前一刻，再找第三個不講理的人去對付前兩者，那麼道理才會成為道理，講理之人說的話才有效。」

接著手指著窗外，瞪大眼發狠地說：「等前兩個不講道理的人都趴下去，道理稍為有效的那一時刻，再對第三個不講理的人從背後捅刀子，送他上西天，那麼整個局面就是道理了。我佛慈悲，南無阿彌陀佛。」說罷雙手合十。

睦仁微微點頭說：「朕明白了。幕府與諸藩，都只是『革面的小人』，實際上只是要爭奪或保護自身利益。若是挑戰了這個，一切變革抵擋西洋入侵，對他們而言，都只是停留在嘴巴上，並不真心。而朕要的變革，就只能抓住他們兩者倒下去的最後一刻，快速地實施，才能回頭壓制第三者！才算得到真正成果！」亡絕點頭說：「沒錯！這內側環節，就呼應了剛才貧僧說的外側環節，日本有諸多不如中國之處，連變革的時間都很短暫，根本拖秏不起。」

睦仁說：「朕知道了！那麼就如大師所言，繼續讓諸藩與幕府大打一場，讓他們互『征』而凶，朕則抓住短暫瞬間，先行『復古』然後『變革』！但是……大師是不是還忽略了，日本之復古……文化底蘊很淺，而且過去的思想根基，幾乎全盤來自中國。」

亡絕右手食指，指著房頂說：「所以貧僧才說，日本之復古不可能忽略中國，否則抓不到精髓。中國典籍詩經上有云：『周雖舊邦，其命維新』。日本情況同此，所以變革將以此導入維新，尊王攘夷，富國強兵。」

睦仁總算抓住要點，面露喜色。

亡絕說：「陛下還得注意一件事，就是要抓的那一瞬間會出現什麼？倘若幕府打敗諸藩，諸藩能垮不能亡，兩者當要相互牽制，相互架空，德川慶喜必須被架空為，新政的首席大臣，等待時機抽換，陛下從而要維新。若諸藩打敗幕府，則要讓諸藩不成為第二個幕府，同樣要架空剷除，陛下還是要維新！無論誰勝誰敗，勝敗兩者，最後必然都要使之落空！那麼現在就要準備，用一些特殊手段，拉出第三個不講理之人。」

睦仁問：「什麼特殊手段？第三個不講理的人又在哪裡？」

亡絕說：「秘密接觸諸多的基層年輕武士，利用他們想要快速躍升地位的心理，使之脫離藩幕，成為陛下的政治打手，培植為激進的尊皇份子。想要利用陛下提升自己地位的基層武士，自然也得被陛下利用。就讓他們相互組織起來，成為第三個不講理的人，拼死尊皇廝殺，等諸藩與幕府鬪出最後一刻，無論誰勝誰敗，這第三個不講理之人的力量，就強過前兩者了，就能抬出陛下這位講理之人出現，展開維新。維新一旦出現成果，陛下爭取到一定的實權，那就回過頭剷除這些激進份子。此為皇家機關秘術第兩百二十二招，『三據為假，一柱成真』。」說到此雙手合十。

睦仁點頭說：「大師所言，讓朕茅塞頓開。但還有一處最關鍵的問題，即維新之後日本的國體，必然不是以往的封建體制，必得學西方國家的中央集權體制的積極施政，與過去近千年恪守『後其身則身先，外其身而身存』的精神不同，在這當中皇家萬世傳承的策略必然有一番大改動，如同當年後醍醐天皇對武士興起的趨勢，建制皇家與武士的平衡點一般。我們如何同時掌握住，維新與傳統的皇家傳承策略？」

亡絕說：「我等皆知，制定皇家機關的迷蹤經，演繹於老子的道德經。道德經為無極，迷蹤經就是太極，以此兩者的關係，選擇兩儀四象之後的皇家機關秘術。任何巨變事態，也不過兩儀之後的變化。只要返歸無極與太極，具體的制度就好佈署。老子有云：『大成若缺，其用不弊，大盈若沖，其用不窮。大巧若拙，大辯若訥。躁勝寒，靜盛熱，清淨為天下正。』又云：『聖人不死大盜不止。』又云：『不尚賢使民不爭。』迷蹤經當中也有說：『人之偽善大惡起於實，成於時，而顯於勢。雖巧惡之徒而用之，不予時，而制之於間，則其惡不彰，返可善取。』所以無論維新體制的開拓或承襲，其核心掌權的人物，都不需要用什麼幹才賢能，只需要收羅社會渣汁，偏頗佞才，加以組織運用，達到短期的目的，就可以用完即丟。不讓任何一個人在主政的位置上太久，他就無法佈置黨羽，無法成為國家巨奸，無法腐敗掏空，更無法興風作浪，他若想得到那麼一絲一毫的私利，就只能乖乖地在這極短的時間之內，去完成陛下所要求的目標，一個換一個接棒去達成，使之既掌權替陛下承擔問題，又無法成為皇家威脅，乖乖地被用完即丟。陛下就是大年，他們就只是小年。此即皇家機關秘術第三百三十九招，『柄持流轉，末象歸道』。」

睦仁又問：「國體之事，大致明白。但日本的百姓，在這時代的巨變中，還會繼續支持皇室傳承？」

亡絕說：「人面臨變化，有兩面本性。一種是不滿現狀，想積極地顛覆舊有，藉此牟取自我利益；另外一種是消極害怕改變，在不得已的變化中，尋找沒有改變的事物，當作心理慰藉，以保護自我的認知。我們的維新佈局，就是同時掌握這兩面本性，從而不倒。要推翻舊有的人，就支持維新去打倒幕府，要保護舊有的人，就擁護我傳承兩千年的皇室，先復古而後維新。如此，這兩面人性都置於我皇室之下，維新必然成功。」

睦仁頻頻點頭，又問：「最後一問，回到剛才大師所言，維新之後要快速打敗中國，使中國繼續替日本承擔西洋入侵，供我皇家傳承來消費。中國畢竟大國，據說又已經展開所謂的自強運動，我日本的勝算在哪裡？」

亡絕回答道：「若是陛下的維新真的做到『柄持流轉，末象歸道』，那麼中國的自強運動就算跑得再遠，也一樣要敗在陛下手上。」

睦仁追問：「如何得知必勝？」

亡絕答道：「我日本皇家兩千年來以道家治國，眾人不知。中國皇室兩千年來以儒家治國，眾所皆知。而今同遭巨變，能充分掌握人性者，才能真正掌握應變的精髓。中國歷朝歷代都在尚賢求聖，反而如老子所言，『大道廢有仁義，慧智出有大偽，六親不和有孝慈，國家昏亂有忠臣。』又云『聖人不死，大盜不止』兩千多年前的道家學派，不屑於批判法家等末流，只批判儒家思想，關鍵就在於儒家思想最貼近人性，最有啟發人心向善的潛力，所以兩千多年來，中國的體制相對世界各國，是最合理也最合人性。但是中國大多數人都忽略了，善惡兩者相影相隨，求仁義大善，就是廢弛了大道，大惡也會跟著大善而來。中國數千年來，每一朝代過了中興階段，就會出現國家巨奸大惡，造成王朝淪喪，其根本原因就是求能求才，長期給他掌權執政，最後大偽大奸反而得到發展的機會，甚至在追求英明仁君的訴求下，這個大奸大惡，邪惡至極的人，有可能就會是皇帝本人。例如宋高宗趙構，明太祖朱元璋皆是。而今中國的自強運動捧出一些所謂能臣，但卻不見因應國家全體百姓的整體應變制度，皇室缺少英明果決的雄主，如此自強運動最終將成為國家巨奸把持掏空，詐欺國人的政治市場，其效果將大打折扣，日本勝利契機在此。兩千多年前孔子拜見老子，兩大思想家相會後，孔子稱老子為龍，自嘆智慧不如，儒道兩家之相較優劣，孰存孰亡，將在今天的巨變應變之中，以現實呈現。」

最後雙手合十點頭說：「總而言之，中國底子很厚，所以西方人怎麼打，一段時間都不會滅亡，我們整個策略佈局就是。運用中國的盛衰起伏，朝代領導階層腐朽墮落的情形，讓中國這個龐然大物擋在前面先挨打，替我們吸引西方強盜的目光，我們日本爭取時間迅速強大，讓整個日本擁有打敗一個白人國家的實力後，再來調整與中國的關係，那麼日本就能繼續生存於新的變局之中。」

睦仁聽了終於笑了出來：「皇家各宗親，曾推薦密藏於古都奈良之文獻。乃商鞅變法之寶術。說中國之所以能統一，雖為秦始皇帝之功，實則商鞅變法之效。這就是東方文化轉弱為強之寶。面臨西方截然不同體制文明入侵，那麼能操作此寶術，轉弱為強生存下去，而中國轉而衰頹，那麼代表東亞文明取而代之者，就是我們日本。法與道，又孰優孰劣？法師可有評論？」

亡絕說：「皇家宗親所推薦，為歷代天皇密藏之寶。且此術大有來歷，在中國歷史上見諸效用。變法改制有優有劣，故中國人一直不得其要。倘若陛下能以道術為工，運用商鞅變法之術為基，並融合西方文明成分為用，必能混然一體，維新變法大成。」

睦仁頻頻點頭，這一回他非常自信，將一舉扭轉東亞乃至世界局勢。

六門書評—實際上明治維新從論證到實踐，看似一體渾然，運用商鞅變法之術。一般歷史見識粗鄙之渾人，必然五體投地。實際上，商鞅變法來歷為何？秦始皇帝統一中國真實原因如何？如前面談古希臘來歷一樣，他們並沒有弄清楚。也沒看懂中國歷代為何不太喜歡商鞅之術。而道術深邃之效若真比儒家思想更高等級，為何中國人總以儒生為本？至於西方文明來龍去脈，更是只看短短幾百年表象。至於維新成功之後的戰略運用，等於與西方強盜合作搶掠中國，以鄰為壑，求得自身解脫，更是高維思想者，能一眼看穿其乃『烏龜王八術』。若以六門之深度系視之，中國文明體系，主政龍蛇龜三局，旁支的日本兩千年操作的這體系，也就是龜局心陰流，求長壽耳！既然如此堅持！烏龜王八術的最高段壓箱底的策略都施展出來，那中國人只有先接著。

各藩實力派與公家內的人聯合，提出『王政復古』、『大政奉還』，要求天皇發出討幕令。木戶孝允、西鄉隆盛、大久保利通、廣澤真臣等，堅持要德川慶喜退出政壇，繳回領地，新政府不能接受幕府控制。明治天皇也頒佈『王政復古』大號令，瓦解了幕府的合法性。

原本德川慶喜以為大政奉還之後，自己可以進入新政府執政，並且保護領地，發現竟然是各藩實力派與公家，消滅德川幕府的計謀。幕府末代將軍德川慶喜發現被擺了一道，氣急敗壞，從大坂出動大軍，向京都進發。各藩不願對幕府提供支援，幕府軍結果被薩長兩藩的聯合新軍打敗，逃回江戶，明治新政府遂視德川慶喜為朝敵，發軍東征。眼見大勢已去，再僵持下去對自己也不利，雙方和談，以大局為重，江戶城開門投降，德川幕府倒台。其餘東北各藩抵抗到戰敗，並把在北海道宣佈獨立的『蝦夷共和國』消滅，方才全國統一，稱之為「戊辰戰爭」。

於是遷都江戶，改名為東京。以中國典籍詩經上「周雖舊邦，其命維新」之義為核心宗旨，展開了明治維新。以古典體制與文化為全國人民的基礎，從政治、經濟、文化、軍事、教育、財政、科學方式等等，全面吸收西方文物體制，逐漸成為強國。幕府與諸藩，都已然垮塌，睦仁便開始要打壓第三個不講理的人。

隨著武士地位下降，許多武士不滿權力被剝奪，要求對外擴張提高武士地位。剛開始，這擴張要求，被新政府否決。從而江藤新平在九州叛亂，好不容易鎮壓叛亂之後。為了平息西鄉隆盛等薩摩武士不滿意識，批准西鄉從道進攻中國所屬的台灣，發動牡丹社事件，而後草草收兵。這當然無法平息不滿，叛亂仍接二連三爆發，維新的骨幹份子西鄉隆盛，也加入其中……

鹿兒島縣。

西鄉隆盛帶著諸多武士，退據一城堡，戰局勝敗已然確定。一名年僅二十歲的男子，松島洋之助，手持洋槍，在他身邊護衛，並且不時對外頭的政府新軍射擊。西鄉隆盛已經負傷，坐在地上，忽然仰天長笑說：「好啦！洋之助，別忙了……一切都結束了。」

洋之助全身灰塵，夾雜汗水，把最後一發子彈打出去後，坐在地上，哭了出來。西鄉隆盛哈哈笑說：「身為武士！該拿出武士道精神！有什麼好哭？」洋之助反而哭得更大聲，說：「我們拼了命打倒幕府，壓制諸多藩鎮大名，替當今天皇打下這局面，卻落得這地步！我不甘心！」

西鄉隆盛此時已經看透事情的本質，於是說：「武士在天皇眼中，也只是一個棋子……一切都是政治為目的，我此時此刻才想通，該是被拋棄的時候了。」洋之助痛哭失聲。

此時外頭槍砲逐漸暫歇，武士派已經戰敗。

西鄉隆盛大喝說：「洋之助！幫我介錯！」洋之助大驚，收拾眼淚說：「不！大人要三思啊！」西鄉隆盛瞪大眼睛怒目說：「你忘記了武士道精神了嗎？」

洋之助搖頭說：「不敢忘！但是大人不能死，不然武士精神在日本就亡了！」西鄉隆盛說：「不會亡！武士道精神是不會被鎮壓的！洋之助，我給你最後一道武士令！然後你就幫我介錯！」洋之助如古代日本武士，下跪平伏道：「請大人吩咐。」

西鄉隆盛狠狠地說：「武士道重在精神與靈魂！絕對不能受辱！沒有人可以把武士當作用具！就算是天皇也一樣！我死之後，你必須活著，去東京找板垣退助。我跟他之前有過男人的約定，他會幫助我們，把日本武士道精神在這新時代傳承下去，永遠不亡！」洋之助只好點頭。西鄉隆盛切腹自殺，洋之助幫他介錯首級之後，潛逃出去。

兩年後，東京。

松島洋之助打聽到，板垣退助主導的民選議院設立運動，結合了許多不得志的武士，於是穿著整齊，專程來拜訪他。板垣正在書房撰寫有關西方民主議會的文章，準備發表在報紙上。松島洋之助來了之後，自我介紹，告明來意，板垣趕緊關閉房門。

板垣說：「原來你是西鄉的手下，來找我何意？」

洋之助說：「很簡單，繼續傳承武士精神！使之在日本永遠不滅！閣下跟西鄉大人之間，是有男人的約定啊！」

從他的口氣，板垣聽了很想發笑，但是他知道這種年輕人，被人煽動洗腦後，都是死腦筋，萬萬不可笑出來，不然可能洋之助會認為受辱，就會逼自己拔刀決鬥。

板垣強忍笑意轉而嚴肅地說：「你叫松島洋之助是吧？」洋之助點頭。板垣又說：「其實已經很多像你這樣的武士來找過我，我是西化維新派的，雖然很讚賞武士精神，但現在維新運動已經是大勢所趨，無法抵擋。關於西鄉大人的遭遇，我也十分同情。」兩人在榻榻米上，洋之助移動膝蓋，靠上前去說：「閣下說這是什麼話！你跟西鄉大人之間，可是有男人的約定啊！」

板垣又好氣又好笑，他跟西鄉隆盛是在倒幕的時候，共約尊皇。而今時移勢易，西鄉自己滿腦子武士權力，不甘心地位下降，跟隨叛亂起事。甚至松島連板垣與西鄉之間，到底有什麼約定，也沒弄清楚，就要牽扯自己下水。

板垣眼看這死腦筋的人，不講明肯定會有誤會，於是說：「我跟他是有約定，共約尊皇攘夷。他以武士的方法，我以文士的方式。在下必須說明，武士道當然要傳承，但必須在日本國體之下……」

松島憤怒地打斷他說:「閣下難道要背叛約定!不願意幫助我們?」

板垣見他怒目切齒,擺動腰間武士刀,嚇了一跳,怕他動粗。也發現他不可能靠說理來通,只好拿出對付其他同類型人物,所說的話:「請先聽我把話說完。不少舊體制的武士也跑來找我,我都鼓勵他們重新找回武士的權力。在新的國體當中,士兵是由徵兵令招來的,而軍事院校則是培養軍官,畢業之後就是軍官,可以帶領士兵在戰場上作戰。我都建議他們,進入軍事院校學習新的作戰技巧,並且在學校中發揚武士道精神。以新的制度,結合新武器,新的作戰方式,傳揚舊有的武士道精神,找回武士的權力與尊嚴!」此語鏗鏘有力,立論十足,又具有前瞻性與可行性,加之語氣堅定,表情嚴肅,果然打動了松島。

不過這種話,他已經說了近百次,給類似松島這種人物聽,已經可以上台表演而不穿梆,但松島卻是頭一次聽到這種言論。聽他一說,松島精神大振,平伏點頭說:「感謝閣下的指教。我謹記在心!」

松島洋之助得到了鼓舞,於是離去,準備報考軍事院校。板垣長噓一口氣,等他走了自言自語道:「日本的社會骨幹,竟然是這一群瘋子!日本遲早被這種人物害慘!」

日本明治維新強大之後,激進份子開始逐漸對朝鮮萌發野心。睦仁天皇則擔心中國變革成功,除掉日本皇名,況且不把中國打敗,就不能把西洋列強的掠奪目光從日本身上轉移開。故亦有與中國一戰,打破固有東亞格局的打算。而朝鮮內部大院君與王后閔氏，內鬥激烈，禍國殃民，日本國內再度興起，豐臣秀吉當年的征朝言論，於是趁機將勢力滲入朝鮮。

滿清政府對日本尚以天朝自居，反應迅速，派袁世凱出兵打敗日本人，控制住朝鮮局勢，暫時擊退日本進一步行動。日本在此試探當中，知道實力還不夠，所以暫時沒有進一步行動。雖說中國重新壓住了日本的行動，但主管洋務的李鴻章，竟然押走親中的大院君，扶持親日的閔后，從而朝鮮政局更加混亂。

李鴻章此人的行動，已經替中國在朝鮮的敗局，先做了一步死局。

就日本糾纏朝鮮的同時，法國也糾纏上越南。李鴻章善於對內宣傳，自知自強運動已經淪為掏空與腐敗的政治市場，所以擁有整備完全的大軍，卻故意避不出戰，推拖敷衍，一味求和，中國軍隊從而士氣低落。

越南王發現中國朝廷推拖敷衍，只好去找中國旅居越南的草莽，黑旗軍領袖劉永福出戰。法國認為這是中國介入的證據，於是主動對中國開戰，想再重演一次英法聯軍之役。中法越南戰爭終於爆發，法軍突擊南洋艦隊，李鴻章的黨徒不堪一擊，海軍覆沒。

陸軍方面，李鴻章的淮軍避戰，而劉永福的草莽軍團，卻有真正戰力，法國反而被中國接二連三打敗，劉永福在越南連續戰勝，老將馮子材率地方雜牌軍在鎮南關大破法軍，再以寡弱的地方兵力主動出擊，攻入越南，連續打敗法軍，擊斃法國將領，越南法軍被打得四處逃竄。法國在越南大敗了一回合，不敢再戰。

法軍主帥孤拔看出了一個門道，中國草莽軍團不好惹，中國政府軍卻可追打，遂率海軍進攻中國領地台灣。但沒料到，台灣守軍也組織了不少草莽軍團，法軍又遭頑強抵抗，孤拔被台灣的守軍擊斃。法國接二連三慘敗，如費里內閣因此倒台。中國軍隊力量明顯增強，法國不斷請英國協同作戰，想要重施英法聯軍故事，英國發現苗頭不對，因此置若罔聞。

但是善於官場鬥爭的李鴻章，見到自己黨羽經營的南洋艦隊慘敗，北洋艦隊與淮軍怯戰！但自強運動的非主流，還有地方雜牌軍，竟然打敗西洋軍隊，聲名大噪，北京街頭都開始流傳馮子材與劉永福的大名，朝廷大有重用兩人的趨勢。李鴻章便開始擔心兩人，受到朝廷重用，自己淮軍黨徒的政治前途就玩完了。好在他抓準慈禧太后貪圖安逸的心理，設計打壓，從後搗亂，先用官位套住劉永福，然後用朝廷力量全力主和，迫使劉永福退出越南。而後李鴻章篡弄議和，出賣了中國對越南的宗主權，法國於是在吃敗仗狀況下，仍得到了越南的主權。同時李鴻章也在天津簽下中日天津條約，將朝鮮的宗主權與日本平分，若朝鮮有事，中日兩國要共同出兵。

面對越南這一邊，是打勝仗竟然認輸，面對朝鮮這一邊，是佔優勢竟然讓步，先行拍賣中國對外的宗主權。此時雖尚未割地賠款，眾人卻從李鴻章身上，聞出了秦檜的味道，李鴻章於是成了，諸多百姓口中的「李二」。大家開始懷疑『李二是漢奸』，背後誰撐腰？

條約十年後，西曆一八九四年，中國清朝光緒十九年，日本明治二十七年。朝鮮東學黨之亂爆發，中日雙方依約，同時出兵平亂。

中國本以為亂局平定，雙方可以依約撤退，沒想到日本不宣而戰，在牙山進攻清軍。激怒了中國朝野上下。李二雖不敢違逆眾怒，不過這主戰過程得由他一手主導，才能掌握住他認為的最佳局面。

北洋艦隊長期沒有訓練，武裝沒有更替，李鴻章仍持腐敗官僚敷衍之心，施展慣用的對外手法，想重演中法戰爭故事，『積極口號，消極行動，坐等焦爛，求和轉圜』，從而不願意出戰。但是北洋官兵看不下去，全部騷動，致遠號管帶鄧世昌最為激烈，認為但若避而不戰，中國的軟弱將會被各國看穿，遲早會有亡國之禍。同時光緒皇帝怒斥李鴻章怠惰消極。李鴻章跑去找慈禧太后，企圖以此牽制光緒帝：

「這裡沒有外人，哀家就直接了當問，倭寇侵擾朝鮮，朝野都認為應當一戰，你的意見呢？」

「臣以為，此時我大清準備尚未準備周全，為老沉穩妥起見，不能與戰。若強與之戰，恐有敗績。尤其北洋艦隊的經費，有挪作修繕園林之用……」說到此，面帶難色。意圖藉此拉慈禧太后下水。

北洋艦隊的經費挪用，實際上是李鴻章藉著他獨攬洋務，知悉造船牽扯諸多技術，需要長期經費，故意在短期維修中浮報預算，讓當時的戶部尚書翁同龢逮到，攬和出一大堆技術上的理由，最後在似不得已的狀況下打圓場，對慈禧作個順水人情，為她祝壽，鬧得滿朝廷皆知。如此一來，北洋艦隊擺爛的責任，就不是他個人的問題，就能牽連朝野上下乃至於他的政敵翁同龢！到最後北洋艦隊與淮軍若出大問題，喪師辱國，會連他的政敵都不敢跳出來彈劾他，連慈禧太后也得被迫要替他掩蓋。

慈禧太后雖貪圖安逸，但似乎也看出了不對勁之處，質問：「李鴻章，你練兵造船也已經有十多年，總共花的銀兩也不比哀家少。難道連打一仗都這麼難？」

這李鴻章早有對策，四平八穩地回答：「十餘年來，全國上下，文嬉武戲，不知戰備。臣獨力支撐練兵、造船、洋務、外交等諸多事宜，朝廷上下多有猜忌，謗怨之聲從未停歇，左支右絀獨木難支。臣必須將實情上報，其中諸多原由，豈是閒官論談之輩能夠知悉？臣力主與日本媾和，並非怯戰，而是知戰明戰，當忍辱負重以待中興之時。」

這類似話語，他在十年前中法戰爭時，以及琉球被日本強勢併吞時，都曾經說過，然而李鴻章自知，這只是敷衍慈禧太后的話，把問題丟回給朝廷，從而他不會有任何責任。

慈禧太后可不是省油的燈，她忽然想到，李鴻章當初剛入官場，就拼命扯左宗棠的後腿，阻擾朝廷收復新疆失土，所幸左宗棠堅持不懈，真正獨木支撐大局，最後勝利凱旋。而後李鴻章又排擠劉永福、馮子材與諸多能人志士，大玩官場爛污手段，使越南淪為法國人的殖民地，其他人無權無職，當然只能坐閒論談，其中細節當然也只李鴻章本人知悉，倘若有怨謗，也不能阻擋你的官場大權，倘若有猜忌，怎麼會把洋務練兵所有重任都交給你？

事實上，現在的大清朝廷並不是外界人所看的表象，大清朝既不是光緒皇帝可以作主，也不是慈禧太后可以作主了。而這李二先生會玩這一套，要清朝這樣慢慢窒息而死，讓全中國繼續陷入危機，真正的動機隱藏得很深層，目前任誰也猜不出。李鴻章本人到底知不知道，恐也未必。他也是被一股力量牽著走，只是他知道的部分是：眼下大清朝不能真的去救，但也不能被西方列強一下擊垮，必須穩穩地執行原先改朝換代的行情，而在此期間，要在歐洲內部做一些工作。

慈禧追問：「不說別的，到底北洋軍與淮軍能不能一戰？」

李鴻章說：「能戰，但未必能贏。臣萬分慚愧，沒當好洋務的差，致聖母皇太后憂心，臣有罪責。」

慈禧陷入低沉，於是說：「哀家知道你的苦衷。但而今皇上已經親政，祖宗的法制不可壞，既然皇上已經主戰，哀家就不好說些什麼。就讓皇上作主罷！」

李鴻章道：「臣謹遵太后懿旨。」

慈禧轉面道：「小李子。」一個發出陰陽怪氣的聲音答：「奴才在。」原來是太監李連英。

慈禧說：「擺駕戲園，哀家今晚要看看戲。」

李連英微笑：「不知道老佛爺今晚要看哪齣戲？」

答道：「就一齣穆桂英大破天門陣吧！哀家倒好生羨慕這位女中豪傑，抵禦外侮，只恨生不逢時。」李連英道：「奴才遵旨。」

這已經是一個暗示，要李鴻章知道，自己現在是要主戰的。

既然不得不打，李鴻章便出動海陸軍，實際上李鴻章自知，喪權辱國的戲碼又快要來了，但他毫無憂慮之色。

於是中國光緒皇帝下詔對日本宣戰，日本明治皇帝下詔對中國宣戰。這是日本立國兩千年來，日本天皇頭一次站上檯面，面對面，向中國大陸的皇帝宣戰，而且是以『日本國皇帝』的對應名稱。

雙方第一波在黃海展開海戰，松島號為日本旗艦，松島洋之助為旗艦的軍官，姓氏與船艦同名，格外興奮，真的發揮武士道精神，左右指揮砲手開火。中國船艦炮火轟來，砲彈卻是大量含砂。實際上這並不是後勤單位偷工減料，而是穿甲彈本身就是填砂。然而船上只有穿甲彈，基於種種原因，整個艦隊竟然沒有足夠的爆破彈，以致於日船艦多數中砲而未爆。穿甲彈也並未擊中，日艦的船底，所以日艦也都不沉，能繼續反擊。

日本軍艦火力齊射，但中國主力艦鋼鐵厚重，連射不穿，頗難打倒，但日本海軍死戰不懈，爆破速射砲齊發。雙方激戰五小時後，中國的北洋艦隊沉沒五艘，林永升、鄧世昌戰死。日本聯合艦隊無船沉沒，不過船艦多處受傷。

為何整個北洋艦隊訓練尚可，卻只有穿甲彈？且火砲數也不足？

原來李鴻章長期把持的自強運動是玩假的，後勤政治腐敗，洋務官吏貪腐無能，整個艦隊並沒有依照規範，配備砲種齊全的大砲與砲彈，從而原本可以大獲全勝的海戰，變成一敗塗地，送上去的船最後變成只能挨打，無力還擊。

雖然中國海戰失敗，卻已拼死將，尚有戰力，劉銘傳手下的淮軍士兵十二營，運上朝鮮。然而消極緩慢的李鴻章已經落了後手，日軍部隊早已大規模進入朝鮮，人數眾多，火力精良，訓練有素。

平壤城之役，清軍僅能以九千多人對抗日軍一萬六千人。但是其他清軍將士仍然奮勇作戰，大同江一戰馬玉崑率軍連破日軍攻勢，日軍傷亡比清軍慘重。日軍見清軍抵抗猛烈，遂調整戰鬥序列，大舉增兵，三路總攻平壤。李鴻章的黨徒葉志超，貪生怕死，在陸戰還佔優勢時，自行撤退逃跑，指揮遂陷入混亂，整體戰局遂敗。朝鮮本國更因長期大院君與閔后黨爭，對中日激戰更無所作為，作壁上觀，甚至有支持日本一派，抵抗清軍者。

清軍退回國境之內，而日軍卻追殺而來，清軍連戰連敗，日軍攻陷旅順，殘殺居民兩萬。另一路日軍進攻威海衛，企圖消滅北洋艦隊，威海砲台激戰後失守，營官周家恩在重創日軍之後，力戰陣亡。

日本聯合艦隊司令伊東祐亨，致書丁汝昌勸降。丁汝昌與劉步蟾不願投降，沉船自殺。

中國北京，紫禁城養心殿。

光緒皇帝載湉收到接二連三的敗報，看到奏章，氣得差點吐血，大喝一聲將奏章丟在地上。李鴻章跪在堂下，但神情似乎老神在在，言語穩妥，絲毫沒有恐懼光緒皇帝的神情。

載湉在上大罵：「李鴻章！你帶的淮軍平時洋槍大砲沒有少買，花錢時多如流水，任官拜職，各各神氣威武，結果這群搓鳥，現在打起仗來，竟然是這般一蹋糊塗！朕……朕要……」

他本想如雍正乾隆等先皇一般，主導生殺大權，喊出革職查辦。但李鴻章既是自強運動老臣，官場黨徒的勢力盤根錯節，又深受主掌實權的慈禧太后信任，所以這句話硬是喊不出來。

李鴻章雖老，但腦子可機靈得很，整個大清朝從皇宮到地方官場，什麼人？在什麼職位上？遇到什麼狀況？會說出什麼話？他都摸得清清楚楚。立刻回光緒皇帝說：「臣該死，臣有罪！這是因為北洋艦隊經費挪作清漪園修繕，淮軍上下官吏沾染八旗惡習……」

把練兵問題推給慈禧，把軍隊問題推給你滿人子弟，這些都是載湉的死穴。

載湉大聲打斷他道：「朕不要聽你解釋！你也知有罪！十年前法夷侵占越南時，你就在拉關係，一力主和，敷衍朝廷，明明一場勝仗被你拖敗！現在連倭寇都打不贏！朕……朕……你以為朕不敢辦你？」

李鴻章不慌不急，他看準光緒皇帝就是不敢辦他，但是外表仍得裝出君臣分際。徐徐回答：「陛下年輕英明！臣老了，臣昏聵！該辦臣！不等聖上降罪，太后也會懲罰老臣！」

這話表面上充滿恭敬，但是在這關頭抬出慈禧太后，暗示你光緒皇帝，要辦我？恐怕得先過慈禧太后那一關。遇到這等大奸若忠，大巧若拙，大貪若廉，大腐若能之人，載湉就算貴為皇帝也無可奈何，胸中火上添油，若非投鼠忌器，還真想立刻將他斬決。只好忍氣吞聲，喝令他退下！

當然，李二先生真正要下手的局，才是皇帝怎麼想也想不到之處。只是這個局，是替未來華夏民族操作，而不是替大清朝所設。所以只能犧牲你這一邊，而底局會讓李鴻章繼續他的工作，即便這個工作，讓人很不痛快。倘若九層妖塔出現更高階者，那就能兩全其美，保大清朝體面且穩定結束壽限，同時也能繼續做他的工作。

次日，前往剛修繕好的清漪園，向慈禧太后跪安。雖然慈禧太后已經宣布讓光緒皇帝親政，但重要的朝廷內部人事問題，都還要她點頭才能執行。

載湉在奏報前線慘敗後，主張嚴懲李鴻章。但沒想到，慈禧太后對李鴻璋也投鼠忌器，她告訴載湉，李鴻章經過這二十多年鑽營官場，整個自強運動已經都由他主導，全中國似乎只剩下李鴻章懂得洋務，再也沒有可信之人。看在他至少對上恭順，對大清朝忠貞，還會辦一些事情，就多擔待些等等之語。

但慈禧太后礙於輿論，還是撤了李鴻章的三眼花翎，不過這只是暫時的，等風頭過去，這三眼花翎還是會插回去，而且繼續身居要職。載湉知道這種處罰是過場過水，不痛不癢，只能繼續忍氣吞聲，內心計畫學日本的明治天皇，來一次維新變法。堂堂天朝上國，疆域是日本三十多倍，竟然面臨如此窘境，載湉除了嘆氣還是嘆氣。

但是眼前局面焦爛，總得解決！竟然還是只能靠李鴻章……

整個自強運動最後得到一種結果，就是練兵靠李鴻章，造船靠李鴻章，洋務靠李鴻章，外交靠李鴻章，打仗靠李鴻章，戰敗求和與簽約還是靠李鴻章，當時全中國五億多人，只剩下李鴻章可以用……但是李鴻章扯爛搞砸，全中國人與滿清政府一起買單，還無法怨他，還得稱他是唯一可用的能臣。當然，這是底局保他還能繼續工作之處，不會讓皇帝乃至西太后，罷免李鴻章而壞了原先秘密操盤之局。

原本中國還有眾多力量，可以接二連三繼續與日本會戰，慢慢拖垮日本國力，但是清廷養的軍隊，大多是不能打仗的『八旗寶貝』與『綠營混混』，再打下去局面可能更糟，北京都會受到威脅，遂通電求和，委派李鴻章為大使，到日本下關，簽下馬關條約，日本明治天皇才收兵。此為甲午開戰，乙未乞和。

條約定割讓台灣、澎湖、遼東半島，賠償兩億兩白銀戰費，與日本在中國的最惠國待遇等等。而後因為俄國、法國、德國三國干涉，要求日本不許佔領遼東半島，日本只能退讓，讓中國多付兩千三百萬兩白銀，不佔遼東半島。

消息傳回兩國，發生孑然不同的反應……

松島洋之助回到東京，被當作英雄看待。東京徹夜狂歡，除了元朝時，日本是抵抗入侵免於滅亡之外，日本兩千年來頭一次主動出擊，戰勝了中國。日本興起了鄙視中國人的風潮，連小孩都不例外。戲稱中國人為清國豬，不再把中國當作天朝上邦，甚至直接以英文對中國稱呼語音，廣泛以『支那』『清國奴』來當作鄙視的語詞。對皇室來說，此戰把中國推在前面，更受西方人覬覦，日本的危機全部轉嫁給中國來承擔，日本遂擺脫被外國人佔領的可能，明治維新成功了。

滿街彩帶，蜂炮，歡呼，迎接戰勝的水陸兩軍官兵。松島洋之助跟著海軍隊伍，整齊劃一地在東京街道上踏步而行，兩邊夾道歡迎，松島洋之助感覺飄飄然，真正實踐了武士道精神。遊行結束，但東京的盛宴並未結束，許多少女左右跟著他，甚至主動希望認識高大英俊的松島。

見到一三十多歲男子走來，松島洋之助滿懷笑臉，揮手對他大喊說：「藏太！我在這裡啊！」

原來他是松島藏太，是洋之助的二弟。兄弟兩相互勾肩，回到東京的新家。在應付完街坊鄰居的拜訪後，兄弟兩人總算可以關門，單獨靜下來談天。

洋之助問：「賢三呢？」藏太笑著搖搖頭，沒說話。洋之助似乎也猜得出他去哪裡了，皺眉盤腿坐在榻榻米上，哼了一聲說：「是不是真的跑去清國了？」藏太點頭笑說：「大哥何必生氣，兄弟人各有志，隨他去闖蕩。」洋之助怒道：「我大日本已經打敗了清國，去那個爛國家幹什麼？」

藏太嘆氣不語。洋之助追問說：「他是不是把祖傳的東西都拿走啦？你怎麼沒看好他？」藏太聳肩笑著說：「大哥你自己不要，我對那些也沒興趣，他來問我，就同意他拿走啦！」

洋之助脫下軍服，往旁邊一甩，罵：「八格！什麼時代了，還在想兩百多年前的老掉牙東西！去研究那有什麼鳥用？」藏太說：「當歷史學者是他的興趣。」

洋之助說：「那也不必研究支那的歷史！他們是我們的手下敗將。」藏太微笑說：「別忘了父親臨終前說，我們的祖先也是支那人。」

洋之助吐口水說：「我不承認！」藏太頗為一驚，連父親的話都如此不屑。洋之助見藏太有些不悅，緩頰說：「就算是好了，這十代傳下來，母親這一邊都是日本人，那種血緣也早就淡了，你看我們不也都日本姓，日本名，說日本話嗎？」藏太說：「好啦！大哥，別一下日本一下支那，政治跟人民沒那麼大關係，過好自己的日子比較重要。」

說到此，洋之助的妻子與一子一女進房門，子女衝來要父親抱。全家喜氣洋洋。

東京皇宮密室。

面對甲午戰爭，日本大獲全勝，一舉改變兩千多年來中國強而日本弱的局面。睦仁欣喜異常，對亡絕笑著說：「原來中國的自強運動，是個空架子，李鴻章根本就是個偷雞摸狗的爛人，先前明明打勝了法國，還拖著全中國人去求和認輸，丟了越南，現在則徹底敗於我日本之下，丟了朝鮮與台灣。中國週邊的疆土藩籬，全部被他敗光。看來大師當年，擔憂中國變革成功，這是多慮了。反而你說的，中國朝代過了中期，就一定會出現國家巨奸，這才是說對了。如今中國就得乖乖替我日本承擔外患，供我皇家來消費。」又接著道：「就繼續讓中國去承擔西洋外患，替我日本爭取強大的時間，最後整體東亞局面，就是日本強而中國弱。朕真的一舉改變兩千年格局了。」

說罷又是大笑。

聽了睦仁的笑聲，亡絕內心頗有不安，感到事情有些不對勁，尤其是中國供日本皇家來消費，這一句話似乎說得太輕鬆了。但到底哪裡不對勁？卻又說不上來。只好點頭說：「恭喜陛下。」僅進言一些維新的細節，就退出皇宮。

東京郊外寺廟。

亡絕離開皇宮後，在寺中沉思。青燈木魚，慢慢敲著，但瞪大眼看著窗外，嘴上念不出一句經文。一年輕和尚，走進禪房給亡絕端送茶水，此僧法號上迷下海，身披青色僧衣，為亡絕的徒弟，同時他也是日本皇族，算是天皇的遠房堂弟。因為天資聰穎，所以跟從學習皇家秘術。

迷海和尚知道此時不能打擾，恭敬地在外等候，亡絕伴隨著敲木魚，緩緩地自言自語說：「老子云，知其雄，守其雌，為天下谿，為天下谿，常德不離。知其白，守其黑，為天下式，為天下式，常德不忒，復歸於無極。知其榮，守其辱……而今遭逢巨變故反其道而行，這是背離無極，難道說當初我對陛下的建議，其實不是讓日本歸於無極，真正歸於無極者是中國？還是說老子聖人，說錯了？可明擺著，現在是日本安全中國危殆……這到底是怎麼一回事？」說到此搖搖頭，停止敲打木魚。長嘆一口氣，似乎仍然參悟不透。

見到亡絕若有所思，迷海才進了房門，並詢問何故長嘆？

亡絕把內心疑惑說了出來：「日清戰爭的結果，讓我頗感訝異，出乎意料之外。西洋力量入侵，並不是很難解決的問題，我替陛下謀略的明治維新，完全是以中國文化為根基，展開的西化運動。但中國人竟然完全不懂，只會讓腐敗官僚把持控制，玩一些徒有其表的東西，簡單的事情反而被他們自己人搞複雜了。當初我僅以為日本將會小勝，同時日本可以兼併朝鮮壯大國力，並使中國繼續替日本承擔西洋入侵，最終被迫使中國承認日本皇名，兩國國體對等，從而兩國平等同盟，共同抵禦西洋，這對日中兩國的數萬萬百姓來說，才是最好的局面。但鑑於下關條約結果，中國官方與民間兩極化的反應，日本上下一致的雀躍，開始鄙視中國，局面有些荒腔走板。使得這計劃恐怕連陛下都不願意接納了，兩國將持續相互敵視，萬一中國局勢產生什麼大變化，日本的前途將難以預測……」

迷海問：「為何中國人會不懂這麼簡單的道理？」

亡絕說：「不是中國人不懂，而是中國統治階層不懂。從而牽連著全體中國人都得跟著不懂。從明朝以來，長期八股取士，打壓知識份子，官僚腐化，愚昧士人，最後自愚。統治者最基本的自身文化素養都已經喪失，中國底層的智慧者無從靠近，從而內部矛盾重重，落到讓李鴻章這等奸邪人物長久主事，養成國家巨奸把持命脈。我怕中國的局面從此更加焦爛。」

迷海說：「假設中國被西洋列強瓜分而亡，日本能倖免嗎？」

亡絕搖頭說：「當然是不能！中國若亡，則日本也必然滅亡！」嘆口氣，接著道：「兩國表面雖然為敵，實際上命脈相連，日本不可能閉眼不看，一衣帶水的大陸一側有何變化！兩千多年來，日本皇家更是仰賴大陸一側，吸收混亂的外界變局，才能有相對穩定的列島得以立國。若中國被瓜分，日本與諸多強悍的西洋勢力為鄰，即便日本有維新成果，只據狹窄列島，也如同斷了根的枝葉，遲早也被西洋勢力逐步削弱，淪為附庸而亡。這層環節，自然是外面那些，只看眼前戰爭成敗的軍人與平民，所不能理解者。」又長嘆一口氣說：「可見當年維新之前，我向陛下所說，中國變革成功會奪走日本皇統之名，真的是一大誤判。如今日本佔了朝鮮也就罷了，還佔領了台灣，兩國將可能敵對到底。我到底還有什麼是誤判的？這讓我相當恐懼……」

說罷亡絕又嘆了一口氣……

迷海沉思片刻，忽然冒出一句話，說：「若中國持續衰弱不振，日本有進滅中國，入主中國之勢，從而出現兩千年來頭一次契機！師父以為如何？」

這一問如同驚雷，能使人耳鳴伴響，亡絕原本陷於迷惘，不知道明治維新的問題出在哪裡？但在徒弟的這一問之中，大腦似乎閃過了答案。

亡絕瞪大眼，遲滯了半天，微微點頭，但眉頭卻深鎖。

若有所思地輕聲說：「你問得非常之好。但這恐怕不是我這一代的人會面臨的問題。具體局勢，我智能有限，還不好說，我準備推薦你當下一個皇家參謀，將來你可能就會遇到這問題。所以這問題，我反問你以為如何？」

迷海輕聲地說：「徒弟愚昧，以自己日本人的角度看，這似乎是一大良機，日本當緊緊把握住，征服中國主宰大陸之機，日本將成為超級強盛的大國。徒弟此言，恐怕有失思維周慮，請師父提點。」

亡絕轉眼看著窗外，背對著迷海說：「中國的歷史悠久國土廣大，無論時間還是空間，底子都很厚，被列強瓜分滅亡，我認為還不至於。而我等熟知歷史者皆知，『宙範』因素雖不強勢，但必然蓋過『宇範』因素。翻開中國四千年的歷史，你仔細思索，過去也發生過太多次這種類似情景，中國百姓可不像世界列強那麼好應付，若中國皇帝再沒有掌握維新的真義，他們首先將面對的不是列強瓜分，而是改朝換代的慣性。至於入主中國，我也認為是一大良機。但是你仔細思索兩國長久的形勢，然後判斷，日本併吞中國，與日本被中國併吞，這兩者的結果，能有什麼差別？」

果然薑是老的辣，這一反問，更是驚雷霹靂！

迷海瞪大眼睛，呆滯片刻，雙手合十低頭道：「感謝師父教誨，弟子應當更加精進才是。」

迷海又問：「師父您說過，當年維新之前，對今上天皇陛下建言中，以孔子見老子兩大思想家相會的結果來判定，認為日本維新最終會勝過中國的自強運動，從而讓中國替日本吸引外患。而今又是基於何種原因，讓師父對此有所疑慮？」

亡絕道：「全人類各民族的歷史，最可悲的就是，大多數篇幅都在記錄帝王將相，爭權是非，英雄強人，殺戮戰場。或是腐敗官僚，冠冕堂皇的訛語，內部爭權的醜態。而對於思想家的故事，敘述很少！當年孔子見老子，兩大思想家相會，必定兩人都視對方為知己故友，真正交談的內容勢必相當精彩，才是人類文明最該重視者，但存在於經典上，只有寥寥數句，讓我等少數後人猜測片段而已，無法探知全貌。孔子善言，故稱老子為龍，自嘆不如。而老子不善言，最後西出秦關不返。老子似乎在用行動來說，孔子的學術勢必會逐漸主導當時的亂世，對文明體制作長遠影響，道家思想可已遠離而隱去！其實兩人在內心，都是敬佩對方的！而今儒家思想經過兩千多年，將呈老化瓦解之情勢，中國將來的主流思想，勢必不再是儒家學論，更何況儒學一直只有其名，從未實現，這對中國文明來說，只是一個正常的思想轉變歷程，無傷大體。但我日本皇室以道家制術，求長生以萬世不滅，卻已成為不可改的定制，但中國卻可以不斷變制，文明接受其他的各種歷程！最終局勢，會誰佔上風，實在很難說！」

亡絕繼續看著窗外，念念有詞說：「復歸於無極……復歸於無極……到底是老子聖人有錯？還是我背道而馳？而今之變，是中國復歸無極？還是日本呢？老子說大巧若拙！恐怕不切實際的中華儒學，在老子看來，正是以自身的失敗與瓦解，來成就遙遠未來，另外一種大年體制。」又長嘆一口氣。

然後轉面對迷海說：「先復古，而後維新！參透儒道兩家的本義，已成為判斷中日未來局勢的出發點，你必須參透這當中的問題，以保皇室在新的局面中，仍能生存的契機。」

迷海雙手合十，點頭應命。

日本發動甲午戰爭的根本目的，就是要中國繼續替日本吸納外患的變數，以保日本的安全。目的雖然達到，但自己仍隱隱感覺對中國的判斷有錯誤。但是到底錯在哪裡，卻仍說不出個所以然。

北京，戲院。

馬關條約簽訂後，招致民間議論沸騰，當年中法戰爭之時還只是懷疑，而今李二先生為漢奸之說，已然印證。全中國百姓表面上風平浪靜，實際上內心已經暗藏洶湧。當日本皇室發揮隱性的生命力之後，一個在中國傳承了數千年的隱藏慣性，也開始發作，不過連中國人自己都沒看出來。

劉趕三在京城，唱蘇州崑曲，善於飾演蔣幹，又以丑旦聞名。一日，眾多觀眾來看唱三國，劉趕三上演蔣幹盜書。正唱：「酒酣耳熱，公謹沉睡未醒，我要將書來盜……」轉面對觀眾，擠眉弄眼用唱腔說：「這這，可惱啊可惱，原來我曹營內部有個內奸！」

觀眾們大多熟客，以為這劉趕三的戲段，還是反間計。

他往返擺動架勢，激動地叫唱：「這內奸何人？這內奸到底何人？」

機敏的觀眾已經看出有點走板，這應當是曹操台詞，劉趕三怎麼還沒離開周公謹軍帳，就把書獻給曹丞相了？

轉而接唱：「蔣幹，你說這內奸到底何人？」

自問自唱道：「稟丞相。這內奸不是別人，就是那北洋大臣，李少筌，李鴻章，李二先生是也！」

「這李二先生又是何人？與我曹營水軍有何干係？」

「稟丞相，這李二先生與曹營水軍並無干係，干係者，北洋水軍也。此人乃一千七百年後的亂臣賊子，對法夷、倭寇磕頭，割土求和，敗我大清江山，丞相明鑑。」

唱道：「可惱啊可惱啊。有此漢奸，天理不容，看官說該如何除奸？」底下觀眾聽了大眼瞪小眼，已經開始騷動。可真是跳越時空的大戲曲，竟然唱出了一個，曹操公審李鴻章，比張飛打岳飛，關公戰秦瓊的戲碼還要離奇。

劉趕三憋足了氣，後台也繼續打梆助唱，繼續大聲唱了自加台詞：「移除項上頂戴，拔去三眼花翎！」一個丑角自說自唱，大聲唱出了皇帝不敢隨便講的事情。

這招戲曲直接橫跨一千七百年，蔣幹盜書，盜出了李鴻章的本相，觀眾們聽了頗感新奇，竟然全部站立，拍手叫好。

恰遇李鴻章的侄子也在場看戲，聽後拍桌大怒，立即上台打了劉趕三好幾個耳光，底下眾人一片騷動。他隨從似乎看出，觀眾們詭異的眼神，代表雖不敢明言，但內心是支持劉趕三的，趕緊上台勸阻方罷手。

劉趕三遭此侮辱，只能是敢怒而不敢言，抑鬱在心，不久竟因病而棄世。但全中國百姓的議論，都偏向劉趕三這一邊。於是對西洋人磕頭，滿足西洋人利益，被西洋人冊封為『傑出外交人員』的李鴻章，已經成了中國百姓所痛恨的漢奸。

時人就此事，而作聯嘲諷曰：趕三一死無蘇丑，李二先生是漢奸。由於「趕三一死」和「李二先生」有些對不上，經過輾轉相傳後，就變成了楊三。『楊三已死無蘇丑，李二先生是漢奸』！。因為民氣開始動盪，有人見到這時機大好，滿清根基動搖，將是奪權之時，另外一個比李鴻章更大條的漢奸才要行動！加入所謂的革命。

年僅二十的松島賢三，知道自己祖先叫做吳和漢。自己也學過中國官方語言，於是化名為吳賢三，甚至剃髮留辮，在北京一邊經商，一邊考察文化歷史。他手上的傳家寶為兩本書，其中一本為當年森六郎的筆記，記載幻海和尚，在日本戰國時代的故事，以及發生在自身的故事。第二本為吳和漢所寫，記載當年自己成為日本皇家系統的走卒之後，所聽聞皇家怎樣與幕府周旋之事。吳賢三對此很有興趣，認為要徹底理解日本皇家機關為何，在日本一定會受到阻礙，必須要先來中國考察歷史與文化。

對於戰敗，民間輿論嘩然，對中法戰爭當勝而不勝，中日戰爭不當敗而敗。滿清朝廷的根基遭到動搖，改朝換代的潛因已經種下。當年入京考試的舉子一片激憤，認為亡國命運已然浮現。尤其台灣的舉子，更是四處串聯，反對割台求和，要求動員全國再戰日本。

依照漢朝推舉孝廉入京，尊重知識份子，皆乘坐公家派遣的車為例，對進京趕考的舉子都稱為公車。於是以康有為為首，串聯一千兩百多人連署，以及數千名市民到都察院門前，請求代奏『上今上皇帝書』，是為公車上書。

一群人氣沖沖經過了吳賢三商舖外，他問了一個年輕人說：「請問這麼多人叫嚷著過去，是怎麼回事？」那人答道：「老兄你不知道啊？這是各省舉子聯名上書皇帝，要求變法維新！拒絕與倭寇和談，遷都再戰！」吳賢三說：「請問你是舉子嗎？」答道：「我哪是什麼舉子！但是國家興亡匹夫有責，我是跟著去吶喊助威的！你要不要跟著去啊？」吳賢三點頭說：「當然要去！」

於是也跟著眾人，一同到都察院外。官員見到眾人氣勢洶洶，只好和顏悅色，將書代為轉達光緒皇帝。

不久光緒皇帝果然接見康有為，謀劃維新運動之事，最後下詔變法。可惜光緒皇帝沒有皇家機關秘術，或說皇家機關已經被皇家自己的人給搞破局，無法剔除現有掌權者，謀略淺薄，維新運動不過百日，政變發生。

要弄詭詐者，正是最恨維新運動的人，李鴻章。維新若成功，這必然阻礙他往後復出掌權。但是他自甲午戰爭後，自強運動破功，已經失去了政治底氣，難以跳出來明擺著反對。於是兩手策略，一面暗中策動守舊派人士搬出慈禧太后，另一面派遣訓練新軍的黨徒袁世凱，假意支持維新變法，藉故親近維新人士，取得光緒皇帝的信任，埋伏在皇帝身邊當作內應，伺機把維新派整個搞倒。

既得利益的權貴，急忙求助慈禧太后，無限上綱地放話，大聲造謠抹黑，當中楊崇尹甚至無的放矢，密奏慈禧，說康有為要讓日本故相伊藤博文，來主政大清朝。最後要將大清賣給英法日美等國合邦。慈禧老太太耳根子軟，雖然知道這是無根據的謠言，但是她看不得全朝廷上下如此炸鍋混亂，遂同意出面阻止維新。

有了慈禧明著表態，李鴻章暗中策動，政變遂發生。既得利益者大舉反撲，掌握兵權的李鴻章黨徒袁世凱，知道哪邊的力量比較強大，不敢跟慈禧對抗，立刻背叛光緒皇帝，投奔守舊權貴，裡應外合。皇帝遂被軟禁於瀛台，維新派被捕入獄，北京戒嚴。

吳賢三才依官方命令，關閉了商舖。一名持著大刀的壯漢，闖進了吳賢三的住宅。

吳賢三嚇了一大跳，開口道：「你是誰？我這沒有什麼值錢的東西！不知道現在戒嚴嗎？」這壯漢趕緊行揖說：「老闆別誤會，我叫做王正誼！人稱大刀王五！因為有要事，必須在這裡躲一晚上，請老闆給我個方便。」吳賢三曾經跟英國人買了一支手槍與諸多子彈，裝填好以備盜賊，暗藏在抽屜裡，手慢慢摸著抽屜說：「我這又不是客棧。況且我不知道你的來歷，要是什麼通緝犯，官府查到這，我不也得跟著倒楣？」

王五再次行揖說：「實在對不起，我不是通緝犯，但老實說，過了明天可能就會是了。」吳賢三抓住抽屜，怕他真的是要搶劫，但是臉上微笑著問：「這是何解？」王五說：「老實跟老闆講吧！我要去劫囚！但是這是劫譚嗣同大人的牢房！譚嗣同大人你知道吧？」

吳賢三點頭說：「當然知道，維新的重臣。」王五說：「譚嗣同大人身繫維新變法的命脈，國家興亡匹夫有責，請老闆一定要幫忙。」吳賢三慢慢打開抽屜，還是不敢隨便相信王五，不過櫃檯面對王五，他的動作王五正面看不見。若無其事地說：「我只是商販，能幫什麼？又不能幫你劫囚！」

王五說：「外頭官兵查刀槍武器查得緊，只要讓我躲到今晚三更天，我準備趁夜殺入刑部大牢，把譚嗣同大人救出來！」吳賢三見他態度認真，微微點頭說：「果然是壯士，那本店請隨便，我拿茶水來招待閣下。」王五也頗為機警，伸手說：「感謝老闆好意，不必了！老闆能閉門不出，別把消息洩漏出去便可。」

吳賢三慢慢放回抽屜，點頭說：「在下也是支持變法維新的人，誠如閣下所言，國家興亡匹夫有責，中國能出譚大人與閣下，必然有救。」

著說著兩人聊了起來……

雙方放下了戒心，吳賢三問：「王兄，皇帝陛下還在北京，譚大人若離開北京，又將要如何救國？」王五說：「聽維新志士所言，大人離開北京後，將與勤王義士會合，一同把皇上救出來，然後下詔全國，維新目標不變。」

他讓吳賢三想到了西鄉隆盛，在來中國之前，聽大哥松島洋之助談西鄉隆盛的事蹟，西鄉隆盛雖然勇敢，但帶有武士對權力的貪婪，以及對私利信條的執著，所以最後才會轉變立場，反對維新而叛亂。但王五展現的確是，一切以國家為中心，要把個人私利與死生置之度外，不禁由衷敬佩。

他感覺到，日本其實底下都是私利者，反對維新強國的腐敗力量比中國還強。只是上位者棋高一著，能夠左右局勢，迫使反對者潰散。而中國頂層太過糾結，從而腐敗無能，但底下不乏英雄豪傑。

吳賢三開心地點頭說：「誠壯士！西鄉隆盛也不能跟閣下比，中國有王兄這般人，未來必定贏過日本。」王五疑問：「西鄉什麼？老闆為何這麼比？」

吳賢三微笑說：「不瞞你說。我是日本人，本名松島賢三。但是我的先祖也是中國人，姓吳，在明末清初的時候移居日本的，我來北京是尋根……」這一點是隱瞞王五，他自知祖先是南京人，只是為了拉近與王五的關係。王五點頭說：「原來如此。我本討厭日本人，但閣下心胸坦蕩，不輸給我們中國的謙謙君子。願意跟你在這交個朋友。」

兩人繼續閒聊，很快到了三更天，王五就此拜別而去。

王五確實攻入了地牢，不過譚嗣同不愧為知識份子，不願意走，要以自身的死，來喚醒其他救國之人，王五只能知難而退。而後譚嗣同被斬殺於市，王五將其收屍，所幸清政府對王五沒有多加刁難。

維新失敗，李鴻章的主要政敵倒台，但李鴻章禍國殃民之舉才要開始。甲午戰爭之後，全中國朝野都批判李鴻章誤國，反對李鴻章再攬弄國政，他為了洗雪恥辱，應付朝廷，於是搓弄慈禧太后同意，大玩聯俄制日。李鴻章遂訪問俄國聖彼得堡，與俄國外交大臣羅拔諾夫，討論中俄密約。

密約內容大致是：如果日本侵佔俄國遠東或中國、朝鮮領土，中俄兩國應以全部海、陸軍互相援助。締約國一方未徵得另一方同意，不得與敵方簽訂和約。戰爭期間，中國所有口岸均對俄國軍艦開放。為使俄國便於運輸軍隊，中國允許俄國通過黑龍江、吉林修築一條鐵路至海參崴。鐵路的修築和經營，交華俄道勝銀行承辦。無論戰時或平時，俄國皆可在此路運送軍隊和軍需物資。本約自鐵路合同批准之日起，有效期十五年，期滿前雙方可商議是否續約。

俄國人當然衡量得出戰略分量，國土廣大資源眾多卻較弱的中國，與國土狹小資源貧瘠卻較強的日本，在俄國的戰略擴張中，當然是先吃中國，暫放日本。從此，中國東北三省遂成為俄國首要兼併的肥沃之地。

密約簽成，俄國沙皇大喜，認為併吞整個中國的時機來臨，遂制訂了遠東擴張計畫。承諾給李鴻章三百萬盧布的巨大賄款。李二先生雖能得到巨款，但俄國人當然不是省油的燈，這賄款不是一次給，要視出賣主權的進程來判定。

中俄密約簽字後的第二天，財政部辦公廳主任羅曼諾夫與烏赫托姆斯基、總辦羅啟泰在一份向李鴻章付款的協定書上簽字，同具李鴻章的簽名。協定書規定，頭一個一百萬盧布在清帝降旨允准修築中東鐵路後付給，第二個一百萬盧布在簽訂鐵路合同和確定鐵路路線後交付，第三個一百萬盧布則等到鐵路工程全部竣工後才支付。

俄國人也頗為機警權詐，因為李鴻章已經被中國人視為漢奸，大家瞪大眼看他一舉一動，為了保密起見，這份議定書並沒有交給李鴻章本人，而是作為絕密文件由俄國財政部收藏起來。而錢的部分則作為一個專項基金存在華俄道盛銀行，歸財政部總務廳管理支配，名字就叫「李鴻章基金」。

李鴻章至少拿到了一百七十萬，而後俄國沙皇判定，建築鐵路運兵，以及擴張的計畫已經張本成功，進攻中國東北只剩時機問題，遂停止給賄款。害得李鴻章的兒子李經方抱怨說：「俄國人花小錢辦大事，最不講信義，老爺子為了他們挨了多少百姓們的罵，最後跟打發要飯的差不多。」

就在李鴻章父子不滿意俄國人吝嗇時，而中國百姓與滿清朝廷，此時還在付馬關條約的賠款，替李鴻章收拾爛攤……這亡國之臣的功力，已經遠遠超過了賈似道。大清朝根基雖厚，也經不起如此巨奸的啃食。

光緒二十六年，面對一連串外患，中國百姓已經無法沉默，義和團事件爆發。

中國百姓眼見自強運動失敗，維新變法也失敗，排除外患的最後機會喪失，轉而從風平浪靜，捲起了波濤洶湧。但此時還沒有正式對朝廷翻臉，只是跳出來逼迫朝廷核心表態：到底是要對西洋勢力叫板？還是要對他們的侵略行為妥協？

當最基層的百姓都紛紛跳出來鬧事，代表這是改朝換代的前奏，滿清皇朝只剩下最後一個選擇的機會了。

慈禧太后本來想平息事端，要壓制義和團，讓事件平安過渡。但是各國卻藉機勒索，要求在北京駐兵，割讓更多的租借，嚴重侵犯中國主權，被慈禧太后毅然拒絕。

慈禧太后自知，義和團起心動念是正確的，只是或由民間草莽，或由無知百姓所組成，更糟糕的是內部龍蛇雜處，混了很多好亂樂禍的滋事份子，肯定打不過列強的軍隊。但若是無條件壓制他們，將會成為推翻朝廷的洪水猛獸。在水火兩面逼迫下，只能持兩端，一面給義和團有活動空間，另外一面對列強請以和為貴，同意取締義和團。

各國發現藉端勒索不成，不顧慈禧太后的合作意願，於是組成八國聯軍往北京打來。慈禧太后見各國如同土匪一般不講理，企圖把中國當作西瓜宰割，怒而下詔宣戰，並且包圍大使館。

慈禧太后真的不知道，義和團根本打不過列強軍隊？當然不是，實際上這可由不得妳慈禧太后說不。義和團是一定要起來的。

廣州，兩廣總督府。

此時的山東巡撫袁世凱，秘密來到總督府後堂，在這裡面見李鴻章。

「學生袁世凱拜見師尊。」

只見桌上點了一盞清香，李鴻章盤坐在上，鬍子梳理得整整齊齊，衣裝乾乾淨淨，一副仙風道骨之態。見到袁世凱來了，兩眼微微張開，而後又閉上。緩緩地說：「慰亭，你來啦！從山東大老遠趕來，真是辛苦你了。」袁世凱微笑著說：「替師尊辦事，不覺辛苦。只是感覺這內心有點不踏實。」

李鴻章繼續閉眼，說道：「哪兒不踏實啊？」

袁世凱說：「先前學生任山東巡撫之時，就山東拳亂之事，寫信向師尊您請示。您回信兩個字『彈壓』。這兩個字，學生揣摩了許久，自作主張，認為該分開來看。『壓』是在山東強勢鎮壓，這『彈』是網開一面往外省驅趕。師尊寄來一封信，又兩個字說『絕妙』。但現今這些拳民都往北京鬧騰，就怕萬一朝廷胡亂追究下來，恐怕是不妙，所以感覺不踏實。會不會學生誤會了師尊的本意？」

李鴻章語氣悠悠慢慢說：「你與本督有師生之誼，就像本督當年與曾文正公一樣。在本督面前就不必多禮，客套奉承的話就少說。你任山東巡撫，日理萬機，還大老遠來到廣州來見本督，辛苦之情本督心理有數。當年康梁鬧變法時，皇帝小兒對本督非常不滿，本督又操辦多年洋務，不得不假裝支持維新。好在有你暗中幫著本督，把那不懂事的康梁人等狠狠整垮，讓老佛爺管教皇帝小兒。不然今日，你我又怎麼還能身穿官服，在這總督衙門見面呀？」

又接著說：「至於這『彈壓』與『絕妙』，你沒有會錯意。你在山東鎮壓拳亂，但得網開一面能讓他們跑。這些拳民旨在對付洋人，對付洋人當然需要朝廷的認可，他們離開山東能去哪兒鬧事？當然只能去北京找老佛爺。一來你保了山東一方治安，二來在政治立場上，你也沒把拳民逼死，兩邊都站得住腳，無論將來局勢怎麼演變，你仕途必然高升，能不說『絕妙』嗎？」

袁世凱彎躬哈背，點頭微笑說：「師尊說得是！官場上的事情，學生還不如老師萬分之一呢！得跟著，學者！」

李鴻章微微一笑，兩眼皮仍然沒有打開，繼續盤坐在上：「慰亭，來了不是？還奉承呢！」袁世凱站著繼續彎躬哈背，頻頻點頭說：「是是，學生不奉承了！」

又接著說：「但這四個字的真正內涵，恐怕你是無法全然體會。別說是你了，就算是朝廷，甚至各國洋人都不能理解。倘若真正理解這四個字內涵，那就等於看透了我中華幾千年文明的真諦，這一點恐怕連本督都還得跟著，學著。」

袁世凱抖了一下，不解地輕聲問：「連師尊都要跟著，學著，那這誰才能真懂啊？」

李鴻章微微張開眼睛，輕輕搖搖頭說：「這恐怕天機是難以洩漏了，連本督也只是摸著這個局來走，得到自己想得到的東西而已。」

長噓一口氣，接著說：「見過劉坤一與張之洞了嗎？」袁世凱點頭輕聲地說：「見過了。」李鴻章微微點頭，然後說：「這裡沒有別人！坐著說話吧！慰亭！」

袁世凱正經八百地坐在客座上，神情相當恭敬。

李鴻章輕聲地問：「他們兩人，對我的提議怎麼說的啊？」

袁世凱笑著道：「劉坤一與張之洞，當然以老師馬首是瞻，這拳民在京師鬧得兇，老佛爺受不了兩面逼迫，只好下詔對洋人開戰，他們兩人一聽到老佛爺要跟洋人打仗，都怕得慌呢！」李鴻章嘴角微微上揚，慢悠悠地說：「這兩人一個督兩江，一個督湖廣，在加上你我二人，山東與兩廣，整個大清朝的主力軍隊就捏在手上，只要我們共同口徑不參戰，那麼大清朝就沒人能抵擋洋人入京！所以你先前把拳民趕入北京，讓老佛爺去兩面為難，最後引來覬覦我中華的洋兵，把局面整個點破，不再拖延糾纏，這能不是『絕妙』嗎？」

這句話語氣輕巧，但內容卻可以嚇死人，袁世凱不由得有些緊張，緩緩說：「師尊說得是，但這洋兵入京，必動搖大清根基，若事後朝廷秋後算帳，我等該怎麼應付才好？」

李鴻章還是沒睜開眼，皮笑肉不笑說道：「秋後算帳？放心吧！你當現在是康熙年間？還是雍正年間？這種局勢，朝廷還有沒有事後的機會，都不得而知。即便有，事後朝廷不但不敢秋後算帳，還得求著我等，讓我等去跟洋人周旋。我是老了，老百姓都罵我李二先生是漢奸，以後升官提拔，還是得輪你等後生晚輩吶！」

袁世凱趕緊奉承說：「老師您說到哪了呢？學生豈敢！老百姓都是胡說八道，他們哪知道老師您公忠體國，為了洋務救國，承擔了多少苦，默默承受多少冤枉罪啊？」

李鴻章又閉上了眼，嘴角又上揚了一下，然後說：「慰亭啊！你又來了，你我有師生之誼，我是沒多少年，之後大清朝最後的局面，還是得你來幫襯著！所以我們也就不扯些虛的！為師我，其實沒承擔甚麼苦，更沒受過冤枉罪。受苦的是當年打勝仗的左宗棠與馮子材，受罪的是譚嗣同，翁同龢，康有為他們！至於老百姓嘛，眼睛確實是雪亮的，罵我罵得確實沒錯，只是罵我是漢奸……用詞不當而已……」這語氣還頗顯滑頭，搭不上這仙風道骨之態。

袁世凱聽到將來要他幫襯，代表這大清朝的大權，在李鴻章玩過之後，將要讓他來接收果實，不由得內心泛起一股貪婪與希望。此時他更想要知道，李鴻章內心的世界。恭敬地點頭說：「是是是！學生就不扯些虛的！請師尊賜教，這老百姓怎麼罵得沒錯？學生認為，師尊您是我大清朝第一功臣啊！沒有師尊，大清的這些洋務，誰能操辦？」

李鴻章雖知道袁世凱還在扯虛，但內心感覺舒坦，認為將來接班的確實該這袁世凱莫屬。點頭說：「從最早在越南跟法國人打仗，劉永福什麼人啊？太平軍的殘寇。馮子材又什麼人啊？鄉下土包子老頭！竟然把歐洲強國法國人打敗，你說我不整垮朝廷在越南的局，靠什麼立足？說到甲午年跟小日本打仗吧！淮軍染了朝廷八旗綠營的歪風，我又不是不知道，拿什麼打勝仗？但你說管教嗎？沒這些小子們幫襯，本帥無兵無權，又拿什麼在朝廷立足？三眼的孔雀毛，不等乙未乞和，早被人拔掉！」

終於他真正睜開雙眼了，但面無表情，緩緩輕聲說：「說跟俄國人簽密約吧！本督怎麼會不知道，俄國人想藉著修鐵路，滿足對關外領土的覬覦？甚至本督都看出來，這俄國人還想分片地把整個中國都給吃掉！早在咸豐年間，俄國人就已經開始蠶食鯨吞！所以老百姓罵我，罵得對，罵得沒錯！甚至可以說，罵得非常好！但是漢奸一詞，實在不敢當！到底為什麼，你想通了沒有啊？」

說到此，袁世凱有些惶恐，但四下無人，只有他跟李鴻章，於是強陪笑臉說：「師尊敗的是滿人的江山，不是我漢人的，所以您不當是漢奸，反而是我漢人光復江山的功臣！不知道，學生這話對不對？」

李鴻章肩膀抖了一下，閉眼大喝說：「錯啦！關外滿人老家，早在咸豐十年就開放給漢民屯墾，什麼滿啊？漢啊？你說滿漢現在還能有差別嗎？更何況在洋人眼中，滿漢還不一樣是他們認為的嘴邊肥肉，哪裡還有什麼差別？」

袁世凱苦笑了一下，趕緊彎躬哈背，補充說：「額……應該說，師尊連絡革命黨人，是想要趁此大清朝危機之時，創建共和體制……替我華夏將來作長遠考慮？」這袁世凱，除了幫著李鴻章串東南各省督撫人事，搞東南自保，還暗中幫著聯絡革命黨人，想等京師被破，兩宮罹難，在東南各省率先組織共和。

李鴻章又抖了一下，微笑說：「又錯啦！華夏長遠考慮？靠這些假洋務，紙糊的老虎？早得很啊！至於跟革命黨人聯絡，暗中結盟共和體制，這共和體制更不用說啦，是個工具而已！我們華夏子民幾千年來，什麼時候真正相信過制度了？大家都知道制度是假的。」袁世凱苦笑著點頭說：「學生真的猜不出了，請師尊賜教！學生洗耳恭聽，記在心裡，嘴巴縫上，一切聽從師尊之命！」

李鴻章說：「真正的原因等等再告訴你，先談談本督是怎樣走這個官場的，你聽過白蛇傳的故事吧？」袁世凱謹慎地微微點頭。

接著說：「說許仙賣藥沒生意，愁苦不已，白娘娘就到城中的水井下毒，讓全城的人都拉肚子。要治療肚子怎麼辦啊？得到許仙的藥鋪買專門的藥，才能治好。到最後，毒是他們家下的，藥是他們家開的，錢是他們家賺走，到最後全城的人還得感謝他們夫妻倆！本督從練兵，造船，洋務，外交，乃至簽條約，一手操辦這大清朝的命脈，大清若還能苟延殘喘，你說他們能不感謝我嘛？」

說及此，右手食指用力戳著木製椅子的靠手，加重了語氣道：「就算朝廷知道是我下毒，也得乖乖地爬著來求我拿藥！你們才能苟活！」袁世凱聽了更是呆若木雞，原來他的師尊是這等人物，是千年難得的妖孽！外表仙風道骨，但實質上簡直就是一隻鬼！

接著伸了雙腿與懶腰，又說：「當年英法聯軍要打北京，朝廷眼看頂不住，咸豐皇帝老兒，不斷下旨催促我的師尊，曾文正公，調其湘軍猛將鮑超所屬霆字營主力，沿運河北上，趕赴天津護衛。當時我可是在師尊麾下學習，才正組建淮軍。你可知道這件事？」

袁世凱點頭說：「當然知道！師祖曾文正公，因為面對太平軍主力糾纏，所以抗旨，沒有奉詔北上，令鮑超不得動作。」

李鴻章笑道：「當時的太平軍，經過諸王自相殘殺，離心離德，一群將亡賊寇，談不上糾纏。若奉詔北上，完全是可能抵禦英法洋人於天津，甚至圓明園可能就不會被焚毀。真正的原因不是這個！更不是我師尊曾文正公，顧忌自己建功立業，而是另有原因。」

袁世凱瞪大眼問：「到底什麼原因呢？」

李鴻章笑說：「當年我的師尊曾文正公，掌握當時大清朝最強部隊，已經有人勸進他當皇帝！並非師尊他不想當皇帝，而是他文人包袱太重，況且以當時的條件，師尊也自知自己永遠不可能當皇帝，否則第一個討伐他的，就是左宗棠。既然當不了官家，那就要好好當個管家！倘若把自己的老本，抵押在京師外，那麼官管一體，師尊他這身官服，就沒了值。不如把真正穿龍袍的人給晾了，那麼穿龍袍的人自然會反過來求他，那師尊這身紫藍官服，不就比黃色的還要有價值嗎？繡著的蟒袍，不就比龍袍還要更威風嗎？為何要這樣？因為穿龍袍的那一位先生，你跟我們穿蟒袍的一樣，都只是個當差的！北京的防衛，還有抵禦俄國人侵占領土，是你的責任，你得自己去辦好！不要僭越過頭啊！」

袁世凱瞪大眼，開始迷惑，聽不懂李鴻章說什麼了。

停了一會兒，又接著道：「當初左宗棠說能收復新疆，打敗俄國人，我偏說收復不了。但當時朝廷沒聽我的，最後新疆還真給他收復了，代表本督當時猜錯了上意，本督也深切檢討過，是該受些教訓。蒙古與新疆，那是上意不可放棄之地，是不可以動的。但後來開始有人認同我的話，洋務也起來了，代表本督已經受了上意的恩寵，可以放開手腳，從另外一頭來弄倒大清朝。所以後來人家都說在越南可以打敗法國，我偏說打敗不了，得割地求和，這一回啊，這喜歡太平的慈禧老佛爺，就得搬搬風啦，換個意見聽聽，得聽我的。眾人說甲午年那場可以繼續跟日本打，我偏說不能打，海陸軍都打沒了，得割地求和，朝廷學乖了，非得跟著我跑不是？眾人都說俄國人修鐵路到關外，是有領土野心，我偏得說這是富國利民，俄國人的鐵路現在不也建成了不是？這回眾人要跟洋人攤牌，我偏得玩東南各省督撫自保，跟洋人議和，看你們只剩一個直隸孤軍，怎麼跟八國打？到最後你朝野眾人，包括慈禧老佛爺，還不得乖乖地，跟著我跑，順著我繞，說我有遠見卓識！」

袁世凱聽了差點昏倒，汗流浹背……完全聽不懂他的邏輯，既然你李鴻章也要遵從上意，那怎麼又說穿龍袍的先生，不要僭越？若上意是慈禧老佛爺，怎麼又要她跟著你繞？

袁世凱只好先說自己懂的話來切入，汗顏且謹慎地說：「是，是，可萬一各國洋人真的藉此機會，從各方入侵，瓜分了我中華……如師尊所言……這種狀況沒有滿漢各族之分……這覆巢之下，我等豈不也無完卵？師尊天縱英明，肯定也知道這個問題所在。」

李鴻章聽了淡淡一笑，陰陽怪氣地說：「慰亭啊！可見你沒聽懂我說什麼。你說『覆巢之下無完卵』，這句話早在自強運動之初，本督就想過了。你當洋人真的能瓜分中華嗎？本督在歐洲跟洋人周旋時，還真摸出了各國洋人的心思，他們真的在地圖上，你畫我分，洋人想在我面前藏著，卻被本督派人暗中摸了出來。你知道本督看了這各國瓜分中華的地圖，心裡想什麼嗎？」

袁世凱搖頭示意。

李鴻章說：「本督想到以往的歷史了，這好像很多朝代的外族，都曾畫過這種地圖，他們的計畫還比這些洋人更厲害，甚至有更多的漢人幫忙他們去作。但你認為他們的瓜分計畫真的辦得到嗎？」

袁世凱愣了一下，回憶歷史，應該是辦到了，但……

李鴻章慢慢站了起來，忽然丟掉嚴肅的表情，轉而苦臉婆心地皺眉頭說：「回到主題吧，為何本督不該被罵是漢奸？因為本督是遵從上意來辦事的！我們當官的，都知道要自己猜測上意來辦事。但是慰亭啊，你知道中國真正的聖上，他是誰嗎？真正的上意又在哪裡嗎？」說到此兩人四目交對，袁世凱因此發愣。

李鴻章雙手上下擺動，兩腿蹲彈，頗似頑童，苦臉說：「中國真正的聖上，不是披黃袍的那一個啊！他甚至從來也沒住在那皇宮裡頭，那全是假象，你們不要搞錯了啊！披黃袍那位先生，自己也只是個當差的！」

袁世凱已經呆滯。李鴻章扭動手，指著屋頂說：「你若知道中國真正的聖上是誰，你就不會擔心什麼覆巢之下無完卵了，當中國真正的聖上有了旨意，要大清朝滅亡，並且要把洋鬼子們，尤其是俄國洋鬼子，引得更深入一些，最好直接引進北京，本督別無選擇，只有遵旨來辦事！而且本督還替之，跑了一趟歐洲訪問了新興的德意志。而功效顯現之日，也不是本督能看見，或許你還能看見。」

袁世凱聽了目瞪口呆說：「聖上要大清朝滅亡？學生不懂……」

李鴻章搖頭晃腦，悠悠慢慢地說：「你看我書桌上那張紙，是白的呀？還是黑的呀？」袁世凱望了一眼，微笑點頭地說：「回師尊的話，是白的！」李鴻章說：「你看清楚了沒有？真的是白的嗎？」

袁世凱站起來，看了清楚，又慢慢坐下肯定地說：「是白的！」李鴻章微微一笑，走上前拿起硯台，把硯台中的墨汁，倒在白紙上，染成了一大片黑，悠著說：「怎麼師尊我，看上去是黑的啊？」袁世凱見了瞪眼發呆！

李鴻章又接著道：「慰亭啊，大家眼睛看到的東西，有可能是個假象！包括對穿著黃袍的人三呼萬歲，但是真正的聖上就不是他！本督只能想辦法在大清朝背後搗亂！真正聖上的上意，才能落實！那個中國真正的聖上，他從來都不擔心外族佔領中國，他肯定另有計畫。他都不擔心，那本督擔心什麼？當然是遵從上意辦事。本督就因此順著這個局走，讓大清朝跟以往朝代一樣，趕快結束，順便爭取自己該得到的那一份。豈不大好？」

這李鴻章的行為，確實真的有「上意」，只是這真正的聖上，李鴻章沒能說清楚長得怎樣，到底是誰？目前也沒人能明白。

袁世凱聽了，赫然發現他的師尊李鴻章，竟然比當年的盧杞還歹，比秦檜還狠，比賈似道還壞，比魏忠賢還毒，比和珅還饞，而且厲害透頂。也許這些人全部加在一起，也贏不了李鴻章。但不斷點頭稱是。最後好不容易找到機會告辭。

袁世凱本來想摸清楚，這李二先生到底是什麼心態，故意這樣搞垮清朝的，但沒想到沒摸到答案，反而更加迷惑。

論李鴻章的行為，可以說是歷代最大之奸臣，但隱隱約約藏著一件事情，是一般人猜不透的，甚至李鴻章本身，都只是摸著門路走而已。以袁世凱的見識，只感覺矛盾又錯愕，走出門外都搖頭晃腦，低頭思索剛才李鴻章說的「真正聖上」，但始終想不透。

退出這總督府之後。

哼了一聲。袁世凱想不透李鴻章的真意，只能用自己的心思去猜度。難道你李二先生自己想當皇帝？要小聰明的袁世凱，猜不透這當中的深層門路，不禁陷入了迷思。

最後忽然在地上吐口水：「呸！根本聽不懂你的胡言亂語！難道你李二先生也想當皇帝？想先行共和然後自己稱帝？你等著吧！」

露出兇狠的目光，邊走邊喃喃自語：「這大清朝重用了你李二先生這種人，看樣子是快玩完了。不過你李二先生也沒多少年可活，接下來還是我的天下，騎驢看唱本，走著瞧，將來當皇上的人，是我！不是你！」

袁世凱意氣風發，左擺右搖地離開。

想當皇帝？李二先生都已經說得這麼明白了，你袁世凱還聽不懂！聽不懂是吧？那代表你袁世凱在這條路走到最後，就該死！

於是李鴻章，串聯張之洞與其愛徒袁世凱等人，共同宣佈東南各省自保！李鴻章甚至已經與革命黨人聯絡，做好了慈禧與光緒，『兩宮罹難』後的政治佈局，準備與東南各省自組共和體制。這將讓整個大清朝中央倒台，趨於滅亡。這釜底抽薪，等於幫助西洋人攻佔北京，整個中國，只剩直隸省能抽出兵力支援京師……

但都是順著一個局在發展……李二先生從這觀點，反而是個很重要的人物。

八國軍隊原本不利，但後續部隊增援已到，遂攻擊天津。天津守將聶士成奮起反擊，率軍與列強援軍激戰，連續打敗八國聯軍，甚至攻破天津租界，大有收復租界之勢。但聶士成雖然善戰，卻不知大體，與義和團有罅隙，最終腹背受敵而亡。清軍與義和團皆敗退，八國聯軍繼而往北京進發。直隸總督裕祿率軍迎戰，但其戰力不及聶士成部，最後兵敗自殺，以身殉國。

清軍與義和團聯合作戰，原本可以一戰，但義和團內部龍蛇雜處，並不全然一心，多有匪徒混入，趁機火中取利，擾亂治安，所以清軍與義和團之間，相互多有矛盾衝突，而不能配合。

有權有兵的東南各省督撫，平常最受國家恩惠，關鍵時刻，不肯入京保國衛民，只剩下力量微弱的民間豪傑勇士，要捍衛國家，護駕勤王。

大刀王五，帶著他所屬鏢局十來號夥計，一同來找吳賢三。兩人經過戊戌政變時結緣，已然成為好友，平常頗有往來。吳賢三手下也有三十來號夥計，有中國人也有日本人。王五直接坦蕩說：「吳兄，洋鬼子兵臨城下，就快到北京了。我們得動員起來幫助朝廷度過難關。若吳兄有困難，就把火槍借給我，你們先離開北京避難，事後我再歸還。」

吳賢三與二哥松島藏太合作，從日本走私軍火來中國，販賣給中國的八旗軍隊，可惜八旗子弟已經不會打仗，或把這些軍火都當觀賞品，或轉賣出去。吳賢三則私藏三十多支先進的西洋槍枝在地窖，還有近一萬發子彈。

吳賢三面帶商人吝嗇口吻說：「這怎麼能借？你們上戰場打仗死了，誰來還我？」王五愣了一下，沒想到吳賢三這麼吝嗇，嘆口氣說：「若如此，我把我標局內的一切家當抵押給你，你現在就可以去搬！」吳賢三仍然搖頭說：「不成！不成！這抵不過價！」王五大喝說：「吳兄！現在北京都快完了，你還計較什麼價不價的？」吳賢三說：「怎麼能不計較？閣下的生命這麼重要，我應當率領夥計們，跟著你一起殺敵，槍枝我的夥計得用呢！」

王五聽了哈哈大笑，忘了禮儀，抱上去拍拍吳賢三肩膀。於是兩幫人馬合股，各持武器，跟著義和團的成員一同出發。

此時城外的義和團與清軍，已經慘敗，大軍逼近城牆。北京各戍衛部軍隊上城牆禦敵，但是火力明顯輸給八國聯軍。經過交火激戰，八國聯軍攻破城牆打進城內，只剩下義和團義士，與少數清軍進行頑強抵抗。吳賢三與其手下，死守在北京紫禁城外的胡同，首先靠近的是義大利兵，吳賢三三十幾個夥計都是隨他販賣軍火者，也熟練戰術動作。從巷弄推開掩蔽的籬笆，三十幾支火器全開，闖入這巷弄的十幾個義大利兵，當場中彈死亡，隨之眾人轉到另外一巷弄埋伏。

大刀王五則迎戰英國軍隊，他們正劫掠婦女，便以埋伏突擊戰術，忽然跳起，左劈右砍奮力搏殺，令夥計們救出婦女離去，正當十幾個英國兵要擺出槍陣，側面吳賢三的槍陣已經先打出子彈，英國兵也紛紛中彈倒地。

大刀王五說：「從鬼子兵分散成小股看來，他們已經把官軍擊潰。北京是守不住了，我們得保護姑娘們離開！吳兄，現在是突出重圍，拼魚死網破的時候了！聽說還有日本兵，吳兄這邊可有困難？」吳賢三說：「我是中國人！來日本兵更好！」然後翻身對所有日本夥計們問：「你們呢？」他們一致答道：「保護姑娘們離去！拼死一戰！來不怕死的日本鬼畜更好！」

於是眾人帶著數百名女子兒童，往外突圍。吳賢三的火槍隊交叉掩護，配合殘餘的義和團義士，利用對地形地物的熟悉，在胡同巷弄中與各國軍隊激戰，一舉打死一百多名日本兵以及五十多名俄國兵。

終於從玄武門衝出去，大夥兒正想往北遁逃，後方砲火打來，王五手下與眾多義和團義士倒斃。王五翻身說：「吳兄，掩護姑娘們到北方去，我來斷後！」吳賢三手持手槍，搖頭說：「不成，要打一起打！我已經愛上北京這座城！不怕死的跟我來！殺鬼子兵啊！」

於是只能指派十幾名十三四歲的小義和團，保護數百名婦女往北遁逃，去投靠北邊沒有戰火波及的縣城，其他人返身殺一個回馬槍。

吳賢三率隊死守在一巷弄，連續擊退八國聯軍圍攻，身旁的夥計只剩下五人，還有負傷的大刀王五而已。但這五人仍持續裝彈，沒有離心。巷弄邊已經堆滿了八國聯軍的屍體，各國的士兵都有。對方又發動衝鋒，這次是德意志與奧匈帝國聯合進攻，五人同時拋出炸藥包，炸死掉了前面一批，然後換槍枝狙擊，彈無虛發。再次把衝鋒擊退，巷口陣地外，倒斃了上百名碧眼金髮的士兵。

忽然一巨炮轟來，工事毀掉，夥計們都陣亡，吳賢三被震昏，德意志兵衝入陣地，大刀王五忽然跳起，左劈右砍奮力搏殺，連殺十餘德國兵，最後被亂槍打死。八國聯軍統帥瓦德西親自殺來，非常憤怒王五這個人，抵抗如此激烈，連續挫敗聯軍多次進攻，殺掉如此多聯軍士兵，便把他人頭砍下來洩憤。

賢三到了半夜才甦醒，躲過一劫，手持手槍東倒西歪回到自己商舖。但此時商舖已經焚毀，他全身灰煙，從斷垣殘壁中找回盒子，裡頭正是兩本祖傳的書籍。本來絕望的吳賢三想要舉槍自殺，但是看著盒子，忽然有一種直覺，這裡還不是自己該死之地，命運中還有更重要的任務。

吳賢三於是帶著盒子，幾經艱難逃出了北京城，最後過了兩年，終於找到機會回到日本。當他走在東京街道，由於髮辮沒有剪掉，東京小孩子還圍著他，罵他是支那豬。

吳賢三用日本話大喝說：「馬鹿！我是日本人啊！」小孩們才紛紛逃竄。

開了家門，二哥松島藏太與二嫂和美子，幾乎認不出他，以為是清國人來這鬧事。說了幾句家鄉話，才把他迎進屋內。松島賢三大聲哭泣，不管如何總算兄弟重逢。聊了許久，賢三問：「大哥呢？」藏太說：「你不知道嗎？大哥出征去了！」賢三大惑不解：「出征？難道又去打清國？」藏太搖頭說：「是去清國，不過不是跟清國作戰，而是跟俄國作戰。你不是剛從清國回來嗎？那邊的情形怎樣？」

賢三搖搖頭，不太願意說，他不想告訴家人，自己幫助中國人打仗。住了兩天，帶著傳家寶盒，向二哥告別，搭船回九州老家去。